U0926269

湛庐CHEERS

与最聪明的人共同进化

HERE COMES EVERYBODY

HBO

的内容战略

INSID
THE RISE O
HBO

[美]
小比尔·
Bill Me
粟志敏

A PERSONAL HISTORY OF THE COMPANY THAT TRANSFORMED TE

浙江人民出版社
ZHEJIANG PEOPLE'S PUBLISHING HOUSE

HBO

谨将此书献给所有人，

因为我们都想念过去的午夜电视！

关于 HBO，你知道多少

1. HBO 是一家什么性质的电视台?

   A. 无线电视台　　B. 有线电视基本频道

   C. 付费电视台　　D. 卫星电视

2. 一开始，HBO 在内容上的定位是一个什么样的频道?

   A. 综合型频道　　B. 电影频道

   C. 电视剧频道　　D. 综艺频道

3. HBO 是什么时候开播的?

   A.1965 年　　B.1970 年

   C.1972 年　　D.1975 年

4. 第一家使用同步卫星传播信号的电视台是哪家?

   A. ABC　　B. NBC

   C. HBO　　D. Showtime

5. 令 HBO 声名大噪的是它的电视剧，那么它是从什么时候开始大力制作电视剧的呢?

   A.1985 年左右　　B.1990 年左右

   C.1995 年左右　　D. 2000 年以后

6. 以下美剧中，哪一部不是 HBO 制作的？

A.《黑道家族》　　B.《权力的游戏》

C.《纸牌屋》　　D.《衰姐们》

7. 以下哪三部美剧奠定了 HBO 在电视剧制作领域的引领者地位？

A.《兄弟连》《黑道家族》《监狱风云》

B.《欲望都市》《黑道家族》《六尺之下》

C.《监狱风云》《欲望都市》《权力的游戏》

D.《真爱如血》《欲望都市》《权力的游戏》

8. 目前，HBO 属于哪家公司？

A. 时代华纳　　B. 新闻集团

C. AT&A　　D. 迪士尼

你对 HBO 的了解有多少？
扫码获取“湛庐阅读”App，
搜索“HBO 的内容战略”，获取测试题答案。

已经超过 10 年，中国的观众，特别是年轻的互联网用户，享受科技创新带来的更加方便、快捷的影视视听体验。这就是高速发展的在线网络视频行业。从出生就开始看着爱奇艺这样的视频网站的孩子们已经上了小学高年级。同样的时间，在北美、欧洲甚至世界上任何一个地方，用户都在为在线网络视频的发展而开心，资本界都在高度关注像奈飞这样的网络视频企业。可是大家知道吗？ 47 年前发生的科技创新驱动影视娱乐行业发生重大变革的事件，与今天的变化是如此相像。这一事件就是 HBO 的诞生。

《HBO 的内容战略》这本书让我这个从事网络视频行业将近 10 年的人，忽然发现了一个宝贝。有线电视技术、卫星电视技术创新对内容传播方式的改变，从广告模式到向用户收费模式的改变，从采购内容占领市场份额到原创内容成为核心竞争力，HBO 的发展史就是网络视频的发展史。读这本书，可能还可以发现我们现在还不曾发生又即将发生的故事。

龚宇
爱奇艺创始人兼首席执行官

HBO打破了人们对传统电视内容的认知，它虽然以电视为载体，但通过信息流和订阅机制，按用户兴趣属性将内容定制化输出，以独特的精品方式引导了用户的日常内容消费。原创内容正是持续吸引用户的关键。《HBO的内容战略》讲述HBO内容运营和爆款打造的商业方法，我们在其中看到了现在奈飞模式的发轫缘起。要找到用户独特的信息流场景，不仅要看系统数据，看叙事方式，而且要看还有哪些内容没被用户订阅。精品订阅时代到了。

吴声
场景实验室创始人

作为一名娱乐行业商业书籍的狂热阅读者，我在2016年下半年偶然间阅读了*Inside the Rise of HBO*这本书，系统性了解了HBO不断自我革新的故事，了解了它历经40多年从一家只有首播365户订阅用户到占据美国付费电视频道90%市场份额的崛起之路。按捺不住与业内分享一本好书的冲动，我在2017年上半年通过读书会的形式将这本书首次介绍到了国内，并激发了业内的探讨，也为这本中文版图书的诞生出了一份力。时间快进到2019年，在头部内容的拉动下，几大视频网站的付费会员都已经接近1亿，已经远远超过了HBO在线视频服务，并逼近全球龙头奈飞。站在这个时间点上，重新回顾付费内容鼻祖HBO的历程，将有助于我们更好地理解当今中国在线网络视频行业的竞争格局与未来发展趋势，希望大家可以享受这一段阅读过程。

王丛
麦锐娱乐创始人兼首席执行官

小比尔·梅西从HBO内部视角出发，给我们呈现了HBO的基础和根本性革新。这本书提到了很多HBO历史上失败的尝试，这都值得我们警醒。我对书中内容最感兴趣的是他的“人物”专栏，里面提到了节目排期的细节，这份工作就像拼七巧板一样。

BOOKGASM网站

两个时代：有 HBO 的时代，没有 HBO 的时代

我喜欢走向未来，因此一直在寻找通向未来的大门。

——马克·罗森（Mark Rosen）

1972 年秋，在一个风雨交加的夜晚，美国付费电视台家庭影院频道（Home Box Office，以下简称 HBO）首次亮相，不过，它看上去似乎前途未卜，甚至可以说是命运难测。因为这家电视台只不过是入驻了宾夕法尼亚州的一家小型有线电视网络，而且在经过数周的大力宣传之后，这家电视台成功争取到的注册用户只有不到 400 个。为了能赢得这群好奇心颇重的用户的赞许，HBO 精心准备了一场冰球比赛，之后是一部两年前上映的票房不佳的影片。传媒界的各路神仙还没来得及送上他们的祝福，暴风雨导致的技术问题差点就让这首场演出泡汤。这家电视台羽翼未丰，员工人数寥寥，就连他们自己都不喜欢公司的名称：家庭影院频道。这还真是雪上加霜。

一切似乎都预示着未来之路颇不平坦。在 1972 年之前，几十年来，很多媒体运营订购电视节目的尝试多以失败告终。大家普遍认为，想要人们花钱购买电视节目，就相当于让人们出钱购买空气一样艰难。因为自商

业电视诞生之日起，人们就一直是免费获得电视节目的。HBO 进行了众多的调研，其中多数的研究也验证了这种观点。

但 40 多年后，HBO 已经成为全球最大的付费电视频道。是的，你们看到的没错：不仅仅是美国，而是全球。HBO 在美国、欧洲、拉丁美洲，以及太平洋沿岸地区等的订阅量超过 1.14 亿，公司的年营收额超过 50 亿美元。而这家公司的创始人们当初并不待见的这个公司名称也已经成为全球最知名的品牌之一，比肩可口可乐。

自 1972 年那个雨夜以来，有很多人预测，HBO 已经享受了自己最辉煌的时刻，公司已经到达巅峰。而传媒界的格局在不断变化，出现了奈飞公司（Netflix）这类新事物，加上人们的收视习惯在不断改变，比如下载后刷剧等，这些让 HBO 变得过时，且颇显多余。诚然，HBO 有过不景气，走过弯路，甚至遭遇过不折不扣的挫折，而且没人会说 HBO 的服务依然像当初那样新颖、独特。

不过……

HBO 仍然屹立不倒，并表现出了惊人的复原力、反思能力和自我革新能力。他们会定期根据不断变化的电视娱乐环境来调整自己的内容和播出方式。该频道仍然会制作一些赞誉颇高、让人兴奋激动的节目，观众群也越来越庞大。这些节目有《真探》（*True Detective*）、《衰姐们》（*Girls*），以及自《黑道家族》（*The Sopranos*）以来最卖座的电视剧《权力的游戏》（*Game of Thrones*）。

但在 HBO 的历史上，最值得注意，也是最容易忽视的一件事就是，HBO 改变了一切。

在过去的 40 年里，HBO 已经让人们很难想起在 HBO 之前、仅仅只有无线电视台的电视世界究竟是什么样子的。有线电视伴随着整整一代人成长，他们将有线电视视为常态（而在美国 HBO 首次开播的地区足有两代人）。1972 年是一个截然不同的世界，在 30 岁以下的人看来，那个传媒世界与当今的世界有着天壤之别，俨然是天外来物。从奈飞公司到《绝命毒师》（*Breaking Bad*），在 1972 年那晚后发生的所有变化几乎都与 HBO 的成功有着直接或间接的关系。

HBO 的这种服务改变了电视，在很大程度上推动了现代有线电视时代的诞生，改变了电影行业的版图，激发了人们对家庭娱乐的兴趣，也激发了人们对传统媒体替代品的选择，而这也促使了家庭录像及网络电视等事物的出现。

坦白来说，我的确心存偏见。我曾为 HBO 工作了 27 年。虽然 HBO 的业绩并不完美，但是从第一天上班时起，我就对坐落在曼哈顿第 42 街和美洲大道（Avenue of Americas）拐角处的 HBO 总部留有深刻的印象。那栋绿色玻璃房子里蕴含了巨大的智慧。即使现在我离开了 HBO，这种智慧也依然让我颇感自豪。

在接下来的文字里，我们将踏上征途，探索这个世界上第一个，也是最为成功的一个付费电视频道的发展历史，了解它是如何取得现在的成就，又是为什么能取得这样的成就的。事实上，我们还会追溯到更早的时期，探讨 HBO 诞生之前的世界。因为要懂得 HBO 在 1972 年出现时的革命性，就必须懂得它所反抗的那个世界。在当时，这个传媒历史上的最新篇章尚未充分发现自身的潜力。为了懂得这些，我们必须去了解这一切是如何发生的。

敬请拭目以待……

INSIDE
THE
RISE OF
HBO

目录

INSIDE
THE
RISE OF
HBO

引言

为什么 HBO 可以频出爆款

电视将成为现代世界要面对的一场考验……我们或将发现一直以来的平静生活出现新的干扰，让人无力承受，又或将在空中看到一道光芒，前来拯救这个世界。电视将决定我们生活的好坏，这点我相当确定。

——埃尔文·布鲁克斯·怀特（E. B. White）

也许最初只是源于一股烟。

早期的某族智人想要传递信息，而且觉得有必要让许多史前的同伴们悉数听到。于是，他一手抓起巨大的毛皮毯，一手拿着火石，爬到最近的高山上，生一把火，然后开始挥动那块毯子，好让同伴在方圆数公里之外都能看见烟雾信号。

数千年后，他的族人后代毛发已经有所减少，举止也更为文雅，不过依然做着同样的事情。只是他们不再拿着毯子和火石，而是有了电视演播室和信号发射设施；他们也不用爬上高山，因为有了发射塔或者卫星转播器，这些卫星转播器在 35 900 公里之外的轨道上运行，可比地球上的最高山高多了；他们也不用烟雾了，因为有了数字信号，而且他们的信号不再只是传递数公里，而是能同时覆盖整个地球。

话说回来，或许最初根本就不是那样。可谁又知道呢？有线电视兴起的时间还不到70年，没有人能确切地知道它究竟是如何开始的，从哪里开始的，又是由谁开始的。

关键在于自人类开始相互沟通起，他们就一直在寻找某种方法，让自己可以同时和越来越多的同类进行交流，或许是因为他们必须广泛传播自己的思想，又或许是因为这是一种更为划算的肥皂销售方式。不管是出于哪个目的，大家最初只能是大声吆喝，此后就不得不开始寻找新方法，力争扩大覆盖范围，比如使用烟雾信号或者卫星传输，抑或 Facebook。

有位哲学家（我一时记不起他的名字）曾经说过，回顾我们的一生，似乎所有事情的发生都是那么自然，前后连贯，沿着一条主线直通现在。可是，当初在经历那些事情时，它们好像是随意冒出来的，出乎我们的意料，而且将我们弄得一团糟。从浑身长毛的先辈用烟雾传递信息，到现在能覆盖整个地球的卫星传输，这其中可能也有一系列事件将它们联系在一起，看上去也是一个循序渐进的过程。但是，这种平稳顺畅的科技发展道路也只存在于对往事的回顾中。

同样，从 HBO 诞生之日起，付费服务似乎也是不可避免的。相信我，事实并非如此。就像其他任何技术一样，电视技术的发展也是很曲折的。HBO 的成功也完全符合这样的规律，都是朝着一个目标发展，最后却发展到了别的地方。HBO 的启动和最终的成功也并没有什么不同。

电视的“发明”并没有什么精心设计的伟大计划，最多只是说在电视终于诞生之后，人们针对要怎么使用电视有个计划。表面看来这个事情简单得让人难以置信，事实也正是如此。所以，广播电视界名人吉恩·克拉万（Gene Klavan）在他的《关掉该死的电视》（*Turn That Damned Thing off*）一书中简明扼要地说：“针对电视根本没有什么发展策略，它是自然发展的。”我可以向你们保证，如果现在回到 19 世纪初期，也就是永斯·贝采利乌斯男爵（Baron Jons Berzelius）发现硒元素的时候，他并没有预见到电视会成为这个实验的最终产品。

不管电视的起源可以追溯到什么时候，也不管这个过程是如何发展的，电视就这样摆在了我们面前。事实上，它无处不在。电视画面超越了文化的局限，其信号跨越了国家和文化的障碍。不论哪块大陆，不论何处岛屿，从南极到北极，卫星传输和便携式卫星接收器让人们在地球表面任何地方都能接收到电视信号。而且移动上行链路意味着信号可以轻而易举地传输给地球上任何地方的观众。在 1990 年海湾战争期间，萨达姆·侯赛因（Saddam Hussein）会定期收看美国有线电视新闻网（Cable News Network，以下简称 CNN）的卫星节目，以了解伊拉克以外正在发生的事情。迈克尔·富克斯（Michael Fuchs）曾经担任 HBO 的董事长兼首席执行官，他认为在冷战期间，东欧人通过盗版录像带和地下广播了解到相对富裕的西方世界的生活，因而对当局更为不满。所以说，电视没有围墙。

在互联网崛起之前，近 40 ～ 50 年里，电视是全球信息传递的主要载体。在第二次世界大战之后的年代里，电视成为全球主要的信息和娱乐来源，其影响力远超电影、广播或纸质出版物。就算是现在，对年纪稍长的人群而言，电视依然是他们的首选，排在互联网之前。尽管有了网络、奈飞公司，以及其他所有被归于“新媒体”的东西，但电视仍然是能够一举覆盖广大受众的最佳媒介。

在美国，精装书只要销量达到几万册，就能跻身《纽约时报》的畅销书榜单；摇滚歌曲专辑只要销量过 10 万张，就能获金唱片奖；电影只要票房收入超过 2 亿美元，也就是大概有 2 000 万～ 3 000 万人买票观看（其中许多人是重复观影），就能在 1 ～ 4 个月的时间内在票房榜单上占得一席之地。

美国 98% 的家庭至少拥有一台电视机。不管大家相信与否，仍然有人要么是买不起电视，要么是认为电视让人脑力枯竭、精神颓废、沉迷上瘾、注意力消散，从根本上来说是种罪恶，为此自愿选择放弃拥有电视机。有了这些电视机，收视率排在首位的黄金档电视节目一晚上的收视量就能达到 2 000 万 ~ 3 000 万个家庭，甚至更多。

在维基解密和视频网站火爆之前，电视通常是树立政坛声誉、引领时尚潮流，以及在娱乐行业取得事业发展的一种工具。要达到目的，有时候只需要拍摄一季热门节目，而有时候只需转播某个事件。但电视也是一把双刃剑。理查德·尼克松（Richard Nixon）之所以在总统竞选中败给了约翰·肯尼迪（John Kennedy），是因为年轻的肯尼迪活力四射，在 1960 年电视转播的总统候选人辩论中看上去光芒四射，而双下巴的尼克松浑身是汗、胡子拉碴，看上去糟糕透顶。此外，1987 年，在电视转播的“伊朗门”听证会上，奥利弗·诺思（Oliver North）表现出的真诚恳切让他从违法者变成了爱国英雄。

尽管电视对整个社会产生了巨大的影响，但其本身绝对不是一成不变的。如果说电视改变了我们，那么电视本身也发生了变化，而且还在持续改变。HBO 引领了有线电视王朝的出现，但传媒世界已经沿着这条道路向前迈进，公众和电视行业对电视能做什么和应该做什么的观点也随之发生着改变。

先进电视网站（Advanced Television）的数据显示，约有 95% 的美国家庭接入了有线电视网络，但据美国电视广告局（Television Bureau of Advertising）估计，只有略高于 60% 的家庭真正订购了有线电视服务，另外 30% 左右的家庭通过订购卫星电视来收看付费电视频道。30 年前，普通的城市电视观众也许只能接收到 6 个无线电视台；而现在，普通的有线电视系统就能提供 100 多个频道，电视节目从最新的真人秀到美国众议院的直播，无所不有。

HBO 让我们跨入了现代有线电视时代。从多个方面来看，他们驳斥了自 20 世纪 40 年代末以来推动电视发展的背后理论。**他们没有试图去尽最大可能争取**

最多的观众，也没有打算拿尽可能多的时间去取悦数量最大的观众群，而且最重要的一点在于，他们让观众们花钱购买此前免费的节目。在电视时代的早期，人们都认为电视不应该这样操作。但通过这种方式，HBO 创造了一个为小众群体拍摄节目的样板，对此，有线电视世界现在仍在效仿。

HBO 曾经说过，电视不一定必须是过去的样子。

那么，就让我们先来看看电视过去的样子吧。

INSIDE THE R

HBO

A

PERSONAL HISTORY OF

THE COMPANY

THAT TRANSFORMED

TELEVISION

SE OF

第一部分

HBO 重塑电视产业

深度解读

领读官：王丛

HBO的5大关键节点

1. 1972 年，HBO 首播。

   HBO 首播的节目包括一场冰球比赛和一部名叫《永不让步》的电影，这个电影名字真是再应景不过了。

2. 1975 年，HBO 上星。

   HBO 采用卫星传输信号后，其信号迅速覆盖全美。两年内，HBO 的订阅量突破了百万大关。到 1980 年，HBO 已经在美国每个州都拥有附属电视台。

3. 1984 年，突遭发展停滞。

   美国有线电视市场趋近饱和，HBO 新任首席执行官迈克尔·富克斯逐渐开始采取内容原创的战略。

4. 1995 年，HBO 内容战略转向原创自制剧。

   这一年，杰夫·比克斯接替迈克尔·富克斯，成为 HBO 的首席执行官。富克斯为 HBO 指明了方向，而比克斯对这个方向稍加以了调整。比克斯认为原创内容中，对 HBO 而言最有价值的当属有剧本的电视剧。1998 年开始，《欲望都市》《黑道家族》《六尺之下》三大爆款逐步进入市场。2008 年，又出现了新的三大爆款 :《真爱如血》《衰姐们》《权力的游戏》。

5. 2010 年，进军在线流媒体产业。

   在以奈飞为代表的流媒体冲击下，HBO 再一次面临市场的考验，它的应对就是也进入这个行业。2010 年，它推出自己的流媒体 HBO GO 服务，但市场反应并不成功。2015 年，它与苹果公司合作，推出了 HBO NOW。

INSIDE
THE
RISE OF
HBO

01

电视原来的样子，
三大无线电视网统治市场

我们……不断地增加自己的手段，却没有去改进自身的目标。

——威尔·杜兰特（Will Durant）

HBO时刻

HBO 出现之前，美国电视产业是怎样的

1. NBC、CBS 和 ABC 三家无线电视台垄断电视市场。
2. 家庭娱乐产业以广播为主，电视是广播的延伸。

电视起源于哪里

钻进家里的车子后，我们并不会想太多，而是直接坐到方向盘后面，转动车钥匙，开心地看着车子启动，然后出发。如果我们想得更远一点，我们也许会思考父母曾经驾驶过的旧车，是如何演变成我们现在驾驶的时髦的有着流线型设计的汽车的。或许我们还能想想汽车的起源，我们可能会想到 20 世纪 50 年代的重载雪佛兰，或者是 20 世纪初期的福特 T 型车。

但是，我们不会去想那些最终带来汽车这种东西的所有岁月，以及一系列毫不相干的研究，比如内燃机（最终成了汽车的动力源）、硫化橡胶（用于轮胎）、石化产品（车内门把手）、电子产品（仪表盘内乱七八糟的电线）、无线传输技术（收音机）、制冷技术（空调）、空气动力设计（现代许多车辆外观看上去相仿的原因所在）、折射透镜（大灯玻璃罩）等。在思考汽车的起源时，我们根本不会想到在发明以上物品时所投入的时间、所进行的试验和所付出的理论思考；我们也不会想到发明电弧焊所进行的电力试验，尽管汽车组装时的点焊会用到电弧焊；我们甚至不会想到全球定位系统和卫星无线电。说到这儿，我想大家应该明白我想说什么了。我们也应该清楚，几百年前捣鼓折射透镜的人在忙乎自己的发明创造时，根本就没有想到过什么汽车大灯。《韦氏词典》认为 refraction（折射）这个词语诞生于 1603 年。

我们认为那些发明创造似乎是一夜之间就来到人世间的，但实际上，其背后有着漫长而曲折的历史，有众多鲜为人知的系统化研究、车间试验，以及表面看来毫不相关的小发明创造。电视也是一样的。

到某个时间点时，众多工匠和发明家脑子里已经明确有了电视这个设想，并将它作为自己的攻关目标，但他们在将设想变为现实时所使用到的零部件早已存在，而且其中众多零部件最初的设计目的并非专门用于电视。

也就是说，如果要探究电视发明于何年何月，要得出确切的答案有一定的难度。这取决于我们选择将何处作为起点，也取决于我们对电视的定义。

它可以起源于我们在引言中所提到的史前时代的朋友，也可以起源于引言中的另一位熟人、瑞士化学家永斯·贝采利乌斯男爵。

男爵先生在 1817 年发现化学元素硒。硒会发出冷光，所以在电视发明的早期被用于生成视觉图像。但在最初，男爵先生只是对化学和物理感兴趣。

或许我们也可以说电视的起源应该是在距那 12 年之后，也就是迈克尔·法拉第（Michael Faraday）发明原始的真空管的时候。法拉第当时并不知道什么电视，他主要的兴趣点只是了解电的原理。不过，在 20 世纪发明晶体管之前，真空管一直是电视和收音机内的主要零部件。

接下来还有英国人威廉·克鲁克斯（William Crookes）。他在 1878 年发明了克鲁克斯管（Crookes Tube），也称为阴极射线管。克鲁克斯也对电的原理颇感兴趣。他并不知道自己的研究创造了第一个阴极射线管。在平板显示器时代之前，阴极射线管被用作电视机的显像管。

年龄稍大一点的读者应该还记得或者可能仍然还拥有阴极射线管电视机。凑近看这种电视机屏幕，我们会发现图像是由被称为“像素点”的小碎片组成的。而在电视漫长的历史中，上述绅士们也仅仅只是构成整幅历史画面的些许的“像素点”。其他“像素点”还包括了美国发明家菲利浦·凯瑞（Philip Carey），他是第一个使用光电效应将图像转换成不同强度的光线的人，以及托马斯·爱迪生和伽利尔摩·马可尼（Guglielmo Marconi）这样的巨人。他们都在最初（通常是在无意间）铺设了通往电视的道路。

到某个时间点时，电视机的发展已经变得势不可当，因为不管是单纯地出于好奇还是因为胸怀大志，总会有像贝采利乌斯、法拉第等这样的人，为自己设定“创造下一个伟大事物”的任务。1835 年，当萨缪尔·摩尔斯（Samuel Morse）发明电报后，下一个伟大事物自然就是找到某种方法，让人类的声音通过电线从一个地方传到另一个地方，而不是使用“滴滴滴，哒哒哒，滴滴滴”（求救信号 SOS 的摩尔斯电报电码）。亚历山大·格雷厄姆·贝尔（Alexander Graham Bell）发明了电话，解决了这个问题。在人们可以跨越距离进行交谈之后，下一个伟大事物自然就变成了如何将视觉影像从电线的一端传到另一端。

在 1884 年前，凯瑞等人曾经成功地实现视觉传输，只是当时还不能说那是真正的图像传输。凯瑞和同样喜欢捣鼓小发明的同伴们使用一套硒光电管，将图像转变成明亮度不一的光线，然后在电线的另一端，用另一套电管再将光束复原成之前的图案。只是当时这并非是典型的图像。

如果要拿真真切切的图像传输作为电视的诞生标志，那么就是 1884 年了。保罗·尼普科（Paul Nipkow）是一位德国工程师。他发明了一种方法，通过他所谓的“机械扫描”系统，第一次采用电流来传输图像。虽然他所传输的不是动态图像，甚至都不是高质量的静态图像，但这是一个起点。

在20世纪20年代之前，多数关于电视的研究都是以尼普科的扫描方法为基础去进行的。此后，电视的发展历史上出现了一位来自美国爱达荷州的年轻人费罗·泰勒·法恩斯沃思（Philo T. Farnsworth）。他的名字相当绕口。法恩斯沃思聪明过人，同时也相当少年老成。早在1922年，他就在自己高中化学课的黑板上首次画出真正的电子电视的设想——不再使用机械扫描，有点像我们所知道的那种电视。6年后，年轻的法恩斯沃思在自己的接收器上接收到了第一张二维图像。

法恩斯沃思为电视研究者们提供了关键的线索。现在，对下一个伟大事物感兴趣的人都基本了解了电视的工作原理。下一个伟大的事物就是提高电视的性能。

到1930年，通用电气公司（General Electric Company）展示了第一个家用电视接收器的样机。贝尔电话实验室（Bell Telephone Laboratories）展示了第一个彩色电视机的样机。实验电视台播放了第一个综艺节目、第一段远程新闻报道，以及第一部电视剧。通用电气公司在纽约州斯克内克塔迪市的实验电视台开始面向少量实验用接收器定期播放节目。

自年轻的法恩斯沃思在高中黑板上涂鸦起，8年的时间里出现了众多重大的发明，而其中纽约市实验电视台的开播具有特别重大的意义。当时是1928年，美国无线电公司（Radio Corporation of America）W2XBS频道播出的第一个内容是一只菲力猫（Felix the Cat）雕像在小转盘上不停地旋转。

当然，这算不上是什么电视节目，而且它也没打算成为电视节目。强光下的菲力猫只是美国无线电公司的工程师们进行信号接收测试的一个内容。更简单一点来说，这次测试就是为了回答一个问题：这种方法行得通吗？

而这个问题的答案显然是肯定的，但真正让菲力猫的快速转动并名扬天下的，并不是这场用来证明无线电视技术的实用性的测试。重点在于两年前，美国无线电公司已经组建了美国全国广播公司（National Broadcasting Company，以下简称 NBC），为听众们提供广播节目。菲力猫的播出让 NBC 同时也涉足了电视业务。电视网络诞生了，下一个伟大事物到来了。

NBC、CBS 和 ABC 三足鼎立

在最初的发展中，电视经历了 20 世纪的两大灾难。如果不是这两大灾难，商业电视就能早点开播。第一大灾难就是经济大萧条。

电视技术的发展要靠资金雄厚的大型企业来加以支持。在当时，像费罗·法恩斯沃思这样的人想要在自家的车库工作室里开展相关研究，就得花很多钱才能让电视正常工作，因为电视所需的新装置都很贵。但 1929 年的华尔街股灾（Wall Street Crash）导致那些企业资金枯竭，大幅度减缓了电视的发展速度。实际上，几乎全球其他所有事务的发展速度都大幅度放缓。

速度减缓，但并未停止。试验电视台仍然在各处涌现，广播技术在发展的道路上慢慢地向前行进。尽管遭遇了经济大萧条，但 1938 年，杜蒙特公司（DuMont）的家用接收器上线，成为美国市场上的第一款全电子电视机。当时并没有什么节目可供人们收看，但电视终于来到了美国公众的面前。不过，不管电视营造了何种发展势头，最终再次突然面临熄火。这次，导致熄火的事件要比华尔街股灾更加严重，那就是第二次世界大战。

在第二次世界大战期间，电视并没有就此躲藏起来。正是在这战争岁月里，商业电视诞生了。美国当时尚未直接参战，但欧洲大部分地方已经被德军攻占，日本也正在太平洋地区与中国和英国开战。1941 年 7 月 1 日，NBC 和哥伦比亚广播公司（Columbia Broadcasting System，以下简称 CBS）这两家纽约市的广播

公司获得了商业广播的牌照。在珍珠港事件半年后，第三家电视网络也开始在纽约之外的地区播出，这家电视网络隶属于杜蒙特公司。

当时，电视的发展成本全部由其开发者承担。但这样的情况在 1942 年开始发生改变，电视开始自己赚钱来维持生计。也就在这一年里，宝路华手表（Bulova Watch）在其中一家无线电视网购买了 15 秒钟的画外音宣传片段。电视广告由此诞生。

在那些岁月里，三家无线电视网每周大概会制作 30 ~ 40 个小时的电视节目，但这些节目和我们心目中典型的电视节目完全不同。无线电视网会报道从歌剧到军事行动再到政治干预等一切内容，只是没有人关注。在当时，公众的注意力，以及电子和传媒行业的注意力都放在第二次世界大战上。电视是反应迟钝的新生事物，纽约仅有 7 000 台电视机，其他城市的电视机数量更少。

在经历艰难的战争岁月之后，战后的 20 世纪 40 年代成了这种新娱乐形式的黄金时代，而且这个新行业没过多久就重获发展动力。1948 年，又出现了另一家电视网，即美国广播公司（American Broadcasting Company，以下简称 ABC）。在当时，全美大约有 50 万台电视机在夜晚闪着亮光。1951 年秋，NBC 成了第一家同时跨越美国东西海岸市场进行播出的电视网，在全美共有 61 个频道。到 1954 年，全美超过 2 600 万个家庭都有了电视机，开始收看电视。

有了 NBC、CBS 和 ABC 的运营（杜蒙特公司在 1955 年倒闭），有了跨越美国东西两岸的广播电视，于是也就有了我们当今所知的商业电视节目的大致模样。在近 25 年的时间里，这三大无线电视网稳坐电视业的霸主之位，无人能敌。

电视是广播的延伸

不管我们身处何地，不管是在麦当劳，还是在公交车或者火车上，甚至是在上厕所时，我们都可以看电视、电影或视频网站，可以玩游戏，也可以进行视频电话。现在这一代人的成长过程中，便捷的视觉媒体渗透到生活的各个角落，让人无处可藏。所以，他们很难想象当初的广播对听众的吸引力有多大。他们用惯了智能手机、iPad、无线网络和 Hopper 网站。但不妨想想看：在家庭电子娱乐的巅峰时期，每当夜幕降临后，一家人围坐在客厅里，盯着一个木匣子看，而木匣子里只有一个闪闪发光的刻度盘，这又是一种什么感觉？①

艾美奖得主、制片人兼导演比尔·佩斯其（Bill Persky）向我们讲述了关于广播的黄金时代的故事：

> 广播的惊人魔力主要在于它的存在让人甚感兴奋。在当时，每当有飞机从头顶飞过，人们就会停下手中的事情盯着看。如果你够幸运，家里会装有电话。否则，当糖果店接到打给你的电话后，就只能派人来通知你，而你不得不飞奔到糖果店去接那个电话。难以想象，这种生活已经离我们那么遥远了，而我曾经有过切身的体会。
>
> 广播就像是电子壁炉。晚餐后，家人们围坐在旁边，舒舒服服地一起听着节目。在《菲伯·麦吉和莫利》（*Fibber Magee and Molly*）中，会使用一切可用的声音效果来营造客厅壁橱开门时发出的刺耳的声音。每当那一刻到来时，虽然大家都心中有数，可都像第一次听到那样开心、激动。《勒克斯广播剧场》（*Lux Radio Theater*）、《首演秀》（*Mr. First Nighter*）、《中央大车站》（*Grand Central Station*）等广播剧请来了好莱坞明星们来配音，他们的声音萦绕在客厅里。那个时候，我们并没有太多期望，更多的是尽情欣赏。

① 想了解广播在巅峰时期曾经在流行文化中扮演何种角色，请观看伍迪·艾伦（Woody Allen）的电影《岁月流声》（*Radio Days*，1987 年）。

> 后来，下午也出现了广播剧，听众可以在《特里与海盗》(*Terry and the Pirates*)、《午夜队长》(*Captain Midnight*)、《巴克·罗杰斯》(*Buck Rogers*)和《青蜂侠》(*The Green Hornet*)这些节目中进行15分钟精彩的历险。此外，还有各种神奇的东西供大家邮购，如解码戒指、有暗室的皮带扣、独行侠（Lone Ranger）的银子弹，以上三样售价都只有10美分，以及银杯（Silver Cup）的面包包装纸。
>
> 但其中真正发挥作用的是大家的想象力。这些东西并不是实实在在地摆在大家面前的，所以大家会在脑中自行设想各种画面，让它们更贴近自己的生活。而我们当时玩游戏时会扮演那些角色，因为没有人知道他们究竟长什么模样，所以我们可以扮演任何一个角色。
>
> 所以说，广播是非常个人的东西。

从根本上来说，电视网络都是广播网络的延伸，无论是网络播放的内容，还是播放的方式，甚至是业务的开展形式，都是如此。至少，在最初几年内是如此。

电视广播节目视频化

美国无线电公司在1926年建立了第一个广播网络，这是相当聪明的一个举措，因为它们本身的产品之一就是收音机。建立一个广播网络，可以让购买美国无线电公司收音机的顾客们有东西可听。而有了东西可听，人们也就有了购买收音机的理由。所以NBC之类的公司也就成立了，并且最终建立了两套网络，即红网（the Red）和蓝网（the Blue）来播放广播节目。1943年，NBC将蓝网卖给了爱德华·诺布尔（Edward J. Noble），而诺布尔以该网络为基础建立了ABC。

美国无线电公司在收音机行业有一个名叫哥伦比亚公司（Columbia）的竞争对手，生产制造留声机和唱片。他们不会任由美国无线电公司来垄断这个“新媒体”。同美国无线电公司一样，他们也需要一家广播网络公司来吸引人们购买自己的产品。为此，哥伦比亚公司在 1927 年成立了哥伦比亚留声机广播系统公司（Columbia Phonograph Broadcasting System）。不过，公司名中的“留声机”很快就被去掉了。

收音机行业的本意是培养和加大消费者对收音机、唱片和唱片播放器的需求，由此为美国无线电公司和哥伦比亚公司创造营收流。对于广播网络本身而言，它们的收入来源于广告。

这些广播网络会为自己播放的每档节目找一家“赞助商”。每家赞助商将会投入一定数量的资金换取在节目中为自身产品打广告的机会。从某个角度来说，这些节目的所有权属于赞助商。

不管是收听天狼星卫星广播公司（Sirius Satellite Radio）的频道，使用我们的 iHeartRadio 手机应用，还是在车载收音机里找一个好听的电台，我们现在的广播都与当年有着天壤之别。20 世纪 30 ~ 40 年代的广播不仅像现在的电视一样流行，同时也拥有同样精彩的节目。除了大量唱片音乐之外，还有综艺节目、电视竞赛节目、新闻、脱口秀、儿童节目、肥皂剧、警匪剧、西部片、情节剧和情景喜剧。

所有这些看上去是否有点眼熟？那是因为电视网络公司就是由广播网络公司成立的，他们直接在广播网络的基础之上升级建设了电视网络。事实上，这些网络公司不仅为电视制作与广播同类的节目，通常还直接将广播节目搬上电视。

有时候，广播节目会被全盘搬上电视，例如《杰克·本尼秀》（*The Jack Benny Show*）和《搜捕》（*Dragnet*）就被原封未动地搬上了电视。有时候，因为媒介的变化，人们会对广播节目进行特定的“考量”。以《硝烟》（*Gunsmoke*）为例，广播剧中，扮演主角人物马歇尔·狄龙（Marshall Dillon）的是矮胖的威廉·康拉德（William Conrad），但在搬上电视时，则选择改由强壮的詹姆斯·阿尼斯（James Arness）出演。总共有约200部广播节目最终被搬上了电视。《隐藏的摄像头》（*Candid Camera*）是《整蛊总动员》（*Punk'd*）的始祖，但就算是这个节目，最初也是源自广播节目《隐藏的麦克风》（*Candid Microphone*）。事实上，在一段时间里，许多这类的节目都同时在广播和电视上出现，直到后来广播的流行度大幅降低，让人们觉得没有意义继续播出广播版本为止。

杜蒙特电视网之所以倒闭，主要原因之一在于它并没有广播网络。电视网络的广播网络哥哥们一直负责所有的运营开支，直到这些电视网络小弟们能够自给自足。1949年是电视网络亏本的最后一年。次年，它们的广告收入超过了9 000万美元。如果不考虑广告费率的变化，这笔收入相当于现在的三亿美元。而且，直到20世纪80年代，电视网络的收入一直在稳步增长。广播网络还为电视网络提供了现成的赞助商、人才、附属关系和技术基础。因为没有广播网络，杜蒙特公司也就没有了已经培养起忠实受众群的广播节目，无法将它们改编成电视节目。缺乏这些资产，就不得不从头开始，而其他公司早在20年代20世纪就已经在广播上抢得先机，所以杜蒙特公司永远赶不上其他公司。

纽约市已经变成了电视广播网络的中心。由于广播网络的总部设在纽约，新的电视网络能轻而易举地利用早已存在的广播技术，来满足自己的传输要求。纽约地区也让这些网络公司能够接触到该市活力十足的舞台表演群体。这些在舞台上久经考验的表演者拥有优秀的播音才能，这也是他们所必须掌握的技巧。因此，与西海岸的电影人才相比，他们更适合直播的电视节目的需要。

电视的运用方式传承自广播

赞助方式也被搬到了电视上。从当今的电视广告形式来看，我们很难想象当初的赞助商和电视节目之间的关系有多么的紧密。

电视节目的演员们实际上就是产品的代言人，而节目本身不仅是种娱乐方式，也同样是产品宣传渠道。对于那些看不起“产品广告植入”的人来说，只有看看赞助的电视，他才能懂得究竟什么叫产品植入。一些节目实际并非由电视网制作，而是由特定赞助商的代理广告商来创作。一些节目被打上了特定产品的烙印，例如《死亡谷的日子》（*Death Valley Days*）是和 20 骡队（20 Mule Team）的硼砂清洁剂合作的，而《美利坚的冷酷时刻》（*U. S. Steel Hour*）是由美国钢铁公司（U. S. Steel Corperation）赞助的。

但事实也证明，这种紧密的关系在电视剧重播时就会让人相当头痛。例如，在格劳乔·马克斯（Groucho Marx）的电视竞赛节目《一决高低》（*You Bet Your Life*）中，舞台上方一直挂着一幅庞大的迪索托汽车（De Soto）的横幅，这个品牌的年代太过久远，很多人都不见得知道，而横幅正好就位于摄像机的镜头范围之内。多年后，在该节目被出售给多家地方电视台之后，工作人员不得不将每期节目中的横幅裁剪掉，以维护新的赞助商的利益，而另一个原因在于迪索托汽车已经像渡渡鸟一样消失了。

赞助商和节目之间的密切关系同时也让每个节目背后的创造团队头疼不已。赞助商对角色的分配、编剧和导演的选择，甚至是内容都拥有否决权。电视早期有很多有待考证的故事，其中一个故事涉及一部关于犹太人大屠杀的电视剧，该剧讲述了犹太人被送入纳粹毒气室的故事。据说，电视剧的赞助商恰巧是一家天然气公司，它们反对在节目中展示毒气室，并且强迫编剧将这部分内容改写为被枪决。①

赞助商权力之大，甚至可以让观众数量较少的节目一直播出。在麦卡锡主义者疯狂的日子里，《三重身份》（*I Led 3 Lives*）是唯一宣传极端爱国主义的电视

① 马丁·里特（Martin Ritt）在 1976 年拍摄了电影《正面交锋》（*The Front*），介绍 20 世纪 50 年代的电视业。大家可以在这部电影中看到上述故事。

连续剧。由于无法在电视网络公司找到固定的播放时段，该剧只能依赖于垄断型公司的赞助，并在20世纪60年代前一直反复播放。原因就在于赞助该节目的公司都是那种最反对、最头疼市场化的机构，如公共事业公司、银行，以及石油和钢铁公司。而这些机构认为一直播出这档节目是“为公众服务”。

这套电视广告体系最终发展成了现在的模样，要归功于西尔维斯特·韦弗（Sylvester Weaver）。20世纪50年代时，韦弗担任了NBC的掌舵人。他注意到杂志并不是靠销售冠名权来赚钱，而是靠出售广告版面。韦弗从中领悟到电视网络也可以销售广告时段，也就是我们现在这样。

现在，广告商并非直接从电视网络公司购买广告时段。广告代理机构会从电视网络公司打包买下广告时段，然后再根据他们向客户提交的广告策略来分销这些广告时段。公司通常不是赞助整个节目，而是根据每天和每周的电视节目表选择某个战略时间段，再购买单独的60秒钟的插播广告。①

现在，电视广告也与节目收视率这个有趣的话题挂上了钩。说到电视就无法回避收视率这个问题。收视率本身就值得探讨，因为对商业电视而言，它们决定了要向观众播出哪些节目。电视节目如果收视率不够高，其结局就会像那些无法获得充足空气的人一样。

不管是人还是节目，只有死路一条。

① 60秒钟的插播广告是过去的标准做法，现在的标准是30秒和15秒。

INSIDE
THE
RISE OF
HBO

02

内容荒漠，广告成了无线电视网的盈利主体

电视就是只会下金蛋的金鹅；要因为它没有生鱼子酱而揍它，恐怕只会徒劳无益，甚至会让它送命。

——李·洛文杰（Lee Loevinger）

HBO时刻

HBO 出现之前，电视内容是怎样的

1. 无线电视网依靠广告商生存，收视率高低是电视节目能否继续播出的唯一标准。
2. 在无线电视网的垄断中出现了一些独立电视台，播出内容区别于三大无线电视网。
3. 公共电视台给观众们呈现了一些精彩节目，但大部分内容都过于枯燥或缺乏吸引力。

收视率，广告商最关心的数字

电视网络不是随意地变出其广告时间的价格的。广告商们花钱是为了获得观众们的关注。他们希望知道自己付出的钱是否物有所值，而要找到答案，唯一的方法就是弄清楚究竟有多少人在观看电视。这种需求自广播开始以来就已经存在了，而且这也是一种固有的需求。早在 1949 年，也就是在第三家电视网络 ABC 公司开播一年之后，甚至是在电视网络开启跨美国东西海岸运营以前，定期的收视率调查系统就已经存在。

收视率决定广告收入

这种对所播出节目的收视率进行调查的做法并非源于电视。早在广播相当流行的时期里，广播电台就基于同样的原因进行过收听率的调查，就是为了让赞助商了解究竟是谁在观看什么节目，以及让赞助商知道自己的钱是否花得物有所值。多年来，有众多电视收视率调查系统先后出现又随即消失。而现在，在相当长的一段时间内，美国最重要的电视收视率调查结果都由尼尔森公司（A. C. Nielsen Company）提供。自尼尔森公司的调查数据首次被用于广播已经过去了几十年，从 1950 年起，这家公司就开始对电视的表现进行评估，他们也已经成了电视台心目中衡量成功与否的宝典。尽管尼尔森公司所采用的调查设备和调查方法随着时间的流逝而发生了各种变化，而且常常会带来巨大的争议，但其基本原则却始终如一。

尼尔森公司会选择几千个家庭作为样本，由他们来代表特定的“大众”。这个“大众”会根据客户的要求来进行定义：美国所有的电视用户、仅有线电视的用户，以及仅订购了付费电视台的有线电视用户等。为了能代表整个美国的普通观众，尼尔森公司会选取4 500个家庭作为样本。公司会对这些大众的收视模式进行测量，从而确定“收视率”，即在所有样本中，收看特定节目的电视数占总电视数量的百分比；以及“市场占有率”，即在所有样本中，收看特定节目的电视数占正在收看电视节目的电视数量的百分比。尼尔森公司使用的公式中包括了收视率、使用家庭开机率（HUT）和市场占有率。借助该公式，人们可以了解特定节目在尼尔森公司调查结果中的排名，以及在特定时间里插播商业广告应有的合适成本。在分析插播商业广告的成本时，尼尔森公司分析的是广告的千人成本（CPMS），也就是每一千名观众观看该节目时广告商所承担的成本。

关于收视率最大的争议在于其准确度，或者更直接一点来说，也就是收视率所衡量的标准。尼尔森公司的测量设备就附在电视机上，能记录该电视机在特定时间正好调到了特定的频道，但无法测量房间里是否真正有人在观看该节目，因为有时候人们只是想开着电视听个声响，免得孤单，并没有真正在观看电视内容；测量设备也无法得知人们是否喜欢自己所收看的电视内容，因为有的观众是抱着“我倒是想看点别的，只是其他电视节目更差劲！”的心态在看节目，等等。

多年来，尼尔森公司与广告代理公司、电视网络公司，以及制作公司等众多机构一直在开发测试替代技术或补充技术，但截至目前，还没有任何一家机构能够想出完全满意的东西。

回到20世纪80年代末，当时，HBO的一位高级节目排期人员向我解释了收视监测系统的问题所在。

> 我们最初仅使用测量仪，但我们也希望了解人们是否真正喜欢他们所观看的节目，以及这种喜欢程度有多高。测量仪无法为我们提供这方面的信息，所以我们就增加了日志的方式。每个参加测量的家庭会收到一本小日志本，请他们在上面标记他们所观看的电视台和观看的时间，然后就他们是否喜欢所观看的内容来打分，分别有非常喜欢、喜欢、一般和不喜欢，等等。
>
> 问题在于观众家庭在填写日志时会撒谎。他们在每个月最初的几天里还是会勤快地填写，但此后就会变得懒散，不再随时填写日志。此后，等到每个月结束时，要上交这本日志本了，家中某人——通常是家里的女主人，就会根据记忆来填写这些日志。
>
> 事实上，她其实也并非完全是根据记忆来填写的。她在日志本上填写的是她希望家人们此前应该观看的内容，而并非是家人们真正观看的内容。例如，我们会回收到大量日志，上面填写着大量美国公共广播公司（Public Broadcasting Service，以下简称 PBS）的节目，但测量仪反馈的结果却是收看 PBS 的电视数几乎为零；从日志内容来看，家人中从未有人收看过我们 Cinemax 电影频道的午夜成人节目，但测量仪反馈的数据却显示这是家中收看最多的节目。
>
> 我们最后放弃了日志方式。

著名的电视制片人杰拉尔德·艾布拉姆斯（Gerald Abrams）[1]说："收视率就像是用量油尺去丈量大海的深度。取样量太小，但截至目前，他们也只能做到这一步。"

对一些电视台而言，收视率的问题或许并不在于这些数字究竟有多准确，而是它们能让电视台看上去显得更加优秀。20 世纪 80 年代，无线电视网的观众群

① 杰拉尔德·艾布拉姆斯制作的电影有《纽伦堡审判》（*Nuremberg*）和《紧急 44 分钟》（*44 Minutes: The North Hollywood Shoot-Out*）等。

开始逐步向有线电视转移，于是无线电视网开始抱怨尼尔森公司在取样时向拥有有线电视的家庭倾斜。他们认为，尼尔森公司选取了 4 500 户家庭来代表整个美国市场，但样本中拥有有线电视的家庭所占的比例要高于全美范围内有线电视家庭所占的比例。正因为如此，无线电视网的收视率被人为降低了。如果取样的代表性能够达到他们所认为的标准，则无线电视网的收视率应该会升高。

另一方面，无线电视网也有自己的方法在“调查时间段”里人为地提高收视率。调查公司会在 2 月和 11 月各选一周进行收视率调查，无线电视网则会使用这两周的收视率来为该季度的广告设定价格标准。但在这些调查周内，无线电视网会放弃平时每周的电视排期，改为大量播放能吸引人们关注的节目。通常采用的噱头包括特别播映的节目，抢在正常的夜间节目表之前连续播出热门的连续剧，或者是播放顶级的体育赛事。

关于收视率，让人颇为好奇的一点就是它们没有什么绝对值。当美国人人都收看一档节目时，收视率的数值将会非常高，不管如何诠释该数值都不影响其结果。但大多数电视节目都没有这种毋庸置疑的地位。

如果晚上观看电视的人数较少，可能节目收视率会较低，但市场占有率高（也就是小蛋糕中分得一大块），是当晚最热门的节目。而到另一个晚上，当有更多人收看电视，那么该节目的收视率可能会升高，但市场占有率会降低（也就是大蛋糕中分得一小块）。换而言之，同一个节目在某个晚上可以大败《破产姐妹》（*Two Broke Girls*），也可能在另一个晚上被《生活大爆炸》（*The Big Bang Theory*）完全碾压，即使该节目的收视率完全一样。原因就在于其市场占有率不断发生着变化。也正是因为这个原因，在进行节目排期时，必须在类似方面进行考虑。有不少优秀的电视剧就是因为被安排在错误的晚上、错误的时间段播出而被扼杀了。

虽然存在种种问题，但很显然，收视率依然有大用场。它们可以帮助电视网认识到自身的优势和劣势，也能让购买广告时间的客户了解到同样的信息——考虑到流入电视广告的大量资金，这确实是至关重要的信息。广告时段的价格波动幅度很大，具体取决于每天的时间点，以及特定节目在收视率上的排名。但就算排名较低，广告收入也相当可观。黄金时段的广告费用为平均每 30 秒钟 12 万美元到 14 万美元。节目不同，广告费用也有所不同，低可为五位数，高可达六位数，特殊盛事的广告费用甚至可以高达罕见的数百万美元。在 2014 年的超级碗比赛中，30 秒钟的广告时段费用高达骇人的 240 万美元。无线电视网当时预计，此后 2014—2015 年电视季的广告收入可以达到 90 亿美元。

收视率的副作用：节目质量得不到保证

由于无线电视网的业务主要就是为广告商争取观众们的关注，所以如果一个节目不能吸引他们，不能争取到足够多的关注，让广告投入物有所值，那么这个节目就会成为历史。即使该节目是自小菲力猫之后电视上最出色的节目，其结局也只能如此。

在每个电视季结束时，无线电视网会因为取消了一些优秀的节目而遭受到大量的抨击，但公平地说，无线电视网也要挣钱。在制作每集一个小时的普通电视剧时，一集的成本为 200 万 ~ 500 万美元，而每季会播放 22 ~ 24 集。这也意味着即使是收视率较低的电视节目，一季的成本也高达 4 400 万美元。而这还仅仅只是一个节目。无线电视网大约需要 21 个小时的节目来填满自己每周的黄金时段。按照这些数字算下来，不管什么样的会计都会抓狂。

汽车和个人电脑的生产成本通常会随着时间而慢慢降低，但制作电视剧的成本似乎有悖常理。电视剧播放时间越长，成本越高，或者说至少“线上成本”会越来越高。线上成本是指人员成本，即明星们的薪酬。线下成本是实际的制作成本，比如场景搭建、摄影棚使用的成本等。如果节目广受欢迎，那么参演节目的明星们续约谈判时，成本通常就会提高。他们会认为自己在节目中发挥了重要的作用，感觉自己有足够的谈判筹码，可以要求大幅度提高签约金。一些连续剧在多年后被停播，并非是收视率下降，而是因为从经济角度出发，继续播出已经不现实了。

财务压力主要落在节目制片人的肩上，而并非无线电视网。无线电视网会与制片人就每集的费用进行谈判，但撇开明星薪酬不谈，制作成本也是逐年上涨的，而无线电视网已经被有线电视抢走大量观众，不得不收紧自己的钱袋。

多数无线电视网的电视节目现在财务上都是“赤字”，也就是说节目的制作成本超出了无线电视网所支付的费用。多数制片人无法靠电视剧赚钱，直到该电视剧能够在多家地方台同时播出，也就是说该电视剧的重播权被卖给全美的有线电视台和独立电视台。但要想成功地在多家地方台同时播出，制片人手中必须有足够多的集数，可以让地方电视台和有线电视网连续播出该节目，也就是说每个工作日晚上都能播出一集。一个非常灵活的经验之谈就是，如果每集是一个小时，那么制片人手中至少有三季一个小时的节目，或者五季半个小时的节目，这样才能成功地在多家媒体同时播出。

不过，有线电视网对节目的需求深不可测，而粉丝剧也有自己的小众观众群，这都为那些在无线电视网折翼的电视剧创造了令人惊奇的多台同步播出的机会，比如《萤火虫》(*Firefly*)。尽管这部电视剧只有 14 集，但制片人迫切想要填补所有的财务赤字，为此缩短了电视剧首播和多平台同步播出之间的时间差。CBS 的热门电视剧《极品老妈》(*Mom*) 仅在一季之后就在有线电视网 TBS 上播出。

由此可见，为什么那么多人会去关心收视率了。

不过，即便无线电视网自己也承认，收视率的副作用之一就是多年来许多优秀的电视剧被停播了，因为尽管收看特定节目的观众达到数百万人，但调查取样太少了。桑尼格·罗索（Sonny Grosso）曾是一名警察，参与过现实版的《法国贩毒网》（*French Connection*）的侦破工作，后转行为电视制片人，制作过的电视剧时长超过 900 个小时，其中包括《摩天楼奇案》（*Night Heat*）和《皮威叔叔剧场》（*Pee-Wee's Playhouse*）。他认为收视率只是数字游戏，而一些优秀的电视剧成了收视率的受害者，为此他说："我宁愿运气好，而不是质量好。"

在众多电视评论家看来，收视率还有另一个令人倒胃口的副作用，也就是无线电视网在进行节目制作时，会倾向于将标准设定为可吸引观众的数量，而不是节目作为一种娱乐项目的质量。这种做法通常被称为是"迎合大众口味"，也就是在策划电视节目时丢小鱼作诱饵来吸引大鲨鱼。

无线电视网的这种趋势并非最近才出现，而是在电视出现的第一天就已经存在。早在 1961 年，牛顿·米诺（Newton H. Minow）任美国联邦通信委员会（Federal Communications Commission）主席时就发现了这个问题。米诺在全美广播电视协会（National Association of Broadcasters）发表了著名的演讲，回顾了电视在短短 10 年多的时间里的发展历程。他在演讲中说：

> 电视节目精彩时，无与伦比；但是电视节目糟糕起来，也是无可匹敌……当电视台播出节目时，我们在电视机前坐下，眼睛一直盯着电视机看，直到电视台停播。我可以向你保证，你会看到"一大片荒漠"。你会看到一系列娱乐节目、观众参与的节目、无厘头的家庭公式化喜剧、凶杀、混乱、虐待、杀戮、西方坏人、西方好人、私家侦探、黑帮、更多暴力和卡通片，以及无穷无尽的商业广告——里面充斥着尖叫、引诱和侵犯……

从那以后，每个电视季里，美国所有的电视评论家至少会有那么一次认为有必要引用米诺先生的演讲中关于"一大片荒漠"的这番话。

无线电视的商业本质决定节目内容

有人认为电视节目是让人上瘾的东西，还有人认为电视是怀才不遇的大众艺术。当人们就电视节目的质量争论不休时，双方似乎都忘记了商业电视的一个本质。不管美国联邦通信委员会颁发的广播许可证上对广播公司的公共义务作何规定，电视从其功能上来说就并非公共服务。坦白说，商业电视的目的不是为了去启发、教育、告知或激励人们，也不是为了娱乐。商业电视的存在是为了尽可能地帮助广告商吸引人们的关注。为了实现这个目的，商业电视会提供各种形式的娱乐内容，并且偶尔提供能够启发和教育人们的内容。有些愤世嫉俗的人说，如果电视能靠播放鱼围着水族箱漫无目的地游动的内容实现自身的目的，他们也会那样做。历史上还真有这样稀奇的节目，场景也非常类似。曾经的杜蒙特电视网在窗户外架了一个摄像头，俯瞰纽约市的麦迪逊大街。这些画面同时配有朗诵诗歌的旁白，而这个节目名叫《世界之窗》（*Window on the World*）。

这并非是因为无线电视网的经营者们都非常小气或相当愚钝。事实上，在该媒体的发展史上，曾经有无线电视网高管认为有责任带领电视网通过提供高质量的节目来赚钱，同时也认为他们的无线电视网有能力承担，而他们的观众也能够看得懂。例如，曾经在CBS启动后就一直担任负责人直到20世纪80年代的威廉·佩利（William Paley），还有NBC在20世纪80年代的首席执行官格兰特·廷克（Grant Tinker）。几十年来，CBS一直以高质量的电视节目而闻名，为此该电视网常常被人称为“蒂凡尼级的电视网”。当然，它也有《盖里甘的岛》（*Gilligan's Island*）和《豪门新人类》（*The Beverly Hillbillies*）这类电视剧。但不管无线电视网的老板是唯利是图的资本家，还是勇敢无畏且具有创造力的理想主义者，所有无线电视网的大老板不管过去还是现在，都是在同一条船上。

因为无线电视网通过公共无线电波段来进行广播，所以美国联邦通信委员会要求广播商必须承担起一定的公共责任。尽管如此，电视领域仍然会有通用汽车和 IBM 这种只是为了赚钱的公司。如果不能盈利，股东、投资人和董事们就会抓狂，开掉原有的管理层，然后招聘新的经理人。新的经理人必须保证自己能带领公司赚钱，否则也会被开除。

商业电视的经营始终遵循一条非常简单的原则，即只有播放人们喜欢收看的节目才能赚钱。为了赚大钱，就要播放许多人都喜欢看的节目。电视评论员和牛顿·米诺这些美国联邦通信委员会的监督员有充分的理由进行抗议，但不管节目质量是好是坏，电视节目表上之所以充斥着那些节目，不仅仅是因为有些电视台品味低劣，喜欢播放这类节目，同时也是因为数百万观众喜爱收看这些节目。这点让一些满是怨言的评论家和联邦政府的公共品位监督员倍感失望。

为广告商争取更多的关注

在商业电视的初期，电视在一定程度上属于精英阶层专属的媒介，尽管制片人杰拉尔德·艾布拉姆斯可能会对“精英阶层”这个词语提出异议：“要知道，在 20 世纪 50 年代，多数美国家庭甚至都没有电视机！我不是说只有精英阶层才有电视机，但电视并非像现在这样普及。”

要理解这句话，先要弄明白在当时购买一台电视机要花多少钱。在 20 世纪 40 年代末，电视机的售价大概在 150 美元左右，这算是一大笔钱了。要知道，美国人口调查局（U.S. Census Bureau）的数据显示，1955 年美国人的平均收入才刚刚达到 4 400 美元。算上通货膨胀，那 150 美元相当于现在的 1 000 美元。所以也就不奇怪在 1948 年，也就是通常被人们认为是现代广播时代开始的那一年，整个美国在用的电视机只有 50 万台。到 1950 年，这个数字仍然不足 400 万台，拥有电视机的家庭在美国家庭数中只占到 9%，而且多数位于大城市。早期的电视台发现，电视观众主要都来自城市的上层社会，都接受过良好的教育。所以，这也能解释为什么那些年有大量高质量的电视节目。AMC 公司首席执行官兼总裁乔希·塞班（Josh Sapan）评述那个时代的特色就是“电视的青春期，大家进行了大量的实验”。电视诞生后的第一个10年里，其标志就是“精彩的剧集、智力竞赛节目，以及从广播节目改编而来的电视节目”。

“精彩的剧集”包括了20世纪50年代初期那些让人们记忆犹新的电视节目基石，这些诗选类剧集有《美利坚的冷酷时刻》、《飞歌剧场》（*The Philco Television Playhouse*）、《剧院90分》（*Playhouse 90*）和其他众多剧集。其中，许多剧集都是采用现场直播的方式。这些富有智慧和文化底蕴的故事成了电视剧标杆，电视评论家在过去和现在都将它们作为黄金标准，用来衡量后来几代的电视节目。

电视节目后来开始多样化发展，出现了一些更为流行的节目形式，例如西部片和电视竞赛类节目，但电视台仍然将目光锁定在那些城市里的上层社会观众身上。像《硝烟》这种电视剧就汇集了诸多以人物为主导的戏剧故事，并因其成人故事而备受赞誉。这部电视剧中有大量的群马奔腾、斗殴和射击场面，即使对这些内容不感兴趣，人们也会因为戏剧化的情节而倍感紧张和刺激。

要衡量当时无线电视网的节目质量，或许可以看看当时从电视行业中诞生的高素质人才。他们后来离开了电视领域，去追求更高的目标。

> 这其中导演有约翰·弗兰肯海默（John Frankenheimer），他后来导演了多部故事片，其中包括《谍网迷魂》（*The Manchurian Candidate*，1962年）和《阿尔卡特兹的养鸟人》（*The Birdman of Alcatraz*，1962年）；富兰克林·沙夫纳（Franklin J. Schaffner），他导演了《巴顿将军》（*Patton*，1970年）和《人猿星球》（*Planet of the Apes*，1968年）；萨姆·佩金帕（Sam Peckinpah），他的作品有《午后枪声》（*Ride the High Country*，1962年）和《日落黄沙》（*The Wild Bunch*，1969年）；布莱克·爱德华兹（Blake Edwards），他导演了《粉红豹》（*Pink Panther*）系列电影；乔治·罗伊·希尔（George

Roy Hill），他导演了《虎豹小霸王》（*Butch Cassidy and the Sundance Kid*，1969 年）、《骗中骗》（*The Sting*，1972 年）；拉尔夫·尼尔森（Ralph Nelson），导演了《原野百合花》（*Lilies of the Field*，1963 年）；阿瑟·佩恩（Arthur Penn），导演了《雌雄大盗》（*Bonnie and Clyde*，1967 年）和《小巨人》（*Little Big Man*，1970 年）；以及西德尼·吕美特（Sidney Lumet），他导演了《冲突》（*Serpico*，1973 年）和《热天午后》（*Dog Day Afternoon*，1975 年）。

走红之前曾在电视领域拼搏过的演员们有保罗·纽曼（Paul Newman）、罗德·史泰格尔（Rod Steiger）、达斯汀·霍夫曼（Dustin Hoffman）、雪莉·奈特（Shirley Knight）、克里夫·罗伯逊（Cliff Robertson）、杰克·莱蒙（Jack Lemmon）、乔治·佩帕德（George Peppard）、查尔斯·布朗森（Charles Bronson）、约翰·卡索维茨（John Cassavetes）、塔斯黛·韦尔德（Tuesday Weld）、杰克·帕兰斯（Jack Palance）、萨莉·凯勒曼（Sally Kellerman）、罗伯特·雷德福（Robert Redford）、马丁·辛（Martin Sheen）、沃伦·比蒂（Warren Beatty）、罗伯特·杜瓦尔（Robert Duvall）、南希·马钱德（Nancy Marchand）、李·马文（Lee Marvin）、詹姆斯·柯本（James Coburn）、丹尼斯·霍珀（Dennis Hopper）、史蒂夫·麦奎因（Steve McQueen）和克林特·伊斯特伍德（Clint Eastwood）。

编剧则有罗德·瑟林（Rod Serling），作品有《五月中的七天》（*Seven Days in May*，1964 年）和《人猿星球》；斯特林·西利芬特（Stirling Silliphant），他的作品有《炎热的夜晚》（*In the Heat of the Night*，1967 年）；以及帕迪·查耶夫斯基（Paddy Chayefsky），他的作品有《灵魂大搜索》（*Altered States*，1980 年）和《电视台风云》（*Network*，1975 年）。

有些编剧的知名电视作品被改编成了故事片，由此也充分证明了他们出色的能力。从小屏幕出发登上大屏幕的电视作品有罗德·瑟林的《拳台血泪》（*Requiem for a Heavyweight*，1962 年）、雷金纳德·罗斯（Reginald Rose）的《十二怒汉》（*12 Angry Men*，1957 年）、J. P. 米勒（J. P. Miller）的《相见时难别亦难》（*The Days of Wine and Roses*，1962 年）、汤姆·格里斯

（Tom Gries）的《威尔·佩尼》[1]，以及查耶夫斯基的《君子好逑》（*Marty*），该影片在1955年荣获奥斯卡最佳影片奖。

1950年，大约有12部30分钟和60分钟的诗选类剧集在广播中播出，每集实际上每周都会有一个现场演出。这些诗选类剧集中有两部跻身当年最受欢迎的10部电视剧之列。不过，尽管评论家们为它们鼓掌喝彩，而且它们也被视为是电视领域的精华，但随着家用电视机数量的增多，这些诗选类剧集的收视率排名逐渐下滑。到1955年，美国有2/3的家庭拥有一台电视机，而诗选类剧集永久性跌出了前十之列。到1960年，也就是几乎家家户户都有电视之后，仍维持播出的诗选类剧集只有三部。

赞助商们希望通过节目，能够将自己的广告信息传播给尽可能多的观众，而无线电视网会努力来满足赞助商们的要求，因此导致观察家们日渐抱怨电视节目变得越来越雷同，脱离现实。20世纪50年代，每季排名前20位的节目中通常都会有情景喜剧，而且这种形式的电视节目后来成了电视节目中的中流砥柱。在当时，此类最受欢迎的节目包括《我爱露西》（*I Love Lucy*）、《十二月新娘》（*December Bride*）、《老爸最知道》（*Father Knows Best*）、《丹尼·托马斯秀》（*The Danny Thomas Show*）、《赖利的生活》（*The Life of Riley*）、《我们的布鲁克斯小姐》（*Our Miss Brooks*）和《盖尔·斯托姆秀》（*The Gale Storm Show*）。这些情景喜剧中，有些质量相对较好。但不管这些电视剧有哪些相对而言的优点，它们都很难展现现实世界的错综复杂和麻烦种种。

在搜寻能获得成功的节目时，电视制片人们开始盲目模仿，并因此而留下恶名。当时著名的电视喜剧演员厄尼·科瓦奇（Ernie Kovacs）对此这样说："娱乐业有一个标准的成功公式，那就是'只要一种形式取得成功，就要让它发挥效用致死'。"

---

① 《威尔·佩尼》（*Will Penny*, 1968年）根据汤姆·格里斯为电视剧《西部人》（*The Westerner*）所撰写的剧本《营房》（*Line Camp*）改编。

以华纳兄弟公司（Warner Brothers）为例。同其他所有大型电影公司一样，华纳兄弟公司也曾经被电视制作行业深深地伤害过。在第二次世界大战即将结束的时候，每周会有 8 000 万人去电影院看电影。到 1960 年时，每周到电影院看电影的人只有 4 350 万，而且这个数字还一直在下滑。华纳兄弟公司遵循“不能打败他们，那就加入他们”的原则，也进军了电视制作行业，并将公司里 1948 年之前的电影资料库出售，来赚取进军电视制作行业所需的资金。20 世纪 50 年代时，公司攀升至其电视制作巅峰，黄金时段的节目有 1/3 由他们制作。但他们要制作的节目数量如此之多，以至于其中许多节目看上去非常相似。

> 这些节目中有《77 号日落大道》（*77 Sunset Strip*，主角是洛杉矶年轻时髦的私人侦探）、《滨海大道 6 号》（*Surfside 6*，主角是迈阿密沙滩上年轻时髦的私人侦探）、《夏威夷侦探》（*Hawaiian Eye*，主角是火奴鲁鲁年轻时髦的私人侦探）、《波旁街侦探》（*Bourbon Street Beat*，主角是新奥尔良年轻时髦的私人侦探）和《愤怒的 20 年代》（*The Roaring Twenties*，主角是 20 世纪 20 年代纽约市年轻时髦的调查记者）。这些节目的名字听起来有点类似，那是因为它们本身就颇为相似。

虽然有这种“发挥效用致死”的做法，但也有例外。《逗比情事多》（*The Many Loves of Dobie Gillis*）就是一个例子，这部电视剧用幽默的方式展现了高中青少年时髦有趣的一面。他们个个口齿伶俐，成熟世故，而倒霉的多比（Dobie）在一定程度上有点超现实主义，每集都站在罗丹的思考者雕像旁直接向观众们讲述这集的重点。多比“相对的”优势在于他的父母来自工人阶级，而并非《老爸最知道》、《天才小麻烦》（*Leave It to Beaver*）和《奥齐和哈里特》（*The Adventures of Ozzie and Harriet*）中完美无瑕的美国郊区中产阶级。另外一部经典电视剧是《蜜月期》（*The Honeymooners*），讲述了一对夫妻租住在没有电梯的简陋公寓内，生活质量改善无望的故事。他们两人相互争吵，大喊大叫，甚至会动手。他们也有过梦想，但终究破灭。这些剧情与 20 世纪 50 年代的多数电视剧放在一起显得格格不入。

制片人格里·艾布拉姆斯（Gerry Abrams）回忆当时的好与坏时说：

> 20世纪50年代只有黑白电视，所以除了看电视信号的测试图案之外（真的，不骗你），人们还会观看轮滑比赛（女性最厉害）以及阿根廷罗卡（Argentina Rocca）与华丽的乔治（Gorgeous George）这些明星摔跤手。NBC还有一个全新的节目，名叫《今日秀》（*The Today Show*）。此外，还有席德·西泽（Sid Caesar）出演的《秀中秀》（*Your Show of Shows*），节目的编剧们则有尼尔·西蒙（Neil Simon）、伍迪·艾伦、拉里·吉尔巴特（Larry Gelbart）、梅尔·布鲁克斯（Mel Brooks）和卡尔·雷纳（Carl Reiner）。还不错，对吧？

乔希·塞班则记得20世纪50年代末60年代初的另一档好节目。该节目在播出50余年之后仍然让人念念不忘：

> 在我看来，脱颖而出且远远将其他节目抛在后面的是《迷离时空》（*The Twilight Zone*）。罗德·瑟林在片头承认这部电视剧纯属虚构，这本应该让孩子们感到些许宽慰，却让这部电视剧显得更加真实。这部剧的人物和故事占主导地位，其节奏、选角和导演等都与当时的其他节目有着天壤之别。他（瑟林）是一位早期的电视导演，在我眼中他无所不能。

大多数情况下，出现在电视上的美国人都是生活在郊区的中产阶级，他们生活优越，在社会上游刃有余。而且，他们几乎是清一色的白人。

美国黑人极少出现在早期的电视上。改编自广播剧的《阿摩司和安迪秀》（*Amos'n' Andy*）几乎全部由黑人演员出演，但由于该剧对黑人角色的刻画引起巨大争议，很快就被停播。黑人和白人都喜欢听纳特·金·科尔（Nat King Cole）

的唱片，但他在 1956 年至 1957 年的综艺节目却被停播，原因就在于他的节目此前一年里无法吸引到观众，也没有争取到赞助商。《比乌拉》（*Beulah*）系列节目其实还算是比较受欢迎的，其女主角是非裔美国人，扮演的是白人家庭里的女仆角色，所以不能算是预示着种族间的平等。

电视上的美国黑人少之又少，而对参演了制片人纳特·海肯（Nat Hiken）的《菲尔·西尔沃斯秀》（*The Phil Silvers Show*）和《54 号警车》（*Car 54*）这两部电视剧的黑人们来说，最不同寻常的莫过于他们在电视剧中显得那么平常。这些角色和多数白人配角一样，他们的存在并没有显得是大不了的事情，他们只是“芸芸众生”中的一员。尽管这句话听起来显得那么无足轻重，但在当时这可谓是革命性的举动。

艾美奖得主、编剧、制片人、导演比尔·佩斯其可以告诉我们无线电视网在种族问题上究竟有多么敏感。20 世纪 60 年代初期，佩斯其加入了热门情景喜剧《迪克·范·戴克秀》（*The Dick Van Dyke Show*）的编剧队伍。佩斯其称，1963 年的一集《这才是我的孩子》（*That's My Boy*）让 CBS 的高管们大发雷霆。在这一集中，罗伯·皮特里（范·戴克饰）在妻子劳拉（玛丽·泰勒·摩尔 [Mary Tyler Moore] 饰）生了小孩后，确信医院搞错了，他们带回家的并非是自己的亲生孩子。罗伯打电话给另一位父亲，请他到自己家里来，要当面向他提出自己怀疑的问题。门铃响了，罗伯打开门，面前站着的是黑人演员格雷格·莫里斯（Greg Morris）。

“1963 年，美国的种族问题开始爆发，”佩斯其说，“将种族差异作为喜剧中的素材，是闻所未闻的事情。”佩斯其表示，正是电视剧创剧人兼制片人卡尔·雷纳威胁要将 CBS 反对该集的事情告知媒体，CBS 才在这个节目的问题上作出让步。

“公众对该集的反应非常热烈，这部剧之所以成为经典，就是因为该剧从小处出发，打破了美国如火如荼的种族问题。”

至于观众的反应呢？佩斯其回忆称，在拍摄期间，当范·戴克为莫里斯开门后，观众们哄堂大笑，这段笑声是该部电视剧中笑声最响亮也是最持久的。

总的来说，在电视的青春期里，电视屏幕上是一派和平繁荣的景象，大家和谐相处，现实世界被最大可能地歪曲。毕竟在这十年里先后发生了朝鲜战争、麦卡锡主义泛滥、古巴革命，以及针对有组织犯罪的凯弗维尔（Kefauver）听证会，而且法庭废止了种族歧视。

美国电视表面看来一派和气，这种平静只有在极少数情况下会被打破。电视和广播新闻记者埃德·默罗（Ed Murrow）在其系列纪录片《现在请看》（*See It Now*）中对麦卡锡进行了两次报道。电视对麦卡锡/美国陆军听证会和凯弗维尔听证会都进行了报道。但是，它们对电视娱乐内容的整体影响几乎为零。父亲永远是无所不知，警长始终都能抓到自己要抓的人，而爱情最终总能战胜一切。现实世界仅仅只在晚间新闻里被几句话匆匆带过。在当时，晚间新闻的播出时间仅仅只有15分钟。

而其他的媒介仍在努力揭露当时的大问题。剧作家田纳西·威廉斯（Tennessee Williams）用文字展现了美国人的情感和心理弱点，而亚瑟·米勒（Arthur Miller）则在舞台上揭示了美国梦的破灭。在电影大屏幕上，《猪排山》（*Pork Chop Hill*，1959年）和其他众多电影展现了朝鲜战争的残酷，《友情深似海》（*Edge of the City*，1957年）直面种族主义，《码头风云》（*On the Waterfront*，1954年）揭露了工会的腐败，《金臂人》（*The Man with the Golden Arm*，1955年）深刻地刻画了麻醉品成瘾的问题，而黑色恐怖电影《死吻》（*Kiss Me Deadly*，1955年）则让人们看到了第二次世界大战之后很多人理想的破灭。

相比之下，人们希望能够在家中得到慰藉，所以电视满足了他们的需要。如果说赞助商和电视台正在提供毫无实质内容的东西，那么不管牛顿·米诺会因此多么郁闷，事实就是没有人能够强迫这数百万观众去收看电视，而且他们对电视节目如饥似渴。让我们来看看20世纪50年代的电视节目收视前五强分别有哪些。

1950—1951年：

1.《德士古明星剧场》（*Texaco Star Theatre*，综艺节目）

2.《炉边剧场》（*Fireside Theatre*，诗选类剧集）

3.《飞歌剧场》（诗选类剧集）

4.《秀中秀》（综艺节目）

5.《高露洁欢乐时光》（*The Colgate Comedy Hour*，综艺节目）

1951—1952年：

1.《亚瑟·戈德弗雷的伯乐识马》（*Arthur Godfrey's Talent Scouts*，综艺节目）

2.《德士古明星剧场》

3.《我爱露西》（情景喜剧）

4.《雷德·斯克尔顿秀》（*The Red Skelton Show*，综艺节目）

5.《高露洁欢乐时光》

1952—1953年：

1.《我爱露西》

2.《亚瑟·戈德弗雷的伯乐识马》

3.《亚瑟·戈德弗雷好友秀》（*Arthur Godfrey and His Friends*，综艺节目）

4.《搜捕》（警匪片）

5.《德士古明星剧场》

1953—1954年：

1.《我爱露西》

2.《搜捕》

3.《亚瑟·戈德弗雷的伯乐识马》

4.《一决高低》(电视竞赛节目)

5.《米尔顿·伯利秀》(*The Milton Berle Show*，原《德士古明星剧场》)

1954—1955年:

1.《我爱露西》

2.《杰基·格利森秀》(*The Jackie Gleason Show*，综艺节目)

3.《搜捕》

4.《一决高低》

5.《名人秀》(*The Toast of the Town*，综艺节目)

1955—1956年:

1.《奖金拿回家》(*The $64 000 Question*，电视竞赛类节目)

2.《我爱露西》

3.《埃德·沙利文秀》(*The Ed Sullivan Show*，原《名人秀》)

4.《迪士尼乐园》(*Disneyland*，家庭诗选类剧集)

5.《杰克·本尼秀》(情景喜剧)

1956—1957年:

1.《我爱露西》

2.《埃德·沙利文秀》

3.《通用电气剧场》(*General Electric Theater*，诗选类剧集)

4.《奖金拿回家》

5.《十二月新娘》(情景喜剧)

1957—1958年:

1.《硝烟》(西部片)

2.《丹尼·托马斯秀》(情景喜剧)

3.《威尔斯法戈侦探传奇》（*Tales of Wells Fargo*，西部片）

4.《随时候命》（*Have Gun—Will Travel*，西部片）

5.《我有个秘密》（*I've Got a Secret*，电视竞赛节目）

1958—1959 年：

1.《硝烟》

2.《马车队》（*Wagon Train*，西部片）

3.《随时候命》

4.《火枪手》（*The Rifleman*，西部片）

5.《丹尼·托马斯秀》

1959—1960 年：

1.《硝烟》

2.《马车队》

3.《随时候命》

4.《丹尼·托马斯秀》

5.《雷德·斯克尔顿秀》

也许，正是现实世界的错综复杂让人们渴望看到非常简单的情节，也希望得到同样简单的解决方案。于是在 20 世纪 50 年代末至 60 年代初，电视上警察、私家侦探和牛仔们纷纷登场。在《搜捕》、《M 小分队》（*M Squad*）、《骗局》（*Racket Squad*）、《公路巡警》（*Highway Patrol*）、《随时候命》、《单枪匹马》（*Cheyenne*）、《硝烟》、《杨斯·德林格》（*Yancy Derringer*）、《伯南扎的牛仔》（*Bonanza*）和其他电视剧里，问题通常都轮廓清晰，能快速得到解决，而且多数情况下，只要瞄准开枪或一记右勾拳就能解决问题。游侠们简单的生活一度让人心驰神往。1958 年，电视台一窝蜂播出了 30 部西部片，其中 12 部跻身年度最受欢迎的 20 部电视剧之列。

电视评论员为电视屏幕上的千篇一律而哀叹；喜剧演员们则拿不管换哪个台看到的都是酒吧和策马奔腾的现象开涮。而观众们观看这些节目仅仅只是因为别无他选吗？

1963 年，芝加哥大学（University of Chicago）心理学副教授加格·斯坦纳（Gary Steiner）针对观众们的态度进行了调查。调查的问题之一是："你最喜欢的电视节目有哪些，或者说一有机会就会观看的节目是什么？"针对该问题共有 12 种节目类型供被调查者选择，而被调查者选择最多的是"动作片：西部片、犯罪片和冒险片"。排名第二的是"喜剧和综艺类节目"，排名第六的是"常规新闻节目"。"悲情剧"的排名更为落后，仅处于第八位。当被要求回答更为宽泛的类别，即只分为"轻娱乐节目"、"重娱乐节目"、"新闻"、"信息与公共事务"以及"其他"。82% 的被调查者表示，他们会首先选择观看"轻娱乐节目"。

埃德·默罗著名的纪录片《现在请看》在黄金时段里播出了 3 年，但他的名人访谈节目《人与人》（*Person to Person*）[①]则持续播出了 8 年。1955 年，《现在请看》被撤出黄金时段，让位给了人气更高的《奖金拿回家》。由此，也能看出观众究竟喜欢什么类型的节目。

问答节目和电视竞赛节目也同样满足了人们对美好情感的渴望，以及对美国梦的追寻。20 世纪 50 年代末，这类节目推动人们走捷径发财致富的梦想，轻松赢得奖金，成为幸运的少数人，可以到奥齐和哈里特生活的郊区过上惬意的生活。20 世纪 50 年代，每年的年度收视率最高的十大电视节目中都会有电视竞赛节目的身影。1955 年，有三个电视竞赛节目进入了前十，其中《奖金拿回家》成了该电视季中人气最高的电视节目。问答节目当时拥有庞大的观众群，为此一些问答节目的制片人对竞赛加以操纵[②]，从而确保人气最高的参赛者能获得胜利。

① 奥普拉·温弗瑞（Oprah Winfrey）的名人访谈秀的前身，每周播出一集

② 罗伯特·雷德福在 1994 年拍摄了电影《机智问答》（*Quiz Show*），讲述了竞赛被操纵的真相被揭露后所爆发的著名丑闻。

可是在20世纪60年代的剧变面前，20世纪50年代的社会问题和国际冲突反而显得苍白无力了。一进入60年代，首先就发生了猪湾事件，接着是古巴导弹危机和核武器竞赛升温，然后就是约翰·肯尼迪和罗伯特·肯尼迪（Robert Kennedy）被暗杀的悲剧，越南战争，以及黑人领袖马丁·路德·金和马尔科姆·艾克斯（Malcolm X）被杀。大学被学生们占领，城市爆发种族骚乱，到处是反战或支持战争的暴力示威游行，此外还爆发了妇女解放运动、黑人权利运动和石墙事件（Stonewall riots），以及1968年民主党大会期间在芝加哥出现“警察暴动”。

满腹牢骚、悲观绝望、愤世嫉俗，这些让那10年里出现了一连串令人心生恐慌的电影，其中包括《奇爱博士》（*Dr. Strangelove or: How I Learned to Stop Worrying and Love the Bomb*，1964年）、《谍网迷魂》、《奇幻核子战》（*Fail-Safe*，1964年）、《雌雄大盗》、《炎热的夜晚》、《步步惊魂》（*Point Blank*，1967年）、《肮脏的哈里》（*Dirty Harry*，1971年）、《日落黄沙》和《午夜牛郎》（*Midnight Cowboy*，1969年）。除了黑暗悲观之外，这些电影中也充斥着暴力和性爱场面，“成人”语言满天飞。

那么电视屏幕上又是怎么样的呢?

越南战争让人们进入了一个梦想幻灭的时代。在这个时代，电视上的战争仍然是沿袭传统的第二次世界大战模式，宣传的是英雄主义，例如《晴空血战史》（*Twelve O'Clock High*）、《勇敢的男人》（*Gallant Men*），以及长期播放的《战争》（*Combat!*）。如果说人们在大街上会因为家庭和社会价值观不同而争吵，那么《豪门新人类》、《埃德先生》（*Mr. Ed*）和《唐娜·里德秀》（*The Donna Reed Show*）里的那些家庭似乎都相处融洽。当时的电视屏幕上仍然有那些游侠牛仔，例如《马车队》、《伯南扎的牛仔》、《皮鞭》（*Rawhide*）、《英豪本色》（*The Virginian*）、《峡谷情仇》（*The Big Valley*）、《灌木丛》（*The High Chaparral*）和无休无止的《硝烟》。

有些节目的确试图在电视屏幕上坦诚地展现生活真实的一面，这种做法通常会得到评论家的赞赏，只可惜节目的寿命并不长。《东边西边》（*East Side, West Side*）中乔治·斯科特（George C. Scott）出演纽约市的社工，只播放了一季。《政坛风云》（*Slattery's People*）是一部政治剧，理查德·克里纳（Richard Crenna）在剧中出演一个无名州议会的少数党领袖，这部剧也只播出了一季半。大卫·萨斯坎德（David Susskind）制作的《致命的暴力循环》（*N. Y. P. D.*）给我们真实展现了纽约的政坛，其剧本通常都是根据真实案例编写，但该剧在播出两季后也停播了。

人们所偏好的电视节目是将日常的麻烦事以皆大欢喜的形式搬上屏幕。《卧底侦缉队》（*The Mod Squad*）的主角是三名为了现状而战的嬉皮士。《虎胆妙算》（*Mission: Impossible*）里政府的秘密部门在不断追求正义，共播出了 7 年。《鲁旺和马丁搞笑集》（*Rowan & Martin's Laugh-In*）则是综合了地域、政治和性幽默，外加插科打诨、杂耍，以及身穿比基尼的女孩表演歌舞，该剧连续播出了 7 季。

在种族问题上，既有状况终于开始有所改变，尽管改变的速度堪比蜗牛，异常缓慢。改变的动力通常是从下至上的，来自像卡尔·雷纳这样的坚定的制片人，而不是来自那些具有远见的无线电视网节目制作人员。

1963 年，科幻诗选类剧集《迷离档案》（*The Outer Limits*）的制片人邀请到黑人演员哈里·罗德斯（Hari Rhodes）出任配角。ABC 公司反对这种安排，理由是剧本并没有明确表示该角色是一名黑人。面对这番意见，制片人约瑟夫·斯蒂法诺（Joseph Stefano）颇为不屑，直接在剧本中增加了“黑人”这个词语。

数年后，无线电视网在这一点上仍然摇摆不定，《星际迷航》（*Star Trek*）第三季的一集就是一个很好的例子。

INSIDE THE RISE OF HBO 小剧场

这集的名字是《柏拉图的继子》(*Plato's Stepchildren*)。在该节目中，柯克船长（Captain Kirk）(威廉·夏特纳 [William Shatner] 饰）和包括乌胡拉上尉（Lieutenant Uhura）(美国黑人尼切尔·尼克尔斯 [Nichelle Nichols] 饰）在内的数位军官被一群让人讨厌的、比人类高级的外星人俘虏。这些"继子们"拥有超强的心智，而他们取乐的方法之一就是干扰柯克船长的理智，让他去亲吻乌胡拉上尉。外星人根本不在意这会成为电视屏幕上第一次跨种族的亲吻。

虽然外星人不介意，但 NBC 会介意。在《星际迷航》的剧作家大卫·杰罗德（David Gerrold）1973 年所著书籍《星际迷航的世界》(*The World of Star Trek*）中，尼克尔斯女士曾经说过，尽管无线电视网大胆地同意这种亲吻出现在屏幕上，但镜头必须有所调整，让柯克船长看上去不要显得太过激动。"我们费了大劲儿来控制情绪，"尼克尔斯对杰罗德说，"夏特纳表现出他很不想亲吻我，相当抵制这种做法。"尼克尔斯表示，后来剧组收到雪花般的信件，称那位好船长肯定是在星际跳跃时脑子短路了，不愿意亲吻一位这么魅力四射的女性。

但还有更加积极的迹象。最勇敢的举动之一来自制片人谢尔顿·伦纳德（Sheldon Leonard)。伦纳德最初以演员的身份进入好莱坞。"屏幕上所有的达蒙·鲁尼恩（Damon Runyon）都是由谢尔顿出演，"比尔·佩斯其说，他曾代表伦纳德的制片公司参与《迪克·范·戴克秀》的工作，"他来自纽约市的布朗克斯，喜欢畅所欲言，直言不讳。他从业多年，而且天赋聪明，所以说的话也相当可靠可信。"1965 年，伦纳德携奔走全球拍摄的间谍剧《谍网威龙》(*I Spy*）向电视领域的种族界限发起攻击。出演本片的比尔·科斯比（Bill Cosby）成了电视剧中的第一位黑人主演，这个角色也为这位喜剧演员赢得了三次艾美奖。

尽管评论家和观众的反响都很好，但《谍网威龙》并没有能在一夜之间就改变无线电视网在种族问题上的小心谨慎，或者是观众的偏见。在《谍网威龙》播出期间，南方众多电视台禁播该剧。直到1968年，无线电视网的节目中才出现第二位黑人主角人物。这出名叫《朱丽亚》（*Julia*）的情景喜剧虽然平淡无奇，但绝对具有开创性的意义。黛汉恩·卡罗尔（Diahann Carroll）担纲出演该剧。

比尔·佩斯其与搭档山姆·德诺夫于1966年推出的电视剧《那个女孩》（*That Girl*）在另一个领域实现了自己的突破。剧中，马洛·托马斯（Marlo Thomas）出演一名一心想要在纽约出人头地的年轻女演员。《那个女孩》在一定程度上就是HBO的热门剧《欲望都市》（*Sex and the City*）的先驱，甚至可以说是祖先。因为有了《那个女孩》，《欲望都市》的出现才不需要再等30年。佩斯其表示：

> 《那个女孩》首次让年轻女性成了节目中的主角，不需要搭配另一位共同生活或工作的男性主角。安·玛丽（Ann Marie）这个角色希望能掌控自己的人生，她的梦想没人能够阻挠。她将尝试各种工作，面对各种逆境，但绝对不会停止脚步。
>
> 这个节目对十几岁的女孩子有着巨大的影响。在此之前，她们曾经认为除了结婚生子之外，她们再没有其他的选择。马洛是一位女权主义者，可当时连"女权主义者"（feminist）这个词语都还没有出现。

山姆·德诺夫的儿子道格拉斯·德诺夫（Douglas Denoff）表示，从《那个女孩》的第一集直到最后一集，制作该电视剧的无线电视网ABC一直希望能通过某些方式在该电视剧中强塞进一些"传统的"价值观。随着该节目从1966年到1971年的播出即将结束，ABC力争在最后一集里让安·玛丽嫁给她交往已久的男友唐纳德（泰德·贝塞尔[Ted Bessell]饰）。托马斯当时也是该电视剧的执行制片人，她拒绝了这个要求，认为这样有悖于该剧独立女性的主题。

而在多数评论家眼里，让电视变成主流话题的标志性电视剧是制片人诺曼·李尔（Norman Lear）的《全家福》（*All in the Family*），该剧于1971年首播。

卡罗尔·奥康纳（Carroll O'Connor）在剧中扮演一名中低阶层的蓝领工人，他心胸狭窄，相当顽固，消息又不灵通，却乐于去分享自己那些无知、令人讨厌的观点。本剧将歧视和其他所有种族与政治问题都暴露在阳光之下，并在这个过程中成了一部长期播出的成功剧集。该剧开启了一个新时代，AMC 的乔希·塞班称这个时代是电视的“早期成年期……开始对社会拥有一定的影响力”。

次年，大家似乎不再忌讳相关主题，也不再避讳种族界限。《弗利普·威尔逊秀》（*The Flip Wilson Show*）、《桑福德父子》（*Sanford and Son*）、《好朋友》（*Chico and the Man*）和《托尼·奥兰多和黎明乐队秀》（*Tony Orlando and Dawn*）都是广受欢迎的电视节目，演员阵容中都有少数族裔，或者是由他们担纲主演。剧组当时可以在年龄、种族和性别上有多样化的选择和安排，例如长期播出的警匪情景喜剧《笑警巴麦》（*Barney Miller*），其演员阵容中包括了一名以急躁而闻名的年轻警察、一名以聪明而知名的老警察、一名拉丁族裔警察、一名黑人警察，以及一名亚裔警察，而担任警察队长的是一名犹太人。性别歧视、强奸、种族歧视、精神疾病、同性恋，所有这些问题也都慢慢变得公开化。这个电视的开放时代将给电视传媒带来第二次鼎盛时期，而这个时期的巅峰之作包括了迷你剧《根》（*Roots*）和《大屠杀》（*Holocaust*）。

但从整体上来说，电视的质量并没有因此变得更好。在年度收视率最高的十大节目的榜单上，唱主角的依然是那些“更加安全”的电视节目。

1971—1972 年：

1.《全家福》

2.《弗利普·威尔逊秀》（综艺节目）

3.《维尔比医生》（*Marcus Welby, M. D*，医学题材剧）

4.《硝烟》

5.《ABC 每周影院》（*ABC Movie of the Week*，每周播出的专为电视拍摄的故事片）

6.《桑福德父子》(情景喜剧)

7.《洋场私探》(*Mannix*，私人侦探题材剧)

8.《滑稽面孔》(*Funny Face*，情景喜剧)

9.《亚当 12 号巡逻车》(*Adam-12*，警匪剧)

10.《玛丽·泰勒·摩尔秀》(*The Mary Tyler Moore Show*，情景喜剧)

1972—1973 年:

1.《全家福》

2.《桑福德父子》

3.《夏威夷 50 特勤组》(*Hawaii Five-O*，警匪剧)

4.《莫德》(*Maude*，情景喜剧)

5.《跨越宗教的爱情》(*Bridget Loves Bernie*，情景喜剧)

6.《NBC 悬疑片剧场》(*The NBC Mystery Movie*，三部悬疑剧在同一时段中交替上映，这三部剧分别是《麦克劳德》[*McCloud*]、《麦克米伦》[*MacMillan*] 和《妻子》[*Wife*])。

7.《玛丽·泰勒·摩尔秀》

8.《硝烟》

9.《迪士尼梦幻世界》(*The Wonderful World of Disney*)

10.《无敌铁探长》(*Ironside*，警匪片)

1973—1974 年:

1.《全家福》

2.《华生一家》(*The Waltons*，家庭剧)

3.《桑福德父子》

4.《陆军野战医院》(*M＊A＊S＊H*，情景喜剧)

5.《夏威夷 50 特勤组》

6.《莫德》

7.《神探酷杰克》(*Kojak*，警匪剧)

8.《桑尼和雪儿的欢乐时光》(*The Sonny and Cher Comedy Hour*，综艺节目)

9.《玛丽·泰勒·摩尔秀》

10.《肥警当差》(*Cannon*，私人侦探剧)

1974—1975 年:

1.《全家福》

2.《桑福德父子》

4.《杰斐逊一家》(*The Jeffersons*，情景喜剧)

5.《陆军野战医院》

6.《罗达》(*Rhoda*，情景喜剧)

7.《好时光》(*Good Times*，情景喜剧)

8.《华生一家》

9.《莫德》

10.《夏威夷 50 特勤组》

1975—1976 年:

1.《全家福》

2.《穷人富人》(*Rich Man, Poor Man*，迷你剧)

3.《拉文与雪莉》(*Laverne & Shirley*，情景喜剧)

4.《莫德》

5.《无敌女金刚》(*The Bionic Woman*，动作片 / 冒险片)

6.《菲利斯》(*Phyllis*，情景喜剧)

7.《桑福德父子》

8.《罗达》

9.《无敌金刚》(*The Six Million Dollar Man*，动作片 / 冒险片)

10.《ABC 周一夜影院》(*ABC Monday Night Movie*，院线电影)

1976—1977 年:

1.《欢乐时光》(*Happy Days*，情景喜剧)

2.《拉文与雪莉》

3.《ABC 周一夜影院》

4.《陆军野战医院》

5.《霹雳娇娃》(*Charlie's Angels*，私人侦探片 / 冒险片)

6.《大事件》(*The Big Event*，各种特别节目)

7.《无敌金刚》

8.《ABC 周一夜影院》

9.《贝雷塔警官》(*Baretta*，警匪片)

10.《活在当下》(*One Day at a Time*，情景喜剧)

但观众群已经发生了改变。第一代看着电视长大的孩子们已经长大成人，他们也正在成为广告商的主要目标人群。这一代的观众与他们的父母在价值观上有一定的差异，他们希望能够在电视屏幕上看到一些新鲜东西，有别于父母观看的内容。电视既要涉足此前的那些禁忌话题，同时也要进一步强化现状。年度收视率十大榜单显示，年轻一代的观众群在电视方面的需求并没有发生翻天覆地的变化。警匪剧能满足他们的要求，但西部片就失败了。到 1974 年，西部片全部从电视屏幕上消失了。此后，这类题材的电视剧也只是偶尔会出现在电视屏幕上。

不过，电视媒体肯定不会变得更加无私。他们的节目安排更加实在，也更切合观众们的需求，但这一切只是显示他们同其他节目发展趋势一样，心里想的只有广告，一心想着争取更多的观众来换取更高的广告收入。

在《全家福》创造轰动之后，各大电视台开始纷纷加以效仿，照搬那些成功元素，然后在形式上稍作改变就又端上了桌。《全家福》中，一个中低阶层白人家庭针对当下的各种问题进行争论。根据《全家福》中的一个角色又衍生出了电视剧《好时光》，让一个城市里的贫穷黑人家庭讨论着当下的各种问题。《全家福》中的另一个角色则衍生出了电视剧《莫德》，展现的是城市中上阶层家庭如何看待当下的各种问题。《杰斐逊一家》也同样是以《全家福》为基础，只是主人公换成了新富黑人家庭。

精准定位到广告商的消费主力

随着观众调查变得越来越复杂，无线电视网意识到只拥有高收视率还不够，还必须保证收视率的类型正确。越来越多的人开始提到“人口统计学”这个词，即将电视的观众群按照年龄、性别、收入和其他特征进行分解。人口统计学研究可以让你知道哪个节目吸引到了哪一部分的公众。有时候，受众的人口统计学特征能够弥补收视率低的问题。

几乎在 CBS 推出《全家福》的同时，该电视网对其电视节目排期进行了大整顿，取消了众多收视率较高的电视剧，包括《豪门新人类》、《路口旅馆》（*Petticoat Junction*）和《绿色的田野》（*Green Acres*）在内的乡村题材喜剧，以及《哈哈笑》（*Laugh-In*）的西部版《乡村乐事》（*Hee-Haw*）都被停播，原因在于广告商认为这些电视剧无法吸引城市观众，而城市观众才是多数广告商们最理想的受众群。同时被停播的还有该电视网的一些里程碑之作，例如《杰基·格利森秀》，雷德·斯克尔顿（Red Skelton）主持的长达 20 年的老牌综艺节目，以及长期播出的台柱节目《硝烟》。这些节目的收视率数字依然很可观，但 CBS 认为节目已经变老，其观众群也已经老去，而广告商不愿花大钱去争取老人市场。

另一方面，NBC 也放弃了收视率较低的《星际迷航》，尽管该剧拥有一群狂热的剧迷，而且粉丝们纷纷写信抗议该剧停播。而 NBC 认为《星际迷航》的观众群太过年轻，也不是大型广告商感兴趣的受众群。

除了商业原因之外，无线电视网也会难得地基于其他原因来进行决策，比如停播收视率位列前 20 的电视剧《斯莫瑟兄弟喜剧时间》（*The Smothers Brothers Comedy Hour*）。为什么？因为 CBS 不喜欢该节目讨论时事，拿政府、越战、社会动荡、性别、宗教和其他话题开涮，于是就让斯莫瑟兄弟退场了。

到 20 世纪 70 年代中期，普通的电视观众似乎厌烦了那些当下的各种问题。普通大众不想去操心什么世界大事，甚至都不想去忧国忧民。时事政治已经过时，行业观察家所称的新闻饥荒期已经到来。

这一时期是《欢乐时光》、《拉文与雪莉》、《默克与明蒂》（*Mork and Mindy*）、《无敌金刚》、《无敌女金刚》、《爱之船》（*The Love Boat*）、《梦幻岛》（*Fantasy Island*）、《三人行》（*Three's Company*）和《霹雳娇娃》的时代。

这些节目都出自 ABC 首席节目制作人员佛瑞德·西尔弗曼（Fred Silverman）之手。他曾在 CBS 担任同样的职务，并且带领该电视网进入了《全家福》的时代，策划了众多相关的流行节目。在跳槽到 ABC 公司后，他制定了新的战略，力推轻松奇幻的通俗喜剧。电视评论家可能会抱怨屏幕上只看到无休无止的傻瓜式的娱乐内容，但不管怎样，西尔弗曼的策略让 ABC 首次夺得了无线电视网的头把交椅。

70 年代走了，80 年代到来。电视屏幕上依然是那些白日梦和微不足道的东西，只是换了完全不同的名字。在这 10 年里，黄金时段里登场的都是肥皂剧，而最红火的电视剧包括了《朱门恩怨》（*Dallas*）、《豪门恩怨》（*Dynasty*）、《鹰冠庄园》（*Falcon Crest*）和《解开心结》（*Knott's Landing*）。

尽管这一切听起来都很负面，但这里的重点并不是说那些年里电视一直在输出大量没有价值、没有意义的内容，或者是糟糕的节目。是的，它们的确这样做了，但当时还是有很多非常出色的节目，甚至在新闻饥荒的高峰期也是如此。这家电视网在播出《欢乐时光》一年之后，推出了颇受推崇的《笑警巴麦》。有些节目坚持了下来，如《笑警巴麦》播出了 7 季，而有些节目却没有。

电视也的确在进行各种试验。格里·艾布拉姆斯回忆称，ABC“尝试制作《ABC 每周影院》这个新事物（类似于 20 世纪 50 年代诗选类剧集的升级版）……如果你有好点子，也有人才来实施这个好点子，一般就能取得成功，即使这个点子不是基于书本或者是任何出版物”。这些剧集包括了现代吸血鬼惊悚剧《夜间狙击者》（*The Night Stalker*，1972 年）和有关卡车杀手的小型惊悚剧《决斗》（*Duel*，1971 年）。《夜间狙击者》一直是收视率最高的非体育类电视节目之一，而《决斗》是电影导演史蒂文·斯皮尔伯格（Steven Spielberg）的处女作。影院播出的电影有些相当大胆，例如《那个夏日》（*That Certain Summer*，1972 年）。这是第一部在屏幕上对同性恋表示同理之心的电视电影。对此，《洛杉矶时报》（*Los Angeles Times*）的评论家查尔斯·钱普林（Charles Champlin）写道：“这部电影为大小屏幕争了光。”

电视也会时不时地在内容和形式上有所突破，特别是在越来越多的观众转而投向有线电视后（我们将在后文中对这种情况加以探讨）。例如《山街蓝调》（*Hill Street Blues*）则是延续肥皂剧的故事线，并将其加以调整，成为迎合更高层次观众群的成人警匪剧。《法律与秩序》（*Law & Order*）将通常持续一个小时的剧集分解为两部分，前半个小时介绍警察如何破案，而后半个小时则是展现地方检察官如何针对该案提起诉讼。《迈阿密风云》（*Miami Vice*）是另一部警匪剧，充分结合了 MTV 中出色的视觉效果。《辛普森一家》（*The Simpsons*）成了继 20 世纪 60 年代的《摩登原始人》（*The Flintstones*）之后第一部在黄金时段里热播的卡通电视剧，只是这一次，它的幽默是基于对其他情景喜剧，乃至整个社会，甚至是其自身都进行了无情的讽刺。《亚当斯一家》（*The Addams Family*）用离谱的黑色幽默来突破情景喜剧的传统做法。另一部试图突破其剧种界限的情景喜剧是 NBC 的《欢迎来到我的世界》（*My World and Welcome to It*）。该剧试图将情景喜剧带入一个全新的层面。主角人物是以幽默作家詹姆斯·瑟伯（James Thurber）为原型，让他走进自己的白日梦中，其中许多白日梦结合了动画和实景拍摄。

同样，也有很多失败的尝试。在《鲁旺和马丁搞笑集》热播之后，NBC给了该剧制片人乔治·施拉特（George Schlatter）一次机会，制作另一部喜剧大片。于是《开机》（*Turn On*）这部剧诞生了。该剧是一个由电脑主持的半小时的喜剧小品秀，它的推出让很多人觉得自己已经超越了品位的界限。所以，该剧只播出了一集。

ABC大胆地播出了电视电影《浩劫后》（*The Day After*）。在人们担心核战争不仅是一种现实的可能性，甚至可能不可避免的时候，这部电影戏剧化地渲染了美国的核战争。尽管该片是有史以来收视率最高的电视电影，却让ABC在经济方面遭受重创。因为这部长达三个小时的电影描述了人类因为核辐射而慢慢痛苦地死去，没有广告商愿意在这种画面里宣传自己的产品。这部电影后来也从未重播过。

20世纪80年代末期出现了数部"电视喜剧"。电视喜剧是一种新剧种，试图在半个小时内将电视剧和情景喜剧的元素融合在一起展现给大家。尽管这种形式赢得了评论家们的交口称赞，但《毒舌麦斯威尔》（*Slap Maxwell*）、《妙探长》（*Hooperman*）和《茉莉·托德的生活》（*The Days and Nights of Molly Dodd*）等电视喜剧都只播出了寥寥数季。不过，《茉莉·托德的生活》的新剧集后来转移到了Lifetime有线电视频道，并且又播出了12季。

这里要说明的一点是，我们现在所知晓的大部分节目形式早在20世纪70年代就已经出现，而且都得到了深入的挖掘，比如情景喜剧、警匪剧和每集一个小时的剧情片。尝试新鲜和不同的事物往往会让无线电视网流失更多的观众，付出更多的金钱。一般而言，收视率显示，在大多数观众所希望看到的节目中，更多的是他们早已经在收看的节目，或许只要稍加调整或重新加以宣传。观众们喜欢收看那些耳熟能详的节目，而这些节目在很大程度上脱离社会现实，人物非黑即白，没有太多价值和意义。在吹毛求疵的评论家们看来，这样的电视节目千篇一律，只有电视屏幕上的电影才能让人眼前一亮。

院线电影登录无线电视网

院线电影一直有在电视上播出。早在20世纪50年代，电影制片厂就在地方电视台播出了大量品质较低的老影片，不过，他们不同意在屏幕上播出任何新影片。他们可不愿将好东西交给电视这个竞争对手。

电视给电影制片厂带来了巨大的冲击，每周前去电影院观影的观众数量每年以数百万的速度递减。这些电影观众并不是去了其他地方。因为有了电视，他们哪里也不去了。既然可以待在自家客厅里舒舒服服地整晚欣赏免费的娱乐节目，那干吗还要大费周折地出门去电影院呢？电视行业的崛起让电影行业怒火中烧，为此，电影业采取了最为幼稚的报复举动，比如在电影明星们的合同中规定他们不得参与电视节目，或者是禁止电视台播出自己的电影。

在商业电视诞生10年之后，电影制片厂发现电视已经站稳脚跟，自己不能再忽视电视的存在。事实上，他们可能也想通过电视来赚钱，而方法不仅仅只是为电视制作节目。1961年秋季，NBC推出了《周六夜影院》(*Saturday Night at the Movies*)，向电视销售最新的影片，而这项业务很快就变得相当红火。以前，要想从电影业购买到高质量的影片，简直就是缘木求鱼。而现在，对于电影制片厂而言，向无线电视网销售高质量影片是其重要的收入来源。

在这10年里，院线电影在电视节目单中所占地位越来越重要。每年夏天，无线电视网就会大肆宣传他们将在下一季里播出的院线电影。到1970年，电视屏幕上一周7天里会有6个晚上都有电影在播出。20世纪70年代，夜影院成了收视率20强榜单中的常客。

尽管在电视屏幕上播出电影的做法改善了大量电视节目枯燥乏味的现象，但这种做法也有其弊端。电影的内容变得越来越重口味，因为要想与小屏幕竞争，电影业就要为观影者提供他们在电视屏幕上看不到的东西。这也就意味着电影行业既要采用宽银幕放映和立体声音响，还要在电影中出现性爱、暴力和下流语言等内容。因此，在电视上播出这些电影时，无线电视网必须对电影加以剪辑。无线电视网或是将那些令人不快的镜头悉数剪掉，或是由电影制片厂安排演员们重新配音。因此，观众们会看到电影里演员们的嘴型是在说："那个臭王八蛋，就算追到天涯海角，我都要去给这个臭婊子养的东西一枪。"但观众们听到的却是："那个坏家伙，就算是追到天涯海角，我都要去给这个恶心的东西一枪。"电影制片厂越来越在乎电视的需求，有时候甚至会在电影的拍摄过程中拍摄备用镜头，用来替换电视上无法播出的内容。

有时候，有些电影剪辑幅度过大，导致观众都奇怪无线电视网为什么最初要费劲去购买这部电影。以萨姆·佩金帕的《日落黄沙》为例。这是一部超级暴力的标志性西部片，但其电视版本被大动手脚，导致电影的部分内容甚至都显得毫无头绪。一位电视评论家在观看了经过电视网剪辑后的电影《午夜牛郎》（*Midnight Cowboy*）之后，认为该部电影应该重新取名为《11:30 的牛仔》（*11:30 Cowboy*）。

为了让电影适合于某个特定的时段，无线电视网也会对电影开刀。因此，他们对电影的时间进行压缩，可能是为了让它能够适合特定的时间段，也可能是为了留更多的空间来播出广告。电影通常是每秒24帧，而对电影的时间进行压缩后，或许就能每秒达到 25 帧，甚至是 26 或 27 帧，电视台的原则就是压缩后不会快得让人明显看出动作或声音出现变形。对于时长 2 个小时的电影而言，时间压缩能够让电影的播放时间缩短几分钟。

电影屏幕要比电视屏幕大许多，这也意味着电影上的小细节通常在电视上无法呈现。随着宽银幕电影处理变得越来越流行，宽银幕电影的长方形并不适合于方方正正的电视屏幕。电视观众在收看宽屏幕电影时可能就有 1/3 或 1/2 的画面看不到，具体取决于宽银幕的处理方法。

电视网会采用多种方法来处理宽屏幕电影，让它适合于电视屏幕。最常用的方法就是“光景比改变技术”。在电影被转录到用于电视播出的录像带上时，用于录制电影的电视镜头会在电影画面上来回移动，找到那些最重要的画面部分。

总的来说，在 20 世纪 70 年代，尽管电视自萌芽期开始就获得了迅猛的发展，变得越来越成熟，但仍然给电视评论家们留下了很多可以挑剔的东西。面对即将到来的秋季电视季，电视评论家会抱怨他之前已经看过所有这些东西了。他想换台看看电影，却又发现电视网总是将画面的四边都裁剪掉了，或者是将所有的好内容都剪辑掉了，尤其是每隔 13 分 30 秒就中断影片来播出插播广告，让人大倒胃口。

而真正让电视观众牢骚满腹的，是他们似乎没有太多的选择。

可能是没有太多，但并不是没有。

独立电视台，荒漠中的绿色

在电视诞生后的最初几十年里，三大无线电视网几乎垄断了整个美国市场。每天晚上，每 10 名电视观众中就有 9 名可能在收看 ABC、CBS 或 NBC。

但即便如此，在那一小部分不看无线电视网节目的观众中，也有迹象表明，他们希望能在大型电视台的定式化节目之外有其他的选择。从统计数据来看，这些观众的数量还不足以达到多年后被称作“小众”观众的数量级别，也不足以让你去假设他们希望有更高质量的电视节目，而去收看其他的电视台。但显然，他们希望看到一些不一样的东西，或者至少是能看到其他节目。而他们在独立电视台（INTV）找到了自己想要的。

在美国，并非所有电视台都隶属于某无线电视网。在电视发展的初期，独立电视台所面对的是被无线电视网垄断的世界，不管是在节目制作还是在宣传力度上都根本无法与无线电视网相提并论。成为独立电视台几乎就是一种自取灭亡的行为。1949 年，美国共有 150 家电视台，其中只有两家为独立电视台。

独立电视台必须找到某个市场，能让自己和三大无线电视网共存。在 20 世纪 70 年代，三大无线电视网吸引了超过 90% 的电视观众。很显然，广告收入会流向收视率高的地方，因此三大无线电视网也就锁定了那些大型广告商。就算是在地方层面，区域广告商也希望他们的产品宣传范围越广越好，所以自然就会被那些实力最强的电视台所吸引。这些电视台都隶属于三大无线电视网，这也是大家意料之中的事情。考虑到这一点，一个独立电视台必须能找到足够大的城市市场，以便从那里的广告商手中拉来足够多的剩余的广告费用。因为三大无线电视网的地方电视台广告时间可能已经全部售出，没法再继续接广告，或者是小型广告商无力承受三大无线电视网的广告费用，所以转而会选择独立电视台。

一些城市的市场够大，可以容纳下多家独立电视台。以我的家乡纽约为例。纽约的市场包括了市区和郊区（即新泽西州东北部和康涅狄格州南部的一部分）。仅纽约市市区的人口就超过 800 万人，而指定市场区域（DMA，市场营销专用语，指在地理范围上特定的市场）的总人口数则达到了 1 500 万人。在有线电视诞生之前，这个市场足以容纳三家独立电视台，分别为 WNEW、WOR 和 WPIX。

而规模较小的市场，即人口数只有几十万人或更少的市场，也许只能容纳三大无线电视网的附属电视台，没有多余的生存空间留给独立电视台。一些市场甚至都无法同时容纳下三大无线电视网的附属电视台。有些市场只有其中两家无线电视网的附属电视台，或者仅仅只有一家无线电视网的附属电视台全天候播出，另一个电视台则轮流播出另两家无线电视网的节目。还有些市场小到连一家电视台都无法生存下来。

即使在纽约这种资源充足的大型指定市场区域，独立电视台也面临着严酷的竞争。独立电视台在节目内容上几乎难以与三大无线电视网的附属电视台直接竞争。不管怎么样，这些附属电视台可以播出全新的节目，无线电视网会在这些节目的制作和宣传上投入大量资金。独立电视台播出的节目要靠广告收入来制作，而他们的广告收入仅仅来源于本地市场。这通常也就意味着独立电视台的节目大部分都是本地体育节目、多家地方媒体同时播出的电视节目（老节目永远不会消失，它们只是在独立电视台不断重播）、多家媒体同时播出的电影，以及一些本地原创节目，比如新闻和地方大事件的报道。

但这并不意味着独立电视台就完全无法与三大无线电视网竞争，只是说独立电视台在节目内容领域进行竞争时必须聪明行事，要稍微动动脑子。纽约的WOR电视台多年来在感恩节时有个传统，会接连播出《金刚》（*King Kong*）、《金刚之子》（*Son of Kong*）和《无敌大猩猩》（*Mighty Joe Young*）。这样一来，当父亲一天都在客厅里泡在橄榄球赛中时，孩子们可以在家里的另一台电视机上尽情观看这些影片。地方的独立电视台不用去遵守无线电视网的电视节目表，可以随意安排。

例如，在20世纪60年代，WOR电视台不是在黄金时间播出纽约大都会棒球队（Mets）的比赛，就是在《大片欣赏》（*Million Dollar Movie*）栏目里每周数次播出同一部电影，然后在周六和周日又连续播出该电影，这看起来非常像有线电视，不是吗？不过，要观看电影的话倒是非常方便，尤其当你想连续观看《魔眼惊魂》(*The Crawling Eye*)和《孤岛浴血战》(*Guadalcanal Diary*)这些电影时，或者是想看电影又不想错过ABC的《炮艇趣事集》(*McHale's Navy*)时。而且，这种方式也让WOR电视台能够进一步充分利用其节目制作费用。几十年后，AMC公司首席执行官乔希·塞班说："我耳边依然还回响着《乱世佳人》(*Gone with the Wind*)的主题曲，眼前还飘荡着《大片欣赏》的图标。我还记得当初熬夜自在地观看影片的情景。"

纽约的另一家独立电视台也是个好例子。在20世纪80年代，WNEW电视台在周六晚上11点会播出《5频道电影俱乐部》(*The Channel 5 Movie Club*)。这个时间点通常是无线电视网节目安排的漏洞。WNEW电视台的节目制作人员非常清楚，他们所在的大都市里有大量忠实的电影观众，所以他们制作了一档迎合这些人口味的节目。观众可以给节目寄去明信片，在明信片上列出他们想要收看哪些电影。WNEW电视台的工作人员将会从收到的明信片中随机抽选。如果WNEW的电影库中正好有抽选到的明信片上列出的电影，那么电视台就会播出该部电影，并且邀请邮寄该明信片的观众来担任节目主持人。看到邻居在节目现场磕磕巴巴地介绍晚上即将播出的电影有哪些微不足道的优点时，大家通常都会乐不可支。这些电影有的是老片子，有的年代还不是那么久远，但WNEW电视台从付费电视频道得到启示，在播放电影时尽量不插播或者只插播两三次广告，并且将电影的删减程度降到最低。例如，《5频道电影俱乐部》在播出萨姆·佩金帕广受争议的《稻草狗》(*Straw Dogs*)时，WNEW只是将片中几秒钟的性爱内容删掉，但将大部分的粗暴语言和暴力画面原封未动地搬上了电视。

那么，这种做法的效果如何呢？《5频道电影俱乐部》一度在纽约电视市场夜间11点档节目中收视率排名第一，打败了无线电视网和其他所有独立电视台。WNEW电视台的节目表相当简单，就是11点开始播放电影，但这至少吸引了一些可能想熬夜收看《周六夜现场》(*Saturday Night Live*)等午夜无线电视网节目的观众，而这些节目要到 11 点半才开播。WNEW 电视台明白，电影看到精彩之处时，很少有人会中途换台。

无线电视网的附属电视台就像是连锁快餐店，不管是在旧金山还是在纽约，进到任何一家麦当劳，你身处的是同样的环境，看到的是同样的菜单，吃到的东西也是同样的味道。

但每个独立电视台有其独特的菜单，也有独到的风味。

也正是因为如此，影评人斯蒂芬·惠蒂（Stephen Whitty）在提到纽约独立电视台时想到的是他们的电影库："你很快就会发现，2 频道（无线电视网附属频道 WCBS）拥有各种米高梅电影制片公司（MGM）的电影，5 频道（独立电视台 WPIX）有各种华纳兄弟公司的电影，而 9 频道（独立电视台 WOR）的电影则大部分来自雷电华影业股份有限公司（RKO）。"

他们的节目各有各的特色，让观众们心有戚戚焉。20 世纪 60 年代的纽约孩童们都还记得，乔·博尔顿警官（Joe Bolton）会在下午主持长达半个小时的《三个臭皮匠》（*Three Stooges*）短片集；杰克·麦卡锡（Jack McCarthy）船长会主持长达半个小时的《大力水手》（*Popeye*）动画片，而且在播出间歇，他会换掉自己的船长帽，戴上一顶甜蜜使者冰激凌公司（Good Humor）的帽子来宣传该冰激凌。此外，还有查克·麦肯（Chuck McCann）会在每周六的早晨带着一群木偶登场。

乔希·塞班还记得乔·富兰克林（Joe Franklin），他是 WOR 电视台《乔·富兰克林秀》（*The Joe Franklin Show*）的主持人。该节目也是有史以来播出时间最长的一档脱口秀。富兰克林就像是一个瓦数较低的电灯泡，虽然没有大红大紫，但在节目播出的那 50 年里，他成功采访了过去、现在和未来的一些明星，同时还喋喋不休地谈论着娱乐圈里的八卦琐事，他脑中记得的这些东西似乎无穷无尽。

制片人杰拉尔德·艾布拉姆斯当初最喜欢的是WNEW电视台上的《索比·赛尔斯秀》(*The Soupy Sales Show*)。节目播出的时间正好是放学后，所以节目内容综合了滑稽剧和杂耍，巧妙地话里藏话，老少皆宜。

斯蒂芬·惠蒂则还记得WPIX电视台9频道的圣诞柴节目，即从平安夜开始直到圣诞节那天早晨不间断地播出焚烧圣诞柴的情形，同时还配合播放圣诞颂歌。他还回忆说："小时候，我曾听说有个同学的父亲是地方电视台的大人物。因此，每当天主教学校放假的时候，他就安排所在的频道播出儿童节目。"

用斯蒂芬·惠蒂的话来说，关于地方独立电视台，最能勾起人回忆的当属"那些业余的恐怖片主持人"。在纽约，WNEW电视台的卢·斯蒂尔(Lou Steele)周六晚上会穿着燕尾服，戴着厚厚的墨镜，现场主持《怪物来临》(*Creature Feature*)。《神探阿蒙》(*Monk*)的执行制片人大卫·布莱克曼(David Breckman)还记得费城的震惊博士(Dr. Shock)有一句经典台词："赐予大家惊吓吧！"和他齐名的是扮成食尸鬼进行主持的察赫尔利(Zacherly)。在20世纪50年代，洛杉矶流行的是吸血鬼，这个概念到20世纪80年代因为丰乳肥臀的埃尔韦拉(Elvira)而再焕活力。底特律有惊恐伯爵(Count Scary)，代顿有惊魂博士(Dr. Creep)，新奥尔良则有伟大的莫格斯(Morgus the Magnificent)。

每个人都有自己的回忆，但每个人的回忆中也只有一个是记忆最深刻的。这就是独立电视台的魅力所在。

公共电视台，电视领域的西蓝花

如果你在无线电视网和独立电视台都找不到想看的节目，那么还可以去收看公共电视台。好吧，这种方式也不一定可行。

自 1952 年起，联邦通信委员会就一直会留出众多电视频道供非营利性机构使用。牛顿·米诺曾经提出电视中存在“一大片荒漠”，为此他力推非商业电视台，认为他们不会存在商业电视台的那些压力。此类电视台的资金应该来源于联邦政府或地方政府拨款、企业捐款、补助和私人捐赠，而不是靠广告收入，这样的话，这类电视台就可以一门心思提高节目的艺术质量和真实度，不用去考虑怎么讨好广告商。米诺的愿望在 1967 年终获实现，尽管他在多年前已经离开联邦通信委员会。1967 年，美国国会通过《公共广播法》（Public Broadcasting Act），成立了公共广播协会（Corporation for Public Broadcasting），其主要使命就是为非商业电视台筹集和分配资金。公共广播协会将数百家教育电视台（目前的数量为 360 家）组合成了第四家电视网，也是非营利性电视网。PBS 也成立了，主要是为这些电视台制作和分发节目。

公共电视台给观众们呈现了一些非常精彩的节目。有些构思巧妙的成人限定剧由英国电视台原创和制作，后通过公共电视台的《名片剧场》（*Masterpiece Theatre*）被引入美国，其中就包括了《楼上，楼下》和《我，克劳迪乌斯》（*I, Claudius*）。《巨蟒剧团之飞翔的马戏团》（*Monty Python's Flying Circus*）和《弗尔蒂旅馆》（*Fawlty Towers*），充分展现了美国的商业电视台所缺乏的残酷喜剧方面的天赋。这些剧也是借美国公共电视台之手来到美国观众的面前的。PBS 也专为儿童制作了一些出色的教育节目，比如《芝麻街》（*Sesame Street*）、《罗杰斯的小区》（*Mr. Rogers' Neighborhood*）和《电力公司》（*The Electric Company*）。这些节目与无线电视网的儿童节目不同，并不是为了宣传昂贵的新玩具和游戏，以便吸引孩子们来购买。公共电视台的节目中有歌剧、戏剧、纪录片、深度新闻报道、金融分析、政治讨论和其他内容，而在无线电视网的眼中，这些内容都太过枯燥或缺乏吸引力。

近来，PBS 也开始与商业电视台一较高下。在撰写本书的时候，英国电视剧

《唐顿庄园》(*Downton Abbey*)的观众数已经可以与商业电视网媲美，而《神探夏洛克》(*Sherlock*)是另一部由英国制作、PBS引进的爆款剧，与《唐顿庄园》不是一个类型。

尽管PBS能时不时地上演一些像《唐顿庄园》《我，克劳迪乌斯》《芝麻街》《巨蟒剧团之飞翔的马戏团》等爆款，但其整体排名在过去十年里并没有多大改善。就算是PBS的标志性纪录片——肯·伯恩斯(Ken Burns)的《美国内战》(*The Civil War*)，在几十年里也没能再度引起轰动。

商业电视网的市场占有率已经从90%跌落到50%左右。如果尼尔森公司的数据没错，那么在数年里，所有那些离开的观众都已经转向有线电视和其他渠道，例如Hulu视频网站和奈飞公司等。转向公共电视的观众就算有，数量也非常少，至少定期如此的人很少。不管是过去还是现在，PBS就像是电视领域的西蓝花：虽然对身体有益，但人们更喜欢吃夹心面包。

这就是25年来的基本情况："看电视"意味着收看无线电视网的节目。某个晚上，当无线电视网的节目不好看时，如果你有幸生活在有独立电视台的地方的话，你可能会转而看看某个独立电视台，或者你会看看公共广播公司的节目，想着自己可以学点东西。

但更多的时候，当你拧动电视机的频道旋钮开关时(当时还没有遥控器)，你最终收看的不是ABC或CBS，就会是NBC。对在电视诞生的最初25年里长大的那一代人来说，他们认为电视就是这样的，而且会一直这样。

INSIDE
THE
RISE OF
HBO

03

HBO 诞生，一个全新的娱乐内容时代来临

坚持努力，您可能在最不经意之间取得一些成绩。我从未听说过可以守株待兔。

——查尔斯·凯特林（Charles F. Kettering）

HBO时刻

HBO 如何打开现代有线电视的市场

1. 无线电视网的微波传输方式使它无法覆盖整个美国，给了有线电视生存的空间。
2. HBO 创台的理念是为有线电视系统成立一个特别的频道，专门为其系统提供非同寻常的娱乐内容，让人们觉得值得花钱去收看这个频道。
3. HBO 采用“电视台 + 卫星 + 有线电视系统”的模式，迅速覆盖更大区域，占领市场。

有线电视覆盖无线电视网不愿抵达的偏远地区

在家用卫星电视接收器、家用录像机和后来的 HBO 在线服务 HBO Go 等替代节目传输系统之前，HBO 一直是有线电视的同义词。事实上，回溯得够远的话，当人们谈到“有线电视”的时候，实际上就是指 HBO。同样的，你说 HBO 时所指的也就是有线电视。

HBO 的诞生其实不乏讽刺意味，这是因为有线电视最初的意图并非是与卫星电视并驾齐驱，而是作为后者的附属品存在。人们之所以会订购有线电视，就是为了收看那些他人早已经在看，而自己却没法收看到的节目。

无线电视网依靠微波传播信号

大家在本书中看到太多“无线电视网”这个词语，但“无线电视网”究竟是指什么呢？从根本上来说，无线电视网络是一种传播途径，指让电视台的信号能传递到全国各地的所有传输和接收设施。

从商业电视诞生之时起，大型无线电视网的总部就都设在纽约市，那里是电视信号的发源地。这点和广播流行的时期是一样的。和广播这些前辈们一样，无线电视网的信号也从纽约出发，通过电话公司的主干线传送到其他城市。1948 年，美国借助同轴电缆播放的电视台共有 127 家，无线电视网已经将其中 112 家电视台连接在了一起。

就算是在那个时候，无线电视网也早已经开始寻找某种更灵巧、成本更低廉的技术，可以通过同轴电缆将他们的信号从纽约传递到美国各处。他们开始通过从电话公司租用的设备将传送的内容变成微波发出去。到 20 世纪 70 年代，95% 的电视信号都是通过微波来传输的。

整个操作方法是这样的：如 ABC 在纽约向费城发送无线微波信号，该信号再通过微波从费城发送到巴尔的摩，再从巴尔的摩继续往西部和更南部的市场传输。

微波传输的局限之一在于它们只能直线传输。由于地球是圆的，在大概经过 56.33 公里之后，微波信号就已经偏移到未知的方向了。为了让信号传遍美国上下，无线电视网必须每隔 32.18 公里左右就搭建一座微波中继塔。这些中继塔能彼此相望，接收并放大信号后，再将信号发送到下一座中继塔。

微波中继塔是串联工作的。再次借用 ABC 的例子，也就是说巴尔的摩的中继塔是无法抢在费城的中继塔之前接收到信号的。这条信号链中任何一处中断，比如某个中继塔出现故障，那么此中继塔之后的所有中继塔都会没有信号。

当无线电视网对特别事件进行现场直播时，就必须通过一系列中继塔将微波信号从现场传输到最近的主要市场。假设 ABC 想要报道亚伯拉罕·林肯的葛底斯堡演说，他们就会派一辆现场报道车前去。如果他们在当地已经有中继塔，就可以通过微波将信号从现场发送到中继塔；如果没有，则必须搭建临时的中继塔。接着，中继塔会将信号传输给 ABC 在费城的分公司，然后以费城分公司为起点，信号将沿着无线电视网的系统一直向下传输。

在市场收到信号后，地方分公司就会通过甚高频（VHF）或超高频（UHF）来加以播放。多数商业电视台采用的是甚高频，其覆盖范围要比超高频广。地方发射器的覆盖范围取决于电视台的信号发送强度。

地理环境也会影响到中继塔的信号传输距离。山脉和高层建筑等障碍物可能会阻碍信号发射到较远的地方。为了能让信号绕开这些障碍物，无线电视网会使用电视转播台。事实上，电视转播台就相当于微型的电视台。它们被放置在能接收到清晰信号的地方，在接收到信号后，再重新将这些信号发射到那些被挡住的地区或偏远地区。比如，新泽西州的雪松林市因为沃昌山脉（Watchung Mountains）的阻挡而难以接收到信号。CBS 在其中一座山峰的顶部安装了一个电视转播台，由此可以接收到来自纽约的 CBS 电视信号，然后再将信号向山另一边的雪松林市发射。到 20 世纪 80 年代，无线电视网在全美共使用了 4 700 余个电视转播台来扩大自身电视节目的覆盖范围。

美国自 20 世纪 60 年代初开始涉足通信卫星领域，但这并没有给无线电视网的运营方式带来巨大的变化。电星（Telstar）和中继（Relay）这些早期的卫星都是低轨道卫星，所以地面上的电视节目只有短短 20 分钟的时间窗口，之后卫星就已经飞出通信范围。有了卫星，无线电视网就能够向全世界各地发送信号，也能接收来自全球各地的信号，但也因为时间窗口有限，卫星传输就局限于传送国际新闻和体育赛事的镜头，这些内容将被用于无线电视网的日常新闻报道。人们使用卫星技术的动力只局限于那些有时效性的节目，极少会通过卫星来进行现场直播。不管怎么样，广播电视公司拥有非常可靠的地面系统，它们已经存在多年，而且一直以来表现良好。直到 20 世纪 80 年代，无线电视网才启用 24 小时的卫星广播。

在电视诞生的早年间，电视信号都是从纽约发射出来，这给西海岸的直播节目带来了麻烦，因为很多早期的电视节目都是采用直播方式，而纽约与西海岸之间存在三个小时的时差。于是，西海岸的附属电视台会对直播节目进行屏幕录像，然后再按照西海岸的时间根据节目表进行播出。屏幕录像就是在电视屏幕前设置一个电影摄影机拍摄直播的节目。这种屏幕录像的质量一直比较糟糕，但在20世纪50年代录像带诞生之前，西部的电视台只能通过这种方式延时播出东海岸的直播节目。

到20世纪50年代初，三大无线电视网在全美约200个市场里都设立了附属电视台，而每个市场的中心都设在人口稠密的城区。其中一些电视台属于直属台，即直接隶属于无线电视网并由他们来运营。联邦通信委员会此前曾经对无线电视网旗下的电视台数量有所规定，但这些规定已经随着岁月的流逝而发生了改变。委员会当前使用的一套规则是，将特定市场内单一主体拥有的广播电台和报刊等都纳入其中。尽管节目制作最终会转移到洛杉矶市，但纽约仍是三大无线电视网的旗舰电视台所在地。这三大旗舰电视台分别是WABC、WCBS和WNBC。当时的做法就是密西西比河以东的电视台都是以字母W打头，而以西的电视台则都是以字母K打头。不过这套命名的系统许多年前已经废弃。

但就算是有200家附属电视台，就算是有电视转播台来填补信号空白区，美国仍然有电视信号无法到达的地区。或许因为重重障碍，或许因为距离遥远，使这些地区与那个时代快速发展的娱乐和信息源隔绝开来。

用电缆覆盖微波无法抵达的地方

电缆这种载体在电视领域存在已久。有线广播在无线广播得到完善之前就已经存在。从保罗·尼普科时开始，所有早期的电视开发工作都围绕如何通过电线将图像信号从一个地方传递到另一个地方展开。此处不从科学方面进行赘言。可以说，采用电线来传送信息信号要比采用无线方式容易得多，也正因为如此，在电子传输的历史上，有线方式总是率先出现。从出现在世人面前的时间来看，电报早于马可尼的无线电报，电话早于无线电广播，有线传输的视频也早于无线电视。

但电缆从未入过电视业的法眼，电视业也从未想过未来有线电视会来与自己争天地。在互联网诞生之前，电线只是一种一对一的通信技术，一端必须有一个人或一台机器，另一端也有另一人或另一台机器——也就是有一个发送者，一个接收者。想想看，电话和电报不正是这样吗？

从前的电视和收音机制造商（例如美国无线电公司）对人们彼此之间的亲密对话不感兴趣。通过电线，你可以和其他人相互交谈。但电视开发者感兴趣的是自己说他人听，而且每次听到的对象人数越多越好。在传递讯息时，这是最具成本收益的一种方式，也是最吸引广告商的一种方式。

电缆或许可以发挥作用，将信号从一个广播电视发射台传送到另一个广播电视发射台，但除此之外，有什么意义？通过电缆来播出电视？你可以让自己的发射器单独连在每一栋房子中，但有多么疯狂才会做这种事情啊？为什么要花那么多金钱和时间？通过广播电视发射台，你就可以覆盖数千或数十万观众。你想以电视台的身份去靠电视赚钱吗？还是以广告商的身份？或者是争取广告商在节目上做广告的电视台？那你就选择无线广播电视吧。

可是，要同时覆盖大量的观众群，无线广播电视可能是最划算和最高效的方式了，但这并不意味着这种方式也是最全面的。是的，这种方式能最大程度覆盖到观众群，但并非所有观众。这种方式也有其局限性。

这种方式在地域范围和技术上都存在一定的局限。信号会随着距离而慢慢变弱，而山脉和高层建筑也都会干扰到信号。如果家旁边有输电线路，也会干扰到电视信号。比如，哥哥正在浴室使用电动剃须刀，或者姐姐正在使用电吹风，或者爸爸正在使用吸尘器，又或者妈妈正在使用她新买的电动打磨机，这些都可能会干扰到电视信号。

而最大的局限在于钱的问题。

假设有座名叫尼斯维尔的小城。我们从事的就是电视行业，为此我们在尼斯维尔市中心建立了一个电视发射台。假设这个电视发射台的发射距离为 8 公里，而每个小时向各个方向发射电视信号的成本为 5 000 美元（这些数据都是虚构的，具体的成本取决于你想做什么，你选在哪里，又会通过何种方式去做）。所以方圆 8 公里的范围已经足够尼斯维尔电视台覆盖整个尼斯维尔市的城区。该城区的居民共有 5 万人。我们每个小时可以有 6 分钟的时间来播放地方广告。广告价格设定为每分钟 1 000 美元，地方广告商认为花这个价格来向 5 万人打广告还算合理，所以尼斯维尔电视台每个小时的广告收入为 6 000 美元，再减去每个小时 5 000 美元的成本，相当于每个小时的利润为 1 000 美元。

现在，我们开始考虑扩大尼斯维尔电视台的覆盖范围。大一点儿总是要好一些，对吧？覆盖的人群越多，赚的钱也就越多，不是吗？

我们决定将市场范围扩大到周边 16 公里以内的区域。那样也就包括了一些人口稀少的郊区，而扩大这个覆盖范围只能让我们的观众数增加 1 000 人。要将信号发送到那么远的地方，我们需要功率更大的发射台，电费会增加，其他杂七杂八的成本也会有所增加，由此每个小时的成本会增加 2 000 美元。如果不提高广告费用，每个小时就会亏损 1 000 美元。为了能保持此前的利润空间，我们必须将广告费率提高 500 美元。但广告商不买账。

“增加 500 美元？”他们说，“凭什么？就因为多了 1 000 名观众？此前平均到每个观众的广告费也只有几美分。这增加的 1 000 名观众有什么特别之处，让我们要为他们每人支付几美元？”

他们说的没错，这些增加的观众人群并没有什么特别之处，只是要为他们发射信号难度更大。所以你要么降低利润空间，保持此前的广告费率，让广告商继续享受低廉的费率，要么就干脆省事，安心守住尼斯维尔的市区，不要去想什么扩大信号发射范围。

在电视诞生的早期大部分时间里，谁能收看到电视而谁又收看不到电视是一个最基本的问题。尽管在 20 世纪 50 年代，美国各地开播的电视台越来越多，尽管电视转播台可以让信号绕开障碍物，扩大信号发射的范围，但总还是有人无法收看到电视。原因就在于要让他们收看到电视，所付出的时间、精力、材料和金钱都太多了。这笔买卖不划算。

正是有线电视填补了这个空缺。

第一个建立有线电视系统的人是谁？你问的人不同，得到的答案也会不同，让人感觉事实上无人知道确切的答案。部分有线电视系统似乎是在很短的时间里相继涌现。在 HBO 工作时，大家经常给出的答案是宾夕法尼亚人约翰·沃尔森（John Walson）。沃尔森的经历可以清楚地解释有线电视诞生的背景。1978 年，美国国会和美国有线电视协会（National Cable Television Association，NCTA）均认可了沃尔森有线电视发明人的身份。

1947 年，沃尔森在马哈诺伊开设了一家商店，专门销售通用电气公司的家用电器。马哈诺伊是一个生活惬意的小镇，位于宾夕法尼亚州东南部的一块盆地，靠近艾伦镇，四周群山环抱，约有 1 万人口。沃尔森销售的家电中，有刚刚流行起来的电视机。

当时是销售电视机的好时机。这个国家刚刚走出长达 16 年的经济萧条和战争，现在大家手里都有点儿小钱，也有一些空闲时间。战争已经结束两年了，经历了那些苦难岁月后，人们现在希望生活能轻松欢快一点儿。约翰·沃尔森认为自己店前的橱窗里就摆着一个好选择。

但在店里通常出现的却是这种情形：顾客来到沃尔森的家电店里，表示自己听说过电视机这种新玩意，电视里米尔顿·伯利（Milton Berle）男扮女装让人忍俊不禁，孩子们也嚷嚷着要看小木偶胡迪·都迪（Howdy Doodie），所以想买台这种电子产品。接着，沃尔森会给顾客展示一下电视机，这个东西看上去既像音响又像玻璃鱼缸。然后，沃尔森会告诉顾客这东西的售价在450美元至575美元之间，图像基本上就是大方巾的大小。于是顾客就会倒吸一口气，开始思忖这东西是否值这么多钱。他们会说，在花那么多钱买台电视机前想先试试看，知道自己花钱买的到底是个什么东西。为此，沃尔森先生会带顾客来到最近的样机旁，拧开开关，然后……什么反应都没有。

沃尔森拉出电视机上一对兔子耳朵样的东西（机顶天线），一点一点地去调整，但仍然是什么反应都没有。

沃尔森看上去人挺好，什么都不买的话实在不好意思，所以顾客还是买了台烤面包机，不过离开商店时心里还颇为自豪，觉得自己没有上当，没有花上500美元去买那个被吹嘘得过了头的小玩意儿。

而可怜的约翰·沃尔森之所以用样机什么都收看不了，原因就在于他的商店和整座马哈诺伊市一样，被群山环抱。这种情况我们在此前也提到过。最近的无线发射台位于费城，有座高山正好横在费城和他所在的马哈诺伊之间。沃尔森要想给人们试看电视，唯一的方法就是将人们拖到那座高山的山顶，因为山顶可以接收到清楚的信号。可是这种方法根本不切实际，不是吗？

历史的创造需要天时地利人和，而约翰·沃尔森恰恰拥有了这些。沃尔森不仅仅只经营着这家电器行，他同时也是宾夕法尼亚电力公司（Pennsylvania Power & Light）的员工，这意味着他对电线、电力，以及其他与电相关的东西都略有了解，而且能安全地处理和电有关的东西。1948 年春天，在一个阳光明媚的日子里，他在新波士顿山山顶的一根电线杆上竖起了一根天线，然后又从天线那儿拉了一根电线到自己的店里。山顶的电线可以接收费城三家电视台的电视信号，然后电线再将这些信号传输给山下沃尔森的电视机。

朋友们，有线电视由此就诞生了。

沃尔森在此基础上更进一步。在沃尔森搭设了电缆线后，沿途的人家都愿意找他购买电视机，前提条件是他要将电缆接入他们家中，为大家提供电视信号。这似乎是种赚大钱的好方法。于是 1950 年，沃尔森也开始在马哈诺伊搭设电缆线。沃尔森成立了自己的有线电视公司电气服务公司（Service Electric），该公司至今仍在运营。此前，美国无线电公司建立了一家广播网，从而吸引人们来购买他们的收音机。现在，约翰·沃尔森也是基于同样的思路将有线电视引入马哈诺伊，为的是让人们购买他的电视机。

就在差不多的时间里，美国西北部俄勒冈州阿斯托里亚市的勒罗伊·帕森斯（Leroy Edward Parsons）也得到了同样的灵感，不过他对卖电视机没有什么兴趣。勒罗伊的问题相比要更加直接：他想收看电视。事实上，美国有线电视中心（The Cable Center）在 1986 年进行采访时，帕森斯表示是他妻子在芝加哥看过电视后就一直念叨着要看。

帕森斯夫人遇到的麻烦就是西雅图第一家电视台 KRSK 电视台和阿斯托里亚市之间横着三座山脉，而阿斯托里亚市距离西雅图有 201.17 公里。勒罗伊·帕森斯并没有像约翰·沃尔森一样在山顶竖起一根天线，而是将天线安装在了家对面阿斯托里亚酒店（Astoria Hotel）的屋顶上。邻居们发现这是个好方法，可以接收到清晰的电视信号。而帕森斯则从中发现了赚钱的机会。大家一拍即合，帕森斯开始帮助大家从其他公寓接线，连接自己的天线。

与此同时，在宾夕法尼亚州，一些具有开拓精神的人也开始了同样的尝试。马丁·马拉基（Martin Malarkey）也是一位电器行老板，1949年，他在波茨敦市竖立了一根主天线，为该市的有线电视系统提供电视信号；罗伯特·塔尔顿（Robert Tarleton）此前经营收音机维修业务，后开始扩大经营范围，同时销售电视机。1950年，他成立了黑豹谷电视公司（Panther Valley TV Co.），被公认为是第一个盈利的有线电视系统。

整个20世纪50年代及60年代初，美国各地突然涌现出有线电视系统，将商业电视带入了那些无线电视台无法覆盖的地方。尽管硬件逐渐得到改善，但系统本身与约翰·沃尔森第一个自制的系统并没有太多差别：即在某个可以接收到信号的地方安装一根天线，再从该天线处搭设电线连接到订阅用户家中的电视。

但这并不意味着早期的有线电视相当出色。早期的有线电视图像质量通常较差，而且并不是太稳定。因为电缆的容量相当有限，所以最早期的有线电视系统最多只能传载3个频道，只是最终将这个数量扩大到了12个。

增加电视台的数量成了有线电视的卖点。如果居住在纽约市的城区，你可以通过无线电视系统收到6个商业电视台和1个公共电视台，但多数市场内的电视台数量相比要少得多。不过，只要有线电视系统的天线位置选择得好，就可以在电缆容量的范围内为顾客提供尽可能多的电视台，远超无线电视传播系统所能提供的电视台数量。除了扩大信号覆盖范围之外，那也成了人们花钱来购买有线电视服务的重要理由。

至少有线电视要比没有电视信号好。在许多拥有有线电视服务的地方，如果想要收看电视，除了有线电视以外，他们别无选择。到1960年，美国投入使用的有线电视系统共有640套，主要都位于美国农村。有线电视系统为那些位于无线电视网空白区域的居民们提供了电视服务。

查尔斯·杜兰（Charles Dolan）是一个相当精明的人，而且他的眼光很敏锐。他发现这些空白区域并非完全位于郊区。在无线电视网的主场，也存在着一些盲区。

HBO 为订阅用户提供付费的理由

假设现在是 20 世纪 60 年代，你就生活在纽约市市中心的曼哈顿。你是个时髦的人，始终立于潮流之巅，所以也许就住在切尔西区一间漂亮的小公寓内。这样的话，你距离帝国大厦大概有 20 个街区，而帝国大厦是这座城市所有空中电视信号的发射源。如果你那时髦另类的公寓凑巧位置不好，纽约市标志性的摩天大楼就位于你的公寓和帝国大厦之间，那么你家的电视信号可能连 24.14 公里之外的新泽西郊区都比不上。身居全国的电视信号发射中心，家中却什么信号都没有，这还真是讽刺，只是你不会像新泽西的朋友那样觉得好玩。你希望有人能来做点什么。

于是查尔斯·杜兰登场了。

杜兰在传媒行业的事业起点很低。他在家乡克利夫兰市与妻子一起在家对体育和工业题材的电影进行编辑，然后再将成果销售给地方电视台同时播出。后来，杜兰将公司卖掉后，搬到了纽约，在那里成立了一家新母公司。他认为时机已经成熟，纽约将在某个领域取得爆炸性的发展。

寻找资金来源

有线电视系统在偏远地区发展这么好，那为什么不能在大城市发挥作用，解决上文中提到的那些问题呢？杜兰是第一个有此想法的人。他在纽约早已经建立了一个名为远程控制（Teleguide）的闭路电视系统，为该市3.5万间酒店房间提供观光信息。杜兰打算将这个系统发展扩大，变成一个常规的、面向城市居民的有线电视公司。为此，他在1965年成立了斯特林信息服务公司（Sterling Information Services），为下曼哈顿地区提供有线电视服务。这个系统的概念非常不错，但业务的可行性又是另一回事了，这并不是说杜兰在业务拓展方面非常懒散，[①]而是因为铺设电缆的成本非常高昂。有线电视公司通常是同电话公司或本地公共事业公司达成协议，获得一定的授权，可以沿着那些公司的电线杆搭设自身的电缆。但曼哈顿并没有电话或电线杆，这让杜兰遇到了难题。

这是因为在1888年，一场严重的暴风雪袭击了美国的东北部，将纽约市的电话线和电报线悉数摧毁。市政府发誓绝对不能让这种重大的服务中断事故重演，于是规定纽约市所有街道上的线路都必须转到地下。

等到查尔斯·杜兰成立公司之时，早已经历了几代人，而这个从地下走线的规定变成了让杜兰在经济上头疼不已的麻烦事儿。当时，在普通的郊区小区内，如果沿着电线杆搭设电缆线，成本大概是每英里1万美元。而对杜兰来说，要在地下铺设电缆，让电缆蜿蜒而行，从地下穿过有数百间公寓的现代高层建筑和古老的无电梯公寓楼（这些公寓楼在建设时都还没有做到家家户户通电），其成本是上述数字的10倍，有时候甚至还不止，达到每英里30万美元。这个数字放到现在，算上通货膨胀因素会让投资者后背发凉。在创立斯特林信息服务公司两年之后，杜兰铺设的电缆线还没有能覆盖36个街区，而且订阅用户也只有400人。但他已经花了200万美元，每个月还要开支50万美元。要在电缆铺设技术上获得“星际迷航”般的巨大突破，存在巨大的阻碍。对杜兰而言，在可见的未来里，要在纽约铺设电缆，难度不会降低，成本也不会减少。

① 杜兰最终创立了有线电视系统公司（Cablevision Systems），成了亿万富豪，在许多节目制作公司、麦迪逊广场花园（Madison Square Garden）和部分大型球队都持有大量股份。而有线电视系统公司最终也成了美国最大的有线电视运营商之一。

要解决杜兰的难题，方法之一就是争取更多的资金。他不能像过去那样继续亏本经营，那样只会让公司倒闭。在当时，时代公司最知名的是旗下一系列杂志，但该公司也一直在尝试非平面媒体，其中包括有线电视。时代公司手中拥有数份研究报告，称有线电视就是未来的发展方向，而且它是一种前沿的技术，能给大家创造美好的未来。为此，时代公司收购了斯特林信息服务公司，并且提供了丰厚的资金，帮助公司继续进行扩张。6 年后，研究仍显示，尽管斯特林信息服务公司持续亏损，但有线电视仍是一项不错的长期投资。这也自然让时代公司在高管会议上提出了一个问题："所谓的长期究竟是指多长？"

给出让人必须付费的理由

杜兰遇到的难题还不止资金这一项。在搭设了电缆的地区，要让居民们购买他的服务，这不是资金能解决的。时代公司为杜兰提供了公司继续生存所需的资金，但他的业务仍然缺乏最重要的战略资产，即能刺激和吸引人们购买产品的理由。那种理由是所有产品都必须拥有的。

杜兰可谓是腹背受敌。在曼哈顿搭设和运营电缆需要承担庞大的成本，在此基础上要再以价格去吸引顾客，可谓是难上加难。但就算对产品进行合理定价，就算这座城市的部分地区无线电视信号相当差，许多人也并不想只是为了能清晰地收看《怀春玉女》(*Gidget*) 和《我的三个儿子》(*My Three Sons*) 就每月花钱订购服务。所以，类似于美国无线电公司建立了一个广播网来吸引人们购买他们的收音机，哥伦比亚公司建立了一个广播网来吸引人们购买他们的唱片和留声机，以及约翰·沃尔森提供有线电视服务以吸引人们从他那里购买电视机，杜兰也需要一个让人难以抗拒的理由，刺激人们产生对有线电视的购买欲望，让潜在顾客们说："我一定要有！"而普通的无线电视网产品并不能满足这个要求。

INSIDE THE RISE OF
HBO **小剧场**

1971 年夏天，杜兰同家人一起搭乘“伊丽莎白女王二世”号（*Queen Elizabeth II*）前往法国。在横跨大西洋的途中，尽管在度假，但杜兰显然没有忘记自己的生意。他在帆布躺椅上一心思考要如何改善斯特林信息服务公司的利润情况。在法国勒阿弗尔下船时，杜兰没有给家乡的朋友们寄去明信片，而是给时代公司寄去了一份备忘录，提出了他所谓的“绿色频道”的构想。此后，他又给时代公司寄去了多份备忘录。

杜兰设想了一个特殊的频道，一个专属于他的有线电视系统频道，一个充满了超乎寻常的娱乐内容的频道，一个让人们觉得值得花钱的频道，更不用提他的有线电视服务了，人们为了收看绿色频道而购买其有线电视服务，而且人们很有可能会竞相购买。

这么多年过去了，带着知道事情最终会如何发展的偏见，我们现在看杜兰当初的构想，似乎是铁板钉钉的事情。但在当时，并没有人跑来指着杜兰的构想惊呼：“好办法！”

事实上恰恰相反，付费电视的概念此前就已经存在。这就是问题所在。在经过了 40 年的努力之后，还没有人在这个概念上取得过成功。

有句老话说，如果某件事情看起来好得不像真的，那么它很可能就是真的。这让我们想到了“免费电视”的概念。

免费电视这个词语其实用词并不准确。我们的确不用向商业无线电视直接交费，但我们在收看节目时也是付了钱的。那是因为广告商在购买电视广告时段的时候，那些广告资金并不是凭空而来的。当你买汽车、冰箱、肥皂，或者其他无数在电视上打过广告的产品时，你付出去的钱中的一小部分就是在帮制造商支付其在电视上打广告的费用。据估计，在 1990 年，普通消费者家庭每年大概要为电视广告支付 300 美元。

但大家不会为此收到真正的账单，你不会眼看着这笔钱从手中流出。电视的成本被纳入了其他众多日常行为中，正因为如此，电视观众们感觉不到自己收看电视其实是花了钱的。

这一点相当重要，因为付费电视的目的就是让人们不嫌麻烦地为他们之前认为是免费的东西买单。如果你想算一算广告费用的钱，让他们懂得付费电视的道理，不太可能得到别人的理解，反而可能得到一句“不要来烦我”。“免费电视”看上去仍然是不花钱的东西，没有人想花钱购买电视节目。

至少，在查尔斯·杜兰想到绿色频道那个点子时，人们还普遍持有这种想法。在那时，大家的普遍看法是想让人们花钱来收看电视，就好像是让他们花钱购买空气，就如同我在本书开篇时所提到的那样。而这种想法是有历史支撑的。

早在 1931 年，珍妮斯公司（Zenith）曾经在实验室里捣鼓过名为“电话电视”（Phonevision）的试验。顶点公司希望能发明一套系统，人们只要打个电话就能接收到特别的电视信号，收看到曾经播出后再未重播过的节目。这个构想一直延续了下来，变成了计次付费点播的基础，但“电话电视”未能幸存。经济大萧条和第二次世界大战延误了系统的开发，而直到 1947 年该系统才得以试运行。那么，试运行的情况如何？事实上，“电话电视”直到 20 世纪 60 年代才再次露面。

在第二次世界大战之后，公众希望借助一些让人振奋的娱乐内容来忘掉过去的艰难岁月，于是许多人谋划着抓住这个机会。付费电视（尽管只是“电话电视”）似乎是机会之一。在后来的几年里，有众多无线付费电视系统先后宣布建立，但没有一个能真正地进入市场。

每次，当付费电视的尝试者想要使用无线信号时，就必须和联邦通信委员会打交道，这也就意味着监管方面的麻烦。但是，当电缆在铺设和使用中没有跨越州际线，就不在联邦通信委员会的监管范围之内。因此，大量的付费电视在更简单的地区和地方市场上进行尝试。

国际遥测公司（International Telemeter Corp.，派拉蒙电影公司 [Paramount Pictures] 控股）对其付费电视的概念进行了几次尝试。其中一次是 1953 年在棕榈泉试运行了 5 个月。第二次是在 1960 年，这次尝试选址加拿大的郊区，共运行了 5 年的时间。虽然最终惨败，但能运行这么长的时间，的确也不算太坏。为了进行试验，美国杰洛德电子公司（Jerrold Electronics）成立了电视独立影院公司（Video Independent Theatres, Inc.）公司，1957 年在俄克拉荷马州巴特尔斯维尔市播出了 9 个月的时间。特勒普润普特公司（Teleprompter）收购了多个有线电视系统，希望能够以此为基础推出其关键电视（Key TV）订购服务，但关键电视永远停留在了技术测试阶段。

相比之下，西尔维斯特·韦弗 1964 年在洛杉矶成立的付费电视公司（Subscription Television, Inc.）要更为成功。韦弗曾是 NBC 的掌舵人，也正是他提出了取消节目赞助而改为销售无线电视网的广告时间。付费电视公司又回到了当初“电话电视”系统的概念，即订阅用户打电话选择节目，然后通过电缆来接收这些节目。该公司运营了 6 个月后终究还是破产了。

有趣的是，导致付费电视公司搁浅的并非是公司的服务项目遭遇滑铁卢，也不是不存在市场需求，而是因为付费电视影响到了一些人的既得利益，所以他们想看到付费电视失败。

电影制片公司对付费电视公司态度比较友善，因为他们为电影公司的产品创造了另一个市场。但电影院的老板们对在家观看电影的服务则相当不感冒。电影公司可以将产品卖给付费电视公司这类机构来赚钱，但电影院老板和可能空荡荡的电影院又该怎么办呢?

全美影院主协会（National Association of Theatre Owners，NATO）发起了“为免费电视而战”的行动，警告公众如果付费电视取得成功，最终所有精彩的节目都将流入付费电视公司这些机构，导致“免费”电视只剩下一些没人想看的垃圾节目。全美影院主协会的这项行动取得了成效，加利福尼亚州举行了全民公投，最终宣布付费电视非法。这项法律后来被州最高法院以违反宪法为由推翻，但为时已晚，付费电视公司已经倒闭，同全美影院主协会之间的战斗已经耗掉他们太多资金。

电视娱乐公司（Television Entertainment Co.）还在康涅狄格州哈特福特市重新启用了电话电视的概念。公司推出了无线付费电视服务，并且从 1962 年 6 月一直坚持到了 1969 年 1 月。尽管运营时间比较长，但该系统从未能实现收支平衡，并且也最终折翼。

对付费电视而言，通过电缆来传输电视信号成本太高，那么如果使用无线传输技术呢？这个目标的实现存在大量技术和商业方面的难题。在商业方面，最大的难题就是无线信号难以去预防盗播的问题。多数无线付费电视服务都使用了加密的（也被称为编码或扰频处理）无线电信号，于是技术方面的麻烦事也就来了。当时的扰频处理技术在恢复图像时难以保证图像质量的稳定性。例如，哈特福特市的电视娱乐公司只能提供黑白电视信号，而人们当时正在争相购买的是彩色电视机。

所以虽然搭设电缆的成本高昂，但在杜兰提出绿色频道概念时，有线电视的确也有其优势。除了能规避联邦通信委员会设置的障碍之外，地方有线电视系统解决了信号安全性的问题。电缆传输的付费电视服务只会提供给那些搭设了电缆的人，你不用去担心某位电子领域的奇才会自己竖根电线来接收你的无线付费电视信号。不过，有线电视后来也遇到了盗播问题，这将在后文中加以介绍。

不论安全与否，人们是否需要此类服务还是个未知数。毕竟如果不能先让人们相信值得出钱购买某样东西，也就没有必要去担心是否有人会去偷窃这些东西了。付费有线电视过去的成绩并不比无线付费电视好多少，而且当时看来前景并不明朗。

开播，《永不让步》

时代公司在 3 个州的 6 座城市进行了调查。他们给居民邮寄去调查手册，了解人们对付费电视的看法。几乎 99% 的被调查者与查尔斯·杜兰持不同观点。独立顾问则进行了另一项调查，可是调查结果也好不到哪里去，仅有 4% 的被调查者表示他们“几乎肯定”会订购此类服务。而这也就意味着 96% 的人认为时代公司可以放弃其付费电视的设想了，这个比例足以扼杀一项业务。

但时代公司进行了一番现场测试，结果要更加理想。该公司在宾夕法尼亚州艾伦镇进行了一场实验。销售人员上门进行推销，提出第一个月免费收看，而且安装费用可以退款。实验中，几乎一半的居民表示感兴趣。任何事情都有两面性，虽然实验结果颇为乐观，但还是有人表示质疑。虽然人们表示他们会签约，但并不意味着之后不会食言。

此时，绿色频道也已经更名。时代公司当时有部分人员负责那个项目，杜兰和他们召开了数次会议，起草了第一份令人沮丧的研究手册。在其中一次会议上，新电视台的名称一直无法确定。他们最终选择的名称也不怎么尽如人意，但他们必须快速做出决定，不然就赶不上印刷时间了。他们认为这个名字以后可以更改，也会被更改，所以就暂时定名为“家庭影院频道”，即 HBO。

这项服务不是由杜兰的斯特林信息服务公司来推出的，这点还颇具讽刺意味。甚至在时代公司自身的企业历史介绍中都没有解释个中的缘由，或许是因为这其中涉及要寻找一个合适的市场，该市场内应该已经建设好大型的有线电视系统。公司打算通过约翰·沃尔森在艾伦镇的一套有线电视系统来推出该项服务。

从一开始，人们就不能肯定这家电视台究竟是否能开播。按照计划，频道的部分节目应该是 NBA 的篮球赛。但为了保证 NBA 赛事的门票销售情况，NBA 同其他体育组织一样，颁布了一项“管制”规定，要求以球赛举办地为中心，周边特定范围之内不得对比赛进行电视转播，除非该场比赛的门票已经售罄。而艾伦镇正好位于费城的 NBA 管制范围之内。

为了让 HBO 不受 NBA 管制规定的局限，也为了让 HBO 的传输更加容易（HBO 将通过微波将信号发射给沃尔森，之后沃尔森再通过电缆将信号传输给客户们），沃尔森拿出了自己在威尔克斯 – 巴里市的另一套系统。可是，威尔克斯 – 巴里市的这套系统也有自己的麻烦，当时这套系统正泡在水里。

艾格尼丝飓风刚刚到访过，街道都被水淹没，这座城市一万根电缆中有半数都已断开。HBO 找了一个店面，店面的墙上仍然还有当初水涨到半层高后留下的痕迹。HBO 的销售代表们就在这里展开了工作，成功找到了 365 名愿意每月花 6 美元来购买 HBO 服务的威尔克斯 – 巴里市居民。

1972 年 11 月 8 日，HBO 首播。首播的节目包括一场纽约游骑兵队（Rangers）和温哥华加人队（Canucks）的冰球比赛，以及一部名叫《永不让步》（*Sometimes a Great Notion*，1970 年）的电影，这个名字真是再应景不过了。

此后……

此后并没有那部电影名字说的那么艰难。

电视上星让 HBO 订阅量井喷

1972 年 11 月的一个晚上，在宾夕法尼亚州威尔克斯–巴里市，HBO 登场了，利用一套单电缆电视系统面向少量的订阅用户开始首播。此后……

HBO 开创有线电视卫星传播的新模式

HBO 的首播没有得到任何媒体的关注，甚至连当地媒体都未加以报道。威尔克斯–巴里市市长是唯一计划前来捧场的“名人”，但就连他也最终决定缺席。时代公司的总裁兼首席执行官理查德·芒罗（J. Richard Munro）本计划出席开播仪式，可惜他被堵在了乔治华盛顿大桥的纽约那一头，最后只能从一家白塔汉堡店打来电话，深表遗憾。

开播就如此诸事不顺，观众们此后对这家新电视台的反应也就不难预料了。到 1973 年年底，也就是该电视台开播整整一年之后，HBO 的订阅用户仅仅只有 8 000 人，来自约 14 个附属有线电视系统，而这些系统全都位于宾夕法尼亚州，整个情况让人感觉相当沮丧。更为糟糕的是，尽管前景仍然黯淡，付费电视行业在那个时候竞争却越来越激烈了。

也就在这一年，华纳有线电视（Warner Cable）决定携星空频道（Star Channel）进军付费电视领域。TheatreVisioN 则请到米高梅电影制片公司的前老板多尔·沙里（Dore Schary）来掌舵，加入了付费电视之战。光学系统公司（Optical Systems）的 100 频道（Channel 100）也开播了。如果你想问这些电视台现在情况如何，你自己肯定也早已经有了答案。

到 1974 年年底，HBO 的订阅量已经慢慢增加到 5.7 万，覆盖宾夕法尼亚州和纽约州的 42 套有线电视系统，其中终于包括了斯特林信息服务公司。该公司当时已经由时代公司独资，并且更名为曼哈顿有线电视公司（Manhattan Cable）。

次年 4 月，订阅量终于突破了 10 万，而且开始盈利，不过只是略有盈余。

在近三年之后，HBO 电视台还是和“流行开来”完全扯不上边。从根本上来说，HBO 是一个地区性的电视台，将其信号通过微波发射给附属电视台，再由他们进行转播，整个过程与无线电视网在全美传播信号的方式没有太大的差别。HBO 的附属电视台也在慢慢增加。自杜蒙特公司之后，再没有公司能够建立起第四家大型的无线电视网，原因就在于没有人愿意同三大无线电视网一样，每年掏 2 500 万美元请电话公司来将自己的节目信号传输给附属电视台。对于 HBO 的母公司时代公司而言，要建立这种基础设施，不管从金钱还是时间上来说都是让人难以接受的。如果说 HBO 打算如时代公司所希望的那样成为公司的主业务，那么就必须找到一种更高效、更经济的服务方法，争取更多的潜在客户。

HBO 开始四处寻找可选方案。他们环顾四周，却一无所获，于是开始将目光锁定在自己的上空。

卫星传播可以帮助他们解决大量的问题。早在 20 世纪 60 年代就已经有了低轨道卫星，但它们的时间窗口相当有限。不过，等到 HBO 来考虑卫星传播时，卫星已经今非昔比了。他们看到的是距离地球 35 888.37 公里的一颗地球同步轨道卫星。想想看，国际空间站通常就位于距离该卫星 329.91 ~ 333.13 公里的一条轨道上。同步轨道卫星是指卫星以与地球相同的速度沿地球自转方向运动，这样一来，从地球上看去，该卫星在天空中的位置是始终保持不变的。在 35 888.37 公里的高度，这颗卫星的“足印”（即卫星向地面发射信号时所能覆盖的面积）将能够覆盖整个北美地区。HBO 可以借助这种卫星将信号传播到美国各地，根本不需要在地面上建设无线电视网的微波中继塔那类庞大的家伙。事情可能就是这么简单：在没有卫星传输的时候，HBO 只能去抢夺美国东北部的部分市场；但当你拨动一下卫星开关或者随便什么东西时，HBO 马上就可以同时在东西海岸播出。

现在听起来，节目上星在当时就是顺理成章的事情，但在当时这个想法让人质疑。1975 年，当 HBO 决定采用卫星转播时，所有电视台都认为 HBO 的节目不可能做到 24 小时卫星转播。他们担心“如果卫星出故障了怎么办”“如果卫星掉下来怎么办”“如果卫星脱轨迷失在太空里怎么办”。

除了这些担忧和怀疑之外，卫星传播同样也面临一些非常现实的问题。在当时，联邦通信委员会要求卫星接收器的直径必须为 9 米。接收器这么大，就必须有一个牢固的底座——混凝土底座。此外，还会产生昂贵的安装费用。而且卫星接收器本身也不便宜，成本达到 7.5 万美元。问题在于有线电视系统愿意花费这笔钱吗？如果不愿意，那么 HBO 也就没有了客户来源。

在 HBO 成立之初，杰拉尔德·莱文（Gerald M. Levin）担任公司的副总裁，负责节目制作。到 1975 年，他已经成了 HBO 的首席执行官。他是一个工作狂，目光相当长远。正是在莱文的力促之下，HBO 推迟了大家期待已久的盈利计划，大手笔投入 650 万美元签下了卫星的 5 年租约，并且希望有线电视系统能够愿意分摊这笔费用。

1975 年 9 月 30 日，东部时间晚上 9 点，HBO 的订阅用户打开电视，收看穆罕默德·阿里（Muhammad Ali）和乔·弗雷泽（Joe Frazier）之间经典的重量级拳击赛——马尼拉之战的现场直播。除了 HBO 在宾夕法尼亚州的订阅用户之外，还有来自佛罗里达州皮尔斯堡、维罗海滩和杰克逊市的 1.5 万有线电视订阅用户。HBO 已经走向全美。

1975 年年底时，HBO 的服务已经覆盖 16 个州，订阅量接近 30 万。两年的时间里，HBO 的订阅量突破了百万大关，并且实现盈利。1975 年次年增长翻番，并且在第三年保持了同样的增长速度。到 1980 年，HBO 已经在每个州都拥有了附属电视台。

尽管无线电视网对卫星传播有着种种怀疑和担忧，但 HBO 的“上星”信念是有充分的理由的。因为自 HBO 在 1975 年首次通过卫星传播之后，还没有哪个运行中的电视卫星罢工过。

但事实证明，HBO 这个颇有创造力的决定在一定程度上是把双刃剑。公司采用卫星传播的举动充分证明了要成为全国性的电视台容易得令人难以相信。你要做的就是花上数百万美元购买卫星时间，那样你就能成为国家级电视台。

很多人不久后都懂得了这个道理。HBO 已经为后面的竞争对手们留下了一张路线图。

特德·特纳（Ted Turner）率先向 HBO 的模式进行了学习，而且事实证明，他是一个非常优秀的学生。特纳甚至都等不及看 HBO 的上星策略是否能取得成功。一听说 HBO 的天价计划，他立即有了自己的想法。特纳认为 HBO“电视台 + 卫星 + 有线电视系统”的模式就等同于大投资，而他觉得自己完全可以这样做。

特纳在广告牌业务上赚了一大笔钱，他把其中一部分资金投在了亚特兰大的独立电视台 WTCG 电视台。WTCG 电视台与其他独立电视台没有两样。该电视台会播出部分当地的棒球比赛，一些由无线电视网转移到地方台联播的电视剧，以及一系列老电影。特纳争取到了一些卫星空间，将 WTCG 电视台变成了超级电视台[①] WTBS（特纳广播电视系统 [Turner Broadcasting System] 的缩写，后来特纳将名称中的 W 去掉了，因为希望该电视台能更多地针对全美市场）。在 HBO 上星之后，特纳在 12 月份推出了 WTBS 电视台。

① “超级电视台”是指常规节目信号在全美各地都能收到的地方电视台。

HBO、WTBS 和有线电视系统成功进行了联合，获利多多。在那些不存在信号接收问题的地区也开始涌现有线电视系统，因为有线电视可以提供一些不同寻常的节目。正如查尔斯·杜兰之前预料的那样，人们希望通过有线电视来收看一些特别的节目。

对于新的有线电视运营商来说，进入该行业的门槛也已经降低。1976 年，联邦通信委员会放宽了对卫星接收器的尺寸要求，不再强制要求圆形卫星电视接收器的直径必须达到 9 米，而是可以使用直径为 4.5 米的接收器，由此可以为运营商节约大概 6 万美元。

特纳的超级电视台很快也有了同伴。电视信徒帕特·罗伯逊（Pat Robertson）同时也拥有一家无线电视台。1977 年，他的这家无线电视台上星，成了基督教广播电视网（Christian Broadcast Network，CBN，后来发展成了家庭频道 [The Family Channel]）的基础。次年，芝加哥的 WGN-TV 电视台也成了一家有线超级电视台。再过一年，纽约诞生了 WOR 电视台（现新泽西州斯考克斯市的 WWOR 电视台）。

HBO 也开始感受到付费电视领域里竞争的激烈。1978 年，聚光灯频道（Spotlight）和维亚康姆公司（Viacom）的 Showtime 频道两家付费电视公司也通过卫星转播面向全美提供服务。次年，华纳传播公司（Warner Communications）也将星空频道（后来改名为电影频道 [The Movie Channel]）上星。

1979 年，另一种有线电视节目也加入到竞争中，即 CORG。CORG 立足于有线电视系统的节目播放形式，指专门针对有线电视系统成立的电视台。这与 HBO 或 Showtime 频道的服务有区别，我们将在后文中做更详细的介绍。

有线卫星公共事务网络（Cable Satellite Public Affairs Network，以下简称 C-SPAN）是第一个仅在有线电视系统播出的频道。C-SPAN 事实上是有线电视运营商之间的非商业性合作机构，为有线电视客户们报道美国众议院的各种最新情况。

C-SPAN 的支持机构是有线电视行业，而所有 CORG 频道的背后是商业企业，这点不同于 HBO 的只面向订阅用户提供服务。除了 C-SPAN 之外，CORG 频道和超级电视台的唯一区别在于 CORG 频道的背后并没有无线电视台。例如，超级电视台 WTBS 是一家面向全美播出的普通独立电视台。WGN、WOR 和其他超级电视台也是一样。但 CORG 频道仅仅只在有线电视网上存在。

娱乐体育节目电视网（Entertainment and Sports Programming Network，以下简称 ESPN）在 1979 年 9 月份上星，是第一批商业 CORG 电视台中的一员，最初背后的支持者是盖蒂石油公司（Getty Oil）。华纳传播公司的尼克罗迪恩儿童电视频道（Nickelodeon）也在同一年启动。与此同时，特德·特纳推出了他的第二家有线电视频道——美国有线电视新闻网（Cable News Network，以下简称 CNN），这也是一个 CORG 频道。此后不久，在 1980 年又出现了黑人娱乐频道（Black Entertainment Television，以下简称 BET）和美国电视网（The USA Network）。

1980 年发生的事情远远不止新频道的开播。20 世纪 70 年代末至 80 年代初，有线电视系统呈现出爆炸式的发展，这几乎给娱乐行业的方方面面都带来了巨大的影响。有线电视频道争相开播，希望能搭上行业繁荣发展的列车，尽管其中许多人并不知道自己究竟在做些什么。

不过在探讨这戏剧般的发展之前，让我们先来看看将这一切变成现实的幕后推手。

有线电视如何将节目送到了订阅者面前

有线电视公司采用的经营方式是“特许经营”。市政府相关部门会授予有线电视公司特许经营权。

每一家有线电视公司会在自己的特许经营范围内将他们认为最能赚钱的节目组合在一起，所以各个系统的节目安排和定价会有千差万别。有线电视的节目安排通常可以被归为两类：

◎ 基本频道：这些频道只要订购了有线电视服务就可以自动收看。大多数基本频道都会播放广告。WOR 和 WGN 这些超级电视台，以及美国电视网和 TNT 这些 CORG 频道都是典型的有线电视基本频道。有线电视公司的频道可能会分为多个级别，以低价提供最少量的频道，如果需要增加多组频道，则需要额外付费。

◎ 付费频道：这些电视台不包括在基本频道包里，需要由订阅用户提出特别要求，并且额外支付相关的费用。HBO 和 Showtime 频道就是付费电视的例子。通常情况下，有线电视订阅用户必须先购买基本频道包，然后才能再增加付费电视台，而这些电视台可能也会被“捆绑”或“打包”出售。

所有这些节目是如何通过电视台到达订阅用户家中的呢？整个流程是这样的：

电视台的信号从演播室里发出，被传送到卫星传播器，或者说“上行链路”。一些电视台拥有自己的上行链路，而其他电视台则通过电缆或微波将信号传输给租赁的上行链路设施。最初，HBO 也是采用租赁上行链路的方法，但公司最终在长岛哈帕克市的工业园内自建了一流的上行链路设施，也就是 HBO 通信中心（HBO Communications Center）。当地人戏称哈帕克市是“卫星城市”，因为很多电视台都在该地区修建了上行链路设施。

INSIDE THE RISE OF
HBO 小剧场

虽然 HBO 通信中心的信号传输工作基本上都是自动化的，但每天会安排应急人员 24 小时值班以防万一，尽管他们没有什么事情可做。卫星城市位于工业园内，周边空无一物。员工会自带午餐或晚餐，具体取决于班次。那里还设有一间厨房和休闲区。这个地方在很大程度上可以做到自给自足，这也是非常有必要的。在这里就像是生活在潜水艇里。

公司努力让通信中心变成一个舒适的地方。但是，不止一个哈帕克市人找到我，说想从事处理订阅用户投诉这种糟糕的工作。这是因为他们要在通信中心值通宵班，被困在那里，为了能离开那里，他们愿意换去其他任何岗位。通信中心的晚班员工要整晚坐在无窗的房间里观看电视，监测 HBO 的信号，然后清晨回家睡觉，接着傍晚起床后又重新回到中心工作。说实话，除非白天的两个班次中有人员空缺，不然通信中心第三班的人在整个工作期间都看不到太阳。

信号从上行链路被传输到特定的卫星，在那里，电视台租赁了特定的应答器。应答器是一种小装置，可以接收上行传输信号，对信号加以放大后，再将信号重新发送到地球上，被称为“下行链路”的卫星接收器接收。任何卫星覆盖范围内的下行链路都可以接收到卫星信号。卫星接收器中的圆形天线被称为反射器，它能收集信号并将信号传递给焦点副反射器，也就是我们看到的从圆形卫星电视接收器的中央伸出来的那个小东西。这是信号在传输到有线电视系统之前集中的地方。

有线电视系统可能会接收各种来源的节目。除了卫星信号外，有线电视系统也会接收微波和无线信号，甚至有线电视系统自身的演播室也会制作一些原创的节目。而所有这些信号都会集中到有线电视系统的“前端”。系统运营商接收到所有电视台的信号，然后再将它们输入到混频器。混频器会将特定的信号放在特定的频道，然后将信号放大，从本地信号源传输给有线电视系统。

从有线电视公司前端出来的那根主电缆线就是干线。在干线沿途有一系列信号放大器，保证信号的强度。所有这些放大器被称为是“串级放大器”。干线上的分支被称为是馈线电缆，负责将有线电视信号传输到各小区。馈线电缆沿途的串级放大器也是为了保证信号的强度。

在大多数地方，馈线电缆会搭设在道路沿线的电话杆和电线杆上，连接起有线电视系统所服务的地区的所有潜在有线电视订阅用户。由此，有了有线电视行业的“经过家庭户数”，也就是包括订阅用户和非订阅用户在内的、可接入有线电视系统的家庭数。目前，美国约95%的家庭附近都有电缆线经过。这个数字永远无法达到100%，因为有些地区人口太过分散，不值得为他们去搭设电缆。“渗透率”是指订购了有线电视服务的家庭所占的比例。根据美国有线电视协会的数据，截至2010年，美国约有62%的家庭订购了有线电视服务。

馈线电缆上有一系列的分路器。当有家庭希望订购有线电视时，公司就会提供“上门服务”。技术员会来到订阅用户家里，从分路器上接一根“引进线”到家中。除非该订阅用户家中早已经有可兼容的有线电视机，否则这根引进线通常会被接到“转换器”上。转换器是一种硬件，有线电视公司会将转换器放在订阅用户家电视机的顶部。

有线电视运营商通常会将所有这些电缆、前端和其他一切东西统称为“设备”。

最初，大多数设备使用的都是铜线电缆，但最终铜线电缆被光纤电缆取代。后者不仅传输距离更远，信号更清晰，同时频道容量也胜过铜线电缆。

运营商的频道配置不同，价格差异也很大，但核心在于运营商为购买频道花了多少钱。每个频道在向有线电视运营商收费时采取的是订阅用户人均费用。这笔费用取决于每个频道吸引观众的能力，从不足 25 美分到数美元不等。

20 世纪 70 年代中期，我家第一次订购有线电视。当时电视机上摆放着一个又大又笨重的转换器盒子，这个盒子用线连接着另一个更为笨重的控制盒，上面有 12 个按钮和 1 个旋钮。每个按钮对应 1 个频道，旋钮可以让频道按钮控制另一列频道。在当时，普通的有线电视系统提供 12 个左右的频道，如果我没记错的话，我们每个月要支付大概 15 美元的服务费。

现在的转换器体积更小，形状也更时髦，可以遥控，而且功能之多前所未有。普通的有线电视系统（注意，只是普通的）可以提供 100 多个频道。我现在订购的有线电视服务是我公司的一种高端套餐，但并不包括任何付费电视服务，每个月的费用是 100 多美元（全美平均水平约为 90 美元）。

在过去 40 年里，不管是科技还是经济都有了巨大的发展。

但科技只能为 HBO 提供一种媒介。此前在 HBO 公司工作时，公司的市场营销人员常常说："你必须将他们（潜在顾客）争取过来，但在把他们争取过来之后，还必须有东西给他们看。"

人物

战斗在前线：电影评定师尤瑟夫·科德瑞

在 HBO 的节目策略中，故事片的角色常常会发生变化，尤其当原创节目在 HBO 的节目单上地位越来越重要、越来越显著的时候。然而，直到今天，电影仍然是 HBO 节目中最重要的组成部分，其所占比重甚至超过电影占主导地位的 Cinemax 频道。

HBO 原创节目的背后缔造者们常常是该台节目制作的明星，他们的名字会登上行业杂志和报纸，有线电视行业甚至是主流媒体都会对他们进行采访。而那些负责 HBO 电影的人员呢？他们没那么受关注。他们一直就像是 HBO 内责任大职位低的步兵们，是组织内隐形的一部分，始终默默无闻。

尤瑟夫·科德瑞（Youssef Kdiry）就是步兵中的一员，在 HBO 至关重要的时间段里曾经担任电视台的电影评定师。在那 10 年里，HBO 几大里程碑式的原创节目先后取得成功，电视台以此为基础改革了自身的节目制作模式，电影的地位和电影购买的优先顺序从此以后发生了改变。

1994 年 8 月份，我参加了《霍华德·斯特恩秀》（*The Howard Stern Show*）的实习生面试，但节目制作人的自命不凡和无理要求让我心生厌恶，于是我放弃了这个机会。给每个人买咖啡？不，谢谢，我不需要这种机会。我想要的是工作和学习！我在曼哈顿的街道上漫无目的地走着，有点儿疲惫不堪。不知不觉中，我走到了位于第 42 街和美洲大道拐角处的 HBO 大楼。就是这儿！

我从小到大都在看这个电视台，而且相当熟悉他们的商业模式，所以我觉得可以申请这里的实习机会。我进入大楼，设法争取到一位非常和善的人力资源人员对我进行面试。他们联系了我在泽西市州立大学（Jersey City State College）（我在这里攻读电影研究的学士学位）的就业顾问老师，此后我成了电影评定部门的实习生。我在 HBO 最终工作了 10 年的时间。

在电影评定部门实习结束之后，有几个月的时间，我一直是以临时工的身份在公司里到处打临工。但在那段时间里，我也以自由职业者的身份为电影评定部门工作（尤瑟夫在从公司离职之后仍然以自由职业者的身份为 HBO 的电影评定部门工作），为的是能和那群出色的同事们保持联系。我的上司待人相当亲切，正是他在 HBO 快速发展的 20 世纪 70 年代创立了这个部门。通过他的协调，我最终获得了助理电影评定师的全职工作。

这份工作要求对电影有充分的了解，懂得电影的美学、历史、理论、节目制作和市场营销，还要有传媒领域的商业头脑。尽管我认为自己是行走的“电影院百科全书”，但年长的同事们给予了我大量的指导，让我受益匪浅。至于工作本身，我要做的就是筛选电影，参加大量的会议，出席影展，向 HBO 的专利数据库输入电影数据，然后筛选更多的电影。

工作中，我每天要观看很多部电影。可能是看录像带或 DVD，也可能是去电影院，甚至有时候是在家观看。尽管如此，我仍然会在工作之余争取根据自己的喜好和学习需求看一些电影。

电影被视为是一种产品，而我们则是负责分析、宣传和评估该产品在节目架构中的用处。我们针对不同的电影使用不同的标准。如果电影公司和我们此前已经签署了打包协议，那么不管艺术性如何，他们的影片都会被给予高分。

早在20世纪90年代时，HBO在向独立电影公司购买影片时花钱如流水，例如现在都已经消失了的瑞舍尔娱乐公司（Rysher Entertainment）、萨沃伊影业公司（Savoy Pictures）、特利马克影业公司（Trimark Pictures）和其他B级和C级的电影公司，公司早已经买下这些电影公司的电影，所以针对那些影片，我们的工作就是在待播出节目数据系统里对其进行内容评级并编写收视指南。请记住，我们不仅仅只是为HBO评定电影，同时也为Cinemax频道进行这项工作。此后到90年代末期，我们也同时为HBO旗下各个多路复用频道提供服务。

所以像《泰坦尼克号》这类火爆大片会被大量频道青睐，而一些影片会被众多频道否决，例如由某个不知名的制作公司制作的动画版《三个火枪手》里面没有著名影星配音，也没有电影公司的支持等。相反，像《绝命末路》（*Road Ends*，1997年）这种低成本的新黑色电影因为有丹尼斯·霍珀（Dennis Hopper）、玛瑞儿·海明威（Mariel Hemingway）、彼得·考约特（Peter Coyote）和克里斯·萨兰登（Chris Sarandon）的出演，拥有足够强的明星效应，而且充分利用了该类型影片的传统元素，所以被选入了《Cinemax全球首映》（*Cinemax World Premiere*）节目。

我们每年接受的影片数量都有所不同，但有一点是肯定的，就是在我们筛选的影片中，80%的影片要么被否决，要么虽然被接受，但由于许可权在竞争对手的手中而无法获得。

不仅影片的评估标准有所差别，而且这些标准也会随着时间的流逝发生变化。越来越多的B级影片最终渗透到我们的节目中，不管这些影片是不是很糟糕。在筛选埃里克·罗伯茨（Eric Roberts）的低预算电影时，如果里面有足够多的暴力和性的内容，让我们能够推销给喜爱午夜成人电影的观众时，那么我们肯定会买下这部影片。

尤瑟夫·科德瑞目前是位编剧、导演、制片人、编辑、影评家和崭露头角的电

影学者。他曾经涉足电影行业的各个领域的工作。他现在经营着自己的多媒体公司月星电影历险公司（The Moon Star Film Odyssey）。他在为自己的月星影评网站（Moon Star Film Reviews）和博客撰写影评的同时，也在创作正片长度的原创电影剧本，以及开发剧本的宣传网站。他正在力争再次重现当年《星球大战》所带来的观影潮。

INSIDE THE R

A

PERSONAL HISTORY OF

THE COMPANY

THAT TRANSFORMED

TELEVISION

SE OF

第二部分

购买内容，确立付费电视商业模式

深度解读　　领读官：王丛

HBO的7大成功要素

1. **不以收视率论成败，而是注重内容价值。**
   HBO 不售卖任何广告，它的商业模式来自于 C 端订阅用户而非 B 端广告主。

2. **善于应用新技术，利用卫星将信号覆盖全美。**
   在成立之初，HBO 思考如何增大覆盖率，他们大胆创新，宁愿延迟盈利时间，也要尝试用卫星传播信号，创造了“电视台 + 卫星 + 有线电视系统”的模式。

3. **持续稳定的管理层，保证了品牌和内容的延续性。**
   从 20 世纪 80 年代至今，HBO 只经历了 4 位首席执行官，而且他们都是从 HBO 内部成长起来的。

4. **通过原创内容进行差异化竞争，树立 HBO 品牌。**
   即使不知道出品方，HBO 的电视剧也能让观众一眼就看出这是 HBO 的内容。在其他原创内容的制作方面，HBO 也注重差异化，例如在体育节目上专注做拳击解说。

5. **绝对尊重内容的创作者，不会干涉内容创作。**
   HBO 的一大重要原则就是绝对尊重内容的创作者，正是因为这一点，20 世纪 80 年代末 90 年代初，好莱坞一大票希望创新的创意人才才“屈尊”愿意与体量小很多、品牌也在孵化中的 HBO 合作。

6. **敢于高举高打，通过大手笔投资制作精品。**
   HBO 今天的品牌认可度和江湖地位也是靠钱烧出来的，今天的观众只要一看到 HBO 出品的剧就本能地认为一定有超高的制作预算来保证内容质量。HBO 更重质而非量，自创建以来一共出品的电视剧不超过 200 部、迷你剧不超过 30 部，加在一起都不如中国电视剧行业一年的产出多。

7. **全球化战略从易至难，积极与本土运营商合作。**
   1984 年，HBO 订阅量增长遭遇瓶颈，管理层开始积极筹备进行全球布局，初始落脚地着重选择政治和经济双重稳定且有稳定消费群体的国家。20 世纪 90 年代先后进入欧洲、拉美和亚洲市场。

INSIDE
THE
RISE OF
HBO

04

开局制胜，用稳定的管理层保持先发优势

使你筋疲力尽的不是前面的高山，而是鞋子里面的小石子。

——穆罕默德·阿里

HBO时刻

HBO 为什么能在与 Showtime 的竞争中胜出

1. HBO 具有先发优势，Showtime 起步较晚。
2. Showtime 频道同时存在财力有限和管理层变化大这两大问题，而 HBO 高管层都是定期从公司内部提拔上来的，在节目、销售和市场营销上投入的资金始终远远超过 Showtime 频道。

1977 年，杰夫·比克斯（Jeff Bewkes）还只是一个和善的斯坦福大学的 MBA 毕业生，年仅 25 岁。他同众多和他一样年轻的毕业生一起，加入了纽约花旗银行的培训生项目，在花旗银行培训中心的格子间里做着银行培训生要做的各种事情。花旗银行的培训中心位于长岛市一间毫无生气的仓库内，与东面的曼哈顿霓虹灯闪烁的高楼隔河相望。

一天早晨，和比克斯同在花旗银行会计班的培训生托尼·沃吉克（Tony Wojick）正在讲述他头天晚上在电视上看过的一部电影。比克斯觉得很是奇怪，因为沃吉克谈论的这部电影不久前才从电影院下映，现在就在电视上播放，似乎也太早了点。无线电视网竟然能这么快就拿到这部电影的播映权？

“你是在《周一夜影院》看的吗？”他问沃吉克。

“不是，”沃吉克回答说，“你难道没有 HBO 吗？”沃吉克给他介绍了这个电视台。

比克斯脑中灵光一现：“你是说付费电视吗？”

比克斯回到他位于曼哈顿的一套 4 层无电梯公寓里的家中。回家后他就申请订购了每个月 10 美元的基本有线电视，又花了 10 美元订购了 HBO。在美国郊区，基本有线电视服务的价格一般是8美元，增订HBO需要加8美元。

两年后，比克斯来到花旗银行的总经理办公室，递交了自己的辞呈。

“我要去HBO工作。”

比克斯回忆说：“我不记得那位老板的名字，但在当时他说了一句让人难忘的话：‘HB什么？’”

最初，比克斯的老板以为他说的是中国香港的汇丰银行HSBC。在比克斯解释清楚之后，他的老板看着他，认为他发疯了：“你要从银行跳槽到电视台？”

10多年后，杰夫·比克斯已经成了HBO的总裁，1995年又被提升为首席执行官。2008年的时候，他已经变成了HBO的母公司时代华纳公司（Time Warner）的首席执行官，而且一直稳坐这头把交椅。①

比克斯并不是唯一一个在初期就看好HBO发展潜力的人。在比克斯参加花旗银行的培训生计划后不久，杰拉尔德·艾布拉姆斯离开了约扎克公司（Jozak Company），创立了自己的制作公司柏树点制作公司（Cypress Point Productions）。在20世纪80年代早期，艾布拉姆斯开始听说那家爆炸式发展的电视台。他认识部分业内人士，通过他们了解到HBO的与众不同之处。

热爱电影的乔希·塞班在20世纪70年代加入传媒业。当时他刚从威斯康星大学（University of Wisconsin）毕业，工作就是用自己的小型旅行车拖着众多电影放映机在全美各大高校校园里播放电影。塞班后来成了AMC公司的总裁兼首席执行官，被视为是电视行业内最具创新精神的高管之一。20世纪70年代末，塞班听说了HBO。他还记得HBO在电视节目中插播的一部经典宣传片。片中，

① 2018年6月，时代华纳公司被美国AT&T公司收购，并更名为华纳传媒，所以目前，HBO的母公司已变成AT&T公司。杰夫·比克斯在此次收购后不再担任华纳传媒首席执行官。——编者注

镜头扫过一座能以假乱真的城市模型，然后镜头往上对准天空，定格在一个闪闪发光的 HBO 图标上。这时，音乐声渐渐响起，与画面相得益彰。“这段宣传片所展现出的雄心壮志给我留下了深刻的印象。”

在当时，拥有远大的理想和雄伟的志向都不无道理。

付费电视市场初期的混战

HBO 的老员工们现在回忆 20 世纪 70 年代末和 80 年代初的那些日子时，称呼那段日子为“狂热岁月”。自约翰·沃尔森在小山丘架起天线的 27 年后，美国的有线电视系统不足 1 000 个。在 HBO 的上星开启了现代有线电视时代的 20 年后，美国在运营的有线电视系统超过 9 000 个。

1982 年，我加入 HBO。有些员工自公司成立之初就加入公司，伴随公司一起成长。他们当时还记得在 HBO 上星后的头几年里，销售工作是多么的轻松。一名现场销售代表告诉我：

> 有线电视公司会派卡车去某些订户家中牵线。在完成工作后，技术员打算回店里去。有人看到卡车就会从家里跑出来，一路追着卡车，边挥手边大喊停车。他们想让技术员去帮自己牵线。这种情况发生的次数之多，让人惊奇。

当时的火爆程度不亚于 1849 年的加州淘金热，而且同淘金热一样，人人都跃跃欲试。1972 年，HBO 开播。此后数月之内，先后诞生了众多付费频道。此外，1976 年，维亚康姆公司推出了其付费电视频道 Showtime。1978 年，Showtime 频道、电影频道、家庭影院网络（The Home Theatre Network）和聚光灯频道（由数家有线电视运营商联合创立）都通过卫星与 HBO 争夺全美收视市场。20 世纪 80 年代出现了迪士尼频道（The Disney Channel，后在 1997 年变为基本频道）和西班牙语付费频道 Galavision。4 家电影公司认为推出自己的有线电视频道要比卖电影给付费频道更赚钱，于是他们凑在一起，筹划了另一个付费电视频道 Premiere。

此外，还有众多地方付费频道和“独立”付费频道。独立频道是指仅在单一市场内运营的频道。（Philadelphia Regional In-Home Sport and Movies，简称 PRISM）是费城的一家频道，与 HBO 类似。该频道由联美制片厂（United Artists）、20 世纪福克斯电影制片公司（20th Century-Fox）和三家费城体育球队的老板共同创立。特勒普润普特公司和休斯飞机公司（Hughes Aircraft）在洛杉矶联合推出了 Z 频道（Z Channel），并且在付费频道领域培养了自己的小众市场。他们的方法就是提供那些大型频道所没有的，但地方电影迷非常喜欢的节目。Z 频道曾经一度因为播放 1981 年的院线电影《天堂之门》（*Heaven's Gate*）而轰动一时。该片由迈克尔·西米诺（Michael Cimino）导演和剪辑，他曾经被认为是使联美制片厂倒闭的元凶。

另一个独立频道就是纽约市的沃美特科家庭影院频道（Wometco Home Theatre，以下简称 WHT）。不过，WHT 走的是一条不同寻常的道路。在 HBO 开播后不久，WHT 也紧跟其后开播，并且选择了一条捷径。该公司没有选择有线电视系统，而是重拾了无线扰频信号的概念，就如同 20 世纪 60 年代在康涅狄格州哈特福特市运营并最终折翼的电视台一样。

当时，纽约大都市区还有许多地方没有接入有线电视服务。WHT 频道的宣传口号就是：“为什么要等待有线电视？既然能从我们这儿看到同样精彩的电影，何苦还去找什么有线电视公司？”WHT 电视台是纽约市第一批付费电视台之一，提供 24 小时的节目播出，它的广告称自己是“精彩丰富的电视台”，而且采取了非常激进的市场营销策略，可惜依然在竞争中落败。相比于 20 世纪 60 年代哈特福特市的付费电视系统而言，WHT 频道可以发送彩色电视的扰频信号，这是一种优势，但图像质量依然不尽如人意。此外，人们心里想要的就是有线电视。他们不要 WHT 提供的单一频道，他们想要的是订购有线电视服务后带来的一系列新内容。到 20 世纪 80 年代中期，WHT 频道消失了。

同 WHT 频道一样，还有其他机构也希望能填补有线电视系统的空白，抓住人们迫切渴望付费电视频道（尤其是 HBO 频道）的机会。这些机构中就有 MDS（multi-point distribution system，多点分配系统）。MDS 公司不是 WHT 那种电视台，而是采用了除电缆之外的另一种信号传递系统。

MDS 公司使用微波来传递节目。目标市场内会安装一个中央微波发射器，每个订阅用户家的屋顶或窗户上会再安装一个小型的微波接收器，用于接收发射器发出的信号。MDS 公司要想盈利，就需要一个人口相对密集的中心市场。但多年来，在整个市场中，有线电视渗透率较低的市场所占比例相当之低。

在当时，最理想的有线电视市场就是郊区。尽管人们的房子比较分散，但在郊区搭设电缆线相对比较容易。一方面，主城区里有大量多层住宅，也就是大型公寓楼，搭设线路让人相当头疼。在郊区，所要做的就是沿着漂亮街道旁的电线杆搭设电缆线，然后再将引进线牵入订阅用户家中。但在城区，有时候搭设电缆线时要费劲地穿过公寓楼的墙壁。当公寓楼年头较久，墙上并没有太多空间来安装电缆线时，就更加让人头疼。

另一方面，就是有线电视公司不愿意与大城市内的一些居民小区打交道，尤其是有大量低收入家庭的小区，这其实是有线电视公司不愿意和穷人打交道的委婉说法。内城区的有线电视公司必须面对设备被蓄意破坏和偷窃，以及有线电视账单欠费等情况的频发现象。

如果有线电视运营商拒绝对客户一视同仁，那么市特许经营办公室就会拒绝给他们颁发特许经营权："如果你不能给所有住户安装有线电视，那就干脆谁家也不装！"正因为如此，芝加哥和纽瓦克等大型城市，以及纽约市大部分地区都迟迟才进入有线电视时代。尽管曼哈顿自1965年就已经拥有有线电视服务，但皇后区、布鲁克林区、布朗克斯区和斯塔顿岛区等外环区到20世纪80年代才开始接入电缆。这正是MDS公司希望挖掘的市场，为那些没有有线电视服务的城市居民提供HBO和Showtime频道等付费电视服务。

但MDS业务也有大量的难题摆在那里，如信号质量相当糟糕，而且非常容易遭到干扰。大家应该还记得，前文曾经提到过，微波传输要求发射器必须彼此在视线范围之内。MDS经销商善于像打桌球一样让信号在楼宇之间弹来弹去，为订阅用户提供服务。但还是有大量的居民无法享受到服务。发射器和接收器必须两两相望，这也让信号传送的实际范围只有16.09公里到24.14公里。

MDS信号非常容易被盗播。人们常常开玩笑说，任何人只要有一个金属衣架再加上一个咖啡罐就能接收到MDS信号。有些人甚至都不用费劲去盗取信号，因为他们发现客厅里的电视机如果摆在合适的位置，凑巧就能直接接收到信号。

包括HBO在内的一些付费电视频道有时不愿与MDS销售商打交道。MDS公司声称这是因为电视台偏爱有线电视运营商，因为有线电视运营商是电视台的大客户。付费电视台则表示，他们不愿意通过拿个咖啡罐就能盗取信号的系统来播放自己的节目。此外，许多MDS运营商存在资金短缺的问题，电视台和MDS运营商闹上法庭的事情不止发生过一回。运营商在法庭上指着电视台大声谴责对方切断了服务，存在反竞争行为；而电视台则反驳称之所以切断服务，是因为运营商欠费。

不过，在一段时间内，MDS运营商确实在一些城市成功地开辟了自己的小众市场。在那些没有有线电视服务的地方，有MDS总比什么都没有好。但如果

MDS 提供服务的小区开始接入有线电视系统，MDS 的业务通常会受到冲击，并且最终在市场上消失。

MDS 运营商只能提供一个频道，为此他们推出了 MMDS，即多频道 MDS，来与有线电视服务抗争。但 MMDS 并没有解决微波公司的技术或经济难题，而且在频道数量上仍然远远落后于有线电视系统。

此后，还出现了（现在仍然有）卫星主控天线电视（Satellite Master Antenna TV，以下简称 SMATV）公司。但 SMATV 并不是有线电视的替代品，更像是其附属物。SMATV 公司要做的就是为特定建筑物搭建一个卫星接收器，比如医院、特定的公寓楼，尤其是酒店和汽车旅馆等，SMATV 会为该栋建筑提供特定的节目包，从本质上来说，也就是覆盖一栋建筑物的有线电视系统。SMATV 系统为特定地点服务，要么是因为有线电视系统未曾覆盖到这个地方，要么是因为有线电视的运营人员太难缠。

虽然新有线电视时代的早期是非常繁荣的，但并没有发展到足以容下所有的从业者。等到 1975 年 HBO 上星之时，多尔·沙里的 TheatreVisioN 已经消失。100 频道、家庭影院网络、WHT 频道，以及聚光灯频道此后也紧跟着走上了不归路。洛杉矶的 Z 频道则经历了一系列所有权变更，强撑到 1988 年时放弃了其电影迷的定位，变成了专门报道地区体育赛事的无线电视网。由于反托拉斯的指控，Premiere 频道无法在电视上播出。

在付费电视频道中，付费电视业务将呈现 HBO 和 Showtime 频道两分天下的局面，这在卫星时代初期就已经非常明显。

HBO 何以开局制胜

与 HBO 相比，Showtime 频道在开播时似乎前景更加美好。

20 世纪 70 年代初，联邦通信委员会宣布无线电视网不得将为他们制作的节目出售给地方电视台，也不得拥有有线电视系统。CBS 将其旗下的地方电视台和有线电视系统剥离，单独组成了一家名叫维亚康姆的公司。维亚康姆公司是付费电视的忠实信徒，与时代公司一样，他们看到了这项业务的发展潜力，并且在 1976 年 7 月推出了 Showtime 频道，主要在维亚康姆公司的有线电视系统上播放。Showtime 频道第一年结束时，与 HBO 第一年的情况相比，前景似乎更加广阔。1973 年年底时，HBO 的订阅量还只有约 8 000，而 Showtime 频道在运营 12 个月后订阅量已经达到了 5.5 万。

先发优势

尽管开局颇为顺利，但现在回头来看，多方面因素充分显示 Showtime 频道从一开始就是在蹒跚而行，而最明显的问题就是起步较晚。Showtime 频道的第一年可能情况比 HBO 好，但在 Showtime 频道订阅量达到 5.5 万的时候，HBO 的订阅量已经接近 100 万。1978 年，Showtime 频道上星，而这时 HBO 已经在 46 个州拥有 200 万家庭。

HBO 抢得了先机，Showtime 频道始终未能突破这个劣势。到 20 世纪 80 年代，HBO 的品牌知名度已经可以媲美可口可乐。也就是说，如果你都不知道 HBO 是什么，那么你自 1972 年起肯定一直生活在与世隔绝的洞穴里。HBO 在公众心目中有着极高的认可度，以至于许多有线电视客户认为 HBO 和他们的有线电视公司是一回事。事实上，Showtime 频道的许多顾客也认为 Showtime 频道就是 HBO 的一部分。我是基于事实说这番话的，因为我自己就曾接到过一些 Showtime 频道的顾客打到 HBO 客服的电话。

稳定的管理层和资金源

Showtime 频道同时也存在财力有限和管理层变化大这两大问题。1979 年，维亚康姆公司将 Showtime 频道 50% 的股份卖给了特勒普润普特公司，而后者的母公司 W 集团（Group W）又在三年后将股份再卖回给维亚康姆公司。到 1983 年，Showtime 频道与华纳—美国运通卫星娱乐公司（Warner-Amex）旗下的电影频道合并，然后在两年后将华纳—美国运通卫星娱乐公司的半数股份买下。所有这些来来回回的股权买卖都意味着 Showtime 频道从未有过足够的经济实力来同 HBO 一样大力开展工作，而这也导致这家公司老板像走马灯一样换来换去，缺乏 HBO 领导层的稳定性和彼此之间的默契。

然而自最初的那几年开始，HBO 的高管层就是定期从公司内部提拔上来的。因此 HBO 在节目、销售和市场营销上投入的资金始终远远超过 Showtime 频道。就算 Showtime 频道会突然采取策略来追赶 HBO，例如在 1983 年收购聚光灯频道，将其订阅用户纳入自己名下，以及后来与电影频道合并，但该电视台并未能将这些举动变成持续的发展动力，所以在订阅量上一直远远落后于 HBO。即使在今天，Showtime 频道的订阅量也几乎只有 HBO 的一半。

INSIDE THE RISE OF HBO 小剧场

早在 20 世纪 90 年代，HBO 的部分市场营销高管跳槽去了 Showtime 频道。一次 HBO 开会时，有些员工担心这些“叛逃者”可能会向自己在 Showtime 频道的新老板泄露一些 HBO 的市场营销机密。

主持会议的副总裁对此回以大笑：“他要说些什么呢？根本就没有秘密！我们花的钱多一些而已！他们没有这个钱！”

20 世纪 80 年代的大部分时间里，HBO 市场营销工作的重心主要是每年开展的数次周末免费试看活动。在推出试看的那些周末里，有线电视运营商可以在开放的频道上播出HBO，从而非HBO的订阅用户能够体验一下这个频道。除了试看之外，HBO还辅以电视营销和直销闪电战。它曾经一度是美国最大的直邮营销者之一。此外，还有折扣优惠和拨打800电话订购等方式。

现在回过头来看，试看的方式似乎是有点老土。电视营销方面，他们效仿美国公共广播公司马拉松式播出节目的方式，通常插播广告的时段则换成主持人来力劝观众们“买买买，现在现在就现在”。除了呼叫中心之外，HBO还设置了投诉热线，听普通订阅用户抱怨不断地买买买推销让人感觉冗长乏味，而且他们没有能享受到新订阅用户的折扣。而非订阅用户则打来电话抱怨他们的有线电视运营商没有参与试看活动（试看活动是自愿参与的）。老订阅用户和非订阅用户各有各的怨言，而且新订阅用户在定期收看一周左右的节目后很快就发现，HBO的常规节目并不像试看时那么精彩（试看的节目单都是精挑细选的）。这时，新订阅用户也会有不少怨言。尽管如此，多年里，试看依然是HBO争取新订阅用户的最强有力的方式。

但之所以能够进行试看，就在于HBO有着雄厚的资本支持，而Showtime频道的资金从未那么雄厚过。

几乎从一开始，HBO就已经摘下了付费电视之王的桂冠。尽管HBO和其竞争对手的市场营销专家们常常会制定营销战略来打击或反击对方，但现在回过头来看，这并不是一场势均力敌的营销战。

不过Showtime频道并没有步WHT频道、Premiere频道和其他付费电视效仿者的后尘。任何开心收看过《都铎王朝》（*The Tudors*）、《护士当家》（*Nurse Jackie*）、《单身毒妈》（*Weeds*）和《嗜血法医》（*Dexter*）的人都可以证实这点。

Showtime频道在财力上无法与HBO分庭抗礼，所以它想要生存下去，就必须寻找到其他的方式。

INSIDE
THE
RISE OF
HBO

05

争购头部内容，提高内容竞争力

这里没有规则可循，我们都是在努力干成些什么。

——托马斯·爱迪生

HBO时刻

HBO 如何在内容上与 Showtime 竞争

1. 开播新频道 Cinemax，填补原有频道的市场空白。
2. 比拼播出时长，24 小时循环播出。
3. 为了拼播出速度，甚至在凌晨首播《星球大战》。
4. 尝试通过预购、独家买断等方式来争抢电影的独家播映权。
5. 直接投资制作电影。
6. 制作优质的原创节目才是未来的趋势。

我来讲个故事。1972 年 11 月的一个晚上，HBO 开播。开播之时在宾夕法尼亚州威尔克斯 – 巴里市共有数百名订阅用户。时任 HBO 首席节目制作师（很快就被提升为首席执行官）的杰拉尔德·莱文为自己的办公室订购了一套客厅家具，从而能够模仿频道首批订阅用户在家中收看首播的情形。他希望从他们的角度来收看 HBO。

现在是奈飞公司和 Hulu 视频网站的时代，人们几乎能通过一切东西下载自己需要的内容，所以现在的人难以真正懂得在 40 年之前 HBO 的概念到底有多么新颖。在当时，除了之前经历过早期付费电视频道出现又消失的一小部分美国人之外，包括 HBO 频道的员工在内，没有人知道究竟观众们将如何看待 HBO。所以杰拉尔德·莱文带着他的多功能休闲沙发椅坐在了办公室里。

此前，像 HBO 这类服务从未有过任何成功的记录，付费电视试验都早早夭折，消亡速度快得惊人，所以没有任何经验或数据可供人学习和借鉴。不难看出，HBO 在开播后的最初几年里，他们对自己不想发展成什么样更有把握，但他们并不知道自己究竟想要变成什么样。

我家在 1976 年左右开始订购 HBO。HBO 现在的订阅用户可能都难以认出我们在当年收看的 HBO 节目。要形容当初的节目整体风格，我脑子里立马想到一个词语：岁月静好。

HBO 从下午晚些时候开始播出，工作日时会持续播出到午夜，而周末时会一直播出到次日凌晨 2 ~ 3 点，具体取决于最后一档节目的结束时间。现在，在每档节目的间隙中会不停不歇地密集播出言过其实的广告。但在当时，HBO 是在一辆自行车上安装了一台摄影机，然后让这辆自行车在曼哈顿中央公园绿树成荫的小道上巡游，并配以新时代的钢琴曲。每天播出结束时，会有特别精彩的结束动画，有点类似于《月亮晚安》（*Goodnight Moon*）。早在 HBO 创造其口号之前，从其图标设计版式和名称就可以明显看出，HBO 事实上在努力摆脱电视的身份，至少是摆脱此前 30 年里商业电视台对电视的定义。

但是，即便是在那种相对低调、内敛的模式下，当 HBO 借助上星覆盖全美之后，人们有了除无线电视网之外的另一个选择，而且这个选择没有广告，于是公众的欲望呈爆炸式增长。人们对这种方式的家庭娱乐如饥似渴，为此，许多 HBO 的订阅用户同时也订购了 Showtime 频道，尽管两个频道播放的影片许多是重复的，而且他们的节目收视指南在设计上也几乎一样。但这没关系，订阅用户已经体验过付费电视的与众不同，现在想要更多。

策略一：开播新频道，填补原有频道的市场空白

看到 Showtime 频道如何借自己的光，HBO 做了一个决策。既然人们希望能有第二个频道，为什么不由我们自己来提供呢？ Showtime 频道几乎是完全复制 HBO，而且还在与原版一争高低。HBO 可以开播自己的第二个频道，设计第二套频道的节目安排，与 HBO 形成互补，而不是去照搬 HBO 的节目。在这个过程中，HBO 可以利用第二个频道来创造收入，而不是将金钱送给 Showtime 频道。

HBO 的第一个兄弟频道是 Take 2。该频道在 1979 年 4 月开播。当初的思路就是一些偏远的潜在郊区市场因为 HBO 的价格和内容而无法收看该频道。Take 2 频道就是 HBO 的低价、PG 级（儿童须有父母陪同才能观看）版本。这个思路听起来没错，但实际却事与愿违。Take 2 频道在夏天时就停播了。当 2009 年我离开 HBO 的时候，我不知道当时公司里有谁还记得 Take 2 频道。人员流动外加大家天生不愿意记住失败的经历，这些都将那段尝试从公司记忆中抹去了，甚至在网上都搜索不到。

HBO 对 Take 2 频道的失败教训进行了深刻的分析，并以此为基础在 1980 年推出了设计更加优良、互补性更强的 Cinemax 频道。

Take 2 频道最大的战术错误之一就是定位为 HBO 的替代频道，而 Cinemax 的定位是同 HBO 形成互补。尽管 HBO 和 Cinemax（MAX）的定位可以进行调整，而且有时会是比较大的改变，但多年里其背后的基本理念一直保持不变。HBO 一直是一个主流娱乐频道，大多数订阅用户一般都熟悉其内容和人员，基本上是迎合中端的品位。

但 Cinemax 在开播之初就定位为针对电影迷的频道，希望能提供可与电影频道媲美的内容，从而挤占 Showtime 频道的市场，并且能与 HBO 形成更强的互补。有些影片通常不会在 HBO 播出，但全部出现在 Cinemax 的节目表上，放在高质量的知名电影之后播出，例如粉丝电影、经典老片、磨坊电影、外国影片和午夜色情电影。

有线电视运营商在销售电视频道时，通常将 Cinemax 与 HBO 打包提供，而且享有一定的折扣。Cinemax 造成了轰动，取得了成功，并最终成为许多市场里的第二大频道。

Cinemax 频道的发展并非一帆风顺。关于 Cinemax 频道在早期的情况，我最喜欢有关该频道第一个图标的故事。频道的第一个图标是一个长方形，Cinemax的名字就位于该长方形内。公司内部常常称它是Cinemax飘扬的砖块。

虽然HBO控制着Cinemax的节目安排，以避免出现Showtime频道那种直接的复制行为。但是，三家频道和电影频道的电影都来自好莱坞，在播放当月大片及大量二线的电影时，四家频道看上去难分彼此。所以购买了多家付费频道的观众常常弄不清楚自己究竟看的是哪个频道。这对HBO来说自然是好事，因为订阅用户在弄不清楚时一般就会认为他们在收看HBO。但对Showtime频道和电影频道而言，这种情况就不那么让人开心了。

策略二：比拼播出时长

Showtime频道一度似乎意识到自己永远无法与HBO正面交锋，于是开始采取“第二个频道”策略。该策略的基本思路就是HBO或者Showtime频道不是二选一，而是两者都必须拥有。正如大家所想的那样，当所有频道在同时播放同样的大片时，这种提法就很难站住脚。面对这种情况，这些竞争对手们开始纷纷推出一系列策略和对策。所有这些举动的目的都是各频道为了能争取到哪怕一点点的优势，好让他们去大力加以宣传。现在回头来看，那些策略中没有哪一条显得格外睿智。当你仔细分析它们时，你会发现它们就像是小学校园里“我比你厉害”那种口水战。

让我们以改为24小时播出的策略为例。HBO在最开始上星时每天只播出几个小时的节目。此后，公司一直在慢慢地延长每天的播出时间，而Showtime频道走的也是差不多的发展道路。1981年，Showtime频道决定提升一下自己，宣布开始24小时播出。

大家对此的反应是强烈的质疑，而Showtime频道的这个决定意味着他们最终填补了电视节目表上的空档。这些时间段是午夜和凌晨，观众基本上只有少量上三班的工人、失眠者和夜猫子。但在Showtime频道的广告中，这个决定听起来显得相当英明。

HBO的老板们找到自己的节目排期人员说："现在我们也必须24小时播出。"这番话并没有能赢得那些节目排期人员的喝彩，因为24小时播出意味着频道要付出更多的努力，却得不到相应的回报。但不管怎样，HBO不会让Showtime频道有机会抓住这一点进行宣传。那年晚些时候，HBO也开始24小时播出。

策略三：比拼播出速度

我再举一个例子。鉴于这些频道会同时获得相同的影片来播出，那么究竟谁能够抢先播出某部大片，甚至哪怕只是早那么几分钟呢？这个问题变得越来越重要。而《星球大战》让这类小事的处理达到了愚蠢的巅峰。

在这一点上，我必须提醒一下大家，在当时，并非所有院线发行的大片都会自动来到付费电视频道播出。那些票房冠军们通常会不面向付费电视频道发行，即使是那些几十年之前的电影。在家用录像机诞生之前，这些经典大片仍然可以通过再发行来赚钱。比如，米高梅电影制片公司连续几十年来一直在电影院定期上映《乱世佳人》，即使该片1976年先后在HBO和NBC播出之后依然如此。互联网电影数据库（IMDB）显示，《乱世佳人》在1939年首次发行，此后到1998年，该片一共在美国正式重新发行了7次。因为有重新发行的价值，一些超级大片通常不会出现在付费电视频道，例如《E. T. 外星人》（*E. T.: The Extra-Terrestrial*，1982年），这部电影在当时是有史以来票房收入最高的电影，但它最终在 1989 年才登上小屏幕。

了解这些情况后，或许你就能理解下面这件事情。

INSIDE THE RISE OF HBO **小剧场**

1977 年，有史以来票房收入最高（当时）的冠军影片《星球大战》将在付费电视频道播出，这被视为是了不起的大事。《星球大战》曾经创造超高的票房纪录，为此在短短几年内，20 世纪福克斯电影制片公司已经成功地再次发行该电影。

《星球大战》计划于 1983 年 2 月在付费电视频道首次亮相。根据通常的许可惯例，HBO、Showtime 频道、电影频道和 Cinemax 频道都可以获得播放权。如果你同时订购了这四个频道，或许你在睡梦中都能听到约翰·威廉斯（John Williams）为《星球大战》所谱写的主题曲。通常情况下，对这种规模的大片而言，付费电视频道一般会在第一个月的黄金时间段进行首播，最佳时间是东部时间晚 8 点。为了能先发制人，HBO 和 Showtime 频道都将该片安排在 2 月 1 日早晨 6 点播出，尽管当天是工作日，而且那个时间点里观众数量可能会较少。之所以选择 2 月 1 日，因为那是他们同福克斯电影制片公司签署的许可协议中所允许最早播出的日子。不过，HBO 后来给福克斯公司又塞了一点钱，让他们有权改变计划，提前在 2 月 1 日凌晨 0 点 1 分播出。尽管当时几乎没有人收看这部影片，但 HBO 在一定程度上有资格来吹嘘自己是第一家播放《星球大战》的付费电视频道。

我的这种表述方法可能太过轻描淡写。2 月 1 日清晨，当订阅用户听说在他们熟睡之际早已经播出过《星球大战》后，许多人打电话到电视台，为没有提前通知他们而愤怒不已。HBO 多花钱来抢先 6 个小时播出《星球大战》，而且是观众数很少的 6 个小时，这种行为的确有点荒谬。但考虑到该部电影大量的影迷们似乎准备不管工作学习或其他任何事情，熬夜来等待收看这部电影，也许那种策略就不是那么荒谬了。

策略四：争抢电影的独家播映权

这类举动的结果可能会让人们感觉颇为得意，为此 HBO 和 Showtime 频道在街上擦肩而过时会说："略略略！我们的频道就是要比你们强。"或者是说："我们是第一个 ××（×× 将填入毫无意义的一些成就）的频道。"这是句非常出色的宣传语，可实际上它们对市场的影响甚微。"独家播映权"是打破现状的一次尝试。

在付费电视领域，独家播映权非常简单，也就是一家频道获得了某部电影的播放权，而其他频道没有。

预购

第一个挑起独家播映权之战的就是 HBO。这是功是过，全看大家怎么看这个问题了。HBO 从 20 世纪 70 年代开始尝试"预购"。

假设你是制片人乔（Joe Producer），手里有部不错的电影想要拍摄，不过手中资金不够，难以完成拍摄工作。于是你找到付费电视公司说："看看，只要花上百万美元，你就可以拥有我这部电影的独家播映权。"付费电视频道表示没问题，于是你就拿到了资金来完成电影的拍摄，而该频道也得到了那部电影的独家播映权。其中的关键在于大家其实都是在赌博。一方面，因为付费电视公司购买的影片事实上尚未进行拍摄，他们在赌这部影片值得让他们付出一定的代价。但不管最终结果如何，他们都摆脱不了干系。另一方面，如果这部电影最终大红大紫，那么该付费电视公司就可以独家播出这部人人趋之若鹜的电影，让订阅用户感觉自己的钱花得对，花得值。HBO 早期的一些预购决策充分体现了最终结果的飘忽不定。

HBO 喜欢吹嘘的一次预购是 1981 年的热门影片《金色池塘》（*On Golden*

Pond)。这部影片在美国的票房收入高达 1.2 亿美元，这使得它成为排在《夺宝奇兵》(*Raiders of the Lost Ark*)之后的当年电影票房收入榜中第二名的电影。此外,《金色池塘》还获得奥斯卡奖的 10 项提名，其中包括最佳影片提名。最终，该片获得 3 尊奥斯卡小金人，其中包括亨利·方达(Henry Fonda)获得最佳男演员，而凯瑟琳·赫本(Katharine Hepburn)摘下最佳女演员的桂冠。“订阅用户，你们好！你们知道哪个频道没有《金色池塘》这部电影吗？ Showtime 频道，就是他们！那你们又知道哪个频道能播出这部电影吗？就是你们现在看的这个频道，朋友们！”

但 HBO 极少会提起他们预购的另一部恐怖片《盖棺了结》(*Dead and Buried*)。这部影片也在同一年发行，而影片名称很好地总结了该片的表现和 HBO 对该片的印象。

独家买断

此后，HBO 将预购逐步升级成为独家买断。根据买断协议，付费电视频道同意买下特定电影制片厂在一段时间里的所有电影。现在，付费电视频道极少会一部一部影片去购买。他们在购买电影时或者是采用独家买断的方式，或者是签署多年协议，同意在一定的时间段里从电影制片厂购买一定数量的电影。

独家播映权的问题就在于它大幅推高了电影的价格。假设你是某某电影制片厂，多年来，你一直将电影同时卖给甲付费电视公司和乙付费电视公司。甲付费电视公司找到你，表示他们希望获得电影的独家播映权。这样做到底值不值得？关键就在于甲付费电视公司向你支付大量的费用，足以弥补你停止向乙付费电视公司销售电影所带来的损失。事实上，你甚至可以大幅提价，赚取比同时向两家付费电视公司出售电影时还要高的收入。这就取决于甲付费电视公司对独家播映权的兴趣大小了。

HBO在20世纪80年代初签署了第一份重要的独家买断协议，乙方是哥伦比亚影业公司（Columbia Pictures）。独家播映权在当时还是一种新事物。现在回头来看，你会发现，如果参与各方的经验能更丰富一点，整个操作方式可能就会有所改变。现在，在就此类协议进行谈判时，付费电视频道必须支付“底价”，即每部影片的最低价格；同时也会就“顶价”进行谈判，即对最高价格加以限定。但在20世纪80年代，这些持续多年的长期合同并未对电影的顶价进行设定。

影片的购买价格与购买该影片的付费电视频道的规模是挂钩的，所以当时Showtime频道和HBO在购买同一部影片时，前者支付的价格要比后者低。此外，影片的购买价格与电影的票房表现也挂钩。根据这些协议，如果影片最终惨败，那么付费电视公司只需要支付较低的费用就行了。但影片的市场表现越好，付费电视公司要支付的价格也就越高。如果没有顶价，那么价格可以冲上天。在第一份重要的独家买断协议中，HBO忽视了顶价这个概念。

依照同哥伦比亚影业公司之间的买断协议，《捉鬼敢死队》（*Ghost Busters*，1984年）是HBO购买的影片之一。《捉鬼敢死队》在票房收入上获得了巨大的成功，美国国内的票房达到约2.39亿美元。据估算，因为没有设定顶价，HBO为这一部影片就要花上近4 000万美元，这个价格占用了HBO打算花在其他节目上的一些资金。

被《捉鬼敢死队》这部影片搞得头大之后，HBO表示独家播映权或许并不是一个好主意。这点也不难理解。HBO称独家播映权的成本太过高昂，而且这意味着花更多的钱去购买更少的影片。

但Showtime频道持不同观点。他们的战略本就是“第二个频道”。作为回击，他们与派拉蒙电影公司签署了为期5年的独家买断协议。在签署了该协议之后，Showtime频道就没有太多资金投入到其他节目上了。但该频道认为自己在付费电视市场上终于有了一把好牌，这也是有史以来的第一次。派拉蒙电影公司在当时风生水起，接二连三发行了多部有着“票房收割机”之称的电影，其中包括《母女情深》（*Terms of Endearment*，1983年，当年票房收入榜排名第二）、《闪电舞》（*Flashdance*，1983年，第三名）、《颠倒乾坤》（*Trading Places*，1983年，第四名）、《比佛利山超级警探》（*Beverly Hills Cop*，1984年，第一名）、《浑身是劲》（*Footloose*，1984年，第七名）和《壮志凌云》（*Top Gun*，1986年，第一名）。现在，只有Showtime频道才能播出这些电影。不管HBO会播出什么影片，其订阅用户要想收看到这些派拉蒙电影公司的顶级大片，就必须同时订购Showtime频道。

但这笔交易并没有像Showtime频道所希望的那样成功，因为这是在20世纪80年代中，有一样新东西进入了家庭娱乐领域，即卡式录像机（VCR）。录像机淘汰了独家播映权的概念。从影院上映到计次付费点播，再到现在的发行录像带，等到电影在付费电视台播出之时，许多对该影片感兴趣的观众很有可能早已经看过该部电影了。Showtime频道此前希望与派拉蒙电影公司的合作能够帮助自己扩大市场份额，提高品牌知名度，但最终未能如愿。

此外，独家播映的影片并不是永远都只能独家播映，这点也进一步削弱了独家播映权的价值。与HBO的独家播映协议一到期，哥伦比亚影业公司转身就将HBO此前根据协议所播出的影片悉数卖给了Showtime频道。同样的事情也发生在派拉蒙电影公司身上。该公司此前与Showtime频道签订了协议，但那些影片最终也出现在了HBO的屏幕上。诚然，当时距离那些影片最初上映的时间已经过去了好几年，但这些本应独家播出的影片被不断地再次出售，人人都可以收看到，这种情况让短期的独家播映权看上去稍纵即逝，毫无特别之处。

到20世纪80年代末，大家开始质疑院线电影的独家播映权是否能给付费电视频道带来巨大的竞争优势。但是，没有人愿意回到最初各大频道都是千篇一律的那段日子了。于是，花更多的钱购买更少的影片就变成了常态，HBO、

Cinemax 频道和 Showtime 频道瓜分了各大电影制片厂的影片。此后，Starz 和 Encore 也加入进来。Encore 频道自 1991 年开播，三年后 Starz 开播。相比之下，HBO 的规模更大，资金也更为雄厚，所以始终能锁定更多的大型电影制片厂，将 Showtime 频道抛在了身后。

不过，对于许多订阅用户来说，这还不够。

策略五：直接投资制作电影

自 1972 年开播以来，HBO 会在几个月内循环播出一些影片，中间穿插众多体育赛事。我在 20 世纪 80 年代初期加入该公司，当时尚未推行独家播映权。在那个时候，我们最得意的就是每个月会播出 15 ~ 20 部新发行的影片，有时候会更多。但在我 2009 年离开该公司时，优质电影节目表中全部是独家播映的影片。情况好的时候，我们可能有 10 部最新发行的影片。但情况不会始终那么好。

在独家播映权战如火如荼之前，24 小时的连续播出就已经意味着付费电视台不能单靠最新发行的院线电影来填充自己的节目表了。这一点对于 Cinemax 频道和电影频道这些主打电影的频道来说更是如此。相比 HBO 和 Showtime 频道这些主流频道而言，他们提供的影片数量和种类应该更多一些。

为了填充自己的节目表，每家付费电视频道都购买了大量老片子。有线电视已经颠覆了《韦氏词典》关于“经典”这个词语的定义。他们常常挂在嘴上的“经典”就是指所有老片子。这些老片子通常是打包购买的。电影制片厂会将一组影片打包。事实上，电影制片厂并不是利他主义者，他们觉得这是一个好机会，可以趁机卖掉那些人们被枪抵着都不会看的影片，他们通常会将一些优质影片和一些普通的影片，外加大量烂片打包在一起。或者是签署电影库协议，即电视台在特定的时间段里可以访问电影制片厂的老片电影库，选择特定数量的电影。这并非意味着电视台可以拿到该电影制片厂拍摄过的任何一部影片，他们只能选择那些目前尚未与其他电视台签署独家播映权的影片。

20 世纪 80 年代初，这种老片子更适合于 Cinemax 这类针对电影迷的频道，而不是 HBO。当 HBO 在每月的黄金时间段播出一些优质的黑白老片子时，订阅用户们就会大喊大叫。比如，HBO 首次尝试播出《欲望号街车》（*A Streetcar Named Desire*，1951 年）时就是这种情况。

订阅用户打电话投诉的要点就是："我们花钱不是要看这些老片子的，我在常规电视台上早就已经看过 100 遍了！"或者有的言辞更加激烈一些，但意思都是一样的。

但久而久之，订阅用户开始习惯了非黄金时间段里播放一定数量的老片子。不过公司仍然非常谨慎，尽量不在 HBO 播出太老的影片。

为了能增加所播放的节目数量，一些内部政策开始受到侵蚀。在家庭录像产业开始自行拍摄直接通过录像发行的电影（直接针对家庭录像市场拍摄的电影）时，HBO 最初坚决划清界限："不播出家庭录像电影！"后来这句话演变成了："好吧，或许可以播出几部家庭录像电影，但只播出那些优质的影片！"最后，这句话又发展成了："好吧，这部影片看上去不是太烂。"

久而久之，HBO 会尝试众多策略，最终导致预购就像是公司的"类固醇"，不仅仅要锁定独家播映的影片，同时还要保证稳定的知名影片流，而且最好同时保证其成本效益。相比于 Showtime 频道而言，HBO 在这方面的资金要更加充裕，因此其采取的策略之一就是通过所谓的"有限责任合伙公司"的方式拿钱直接投资院线电影制作公司。

"有限责任合伙公司"并不是新鲜事物，这是企业吸引新资本的一种老方法。

HBO 率先在电影融资领域引入了这个概念，并且提供了大量的资金来拍摄电影。很快，“有限责任合伙公司”在电影行业风靡一时。

但事实证明，“有限责任合伙公司”只是一股风潮，并没有给电影融资带来革命。尽管“有限责任合伙公司”可以让电影得到拍摄，可是无法保证这些电影能取得成功，或者甚至不能保证电影的质量。HBO 在“有限责任合伙公司”上的第一次尝试是 1983 年成立的银幕合伙公司（Silver Screen Partners）。公司的投资人都得到了盈利保证，但到最终结算投资款时，投资人发现将钱存在银行里的收益更高。在三年的时间里，银幕合伙公司一共发行了 7 部电影，可是这些电影不管是在市场上还是影评人圈里都没能激起什么涟漪。这些影片中最好的一部当属汤姆·汉克斯（Tom Hanks）出演的《志愿者》（*Volunteers*，1985 年）。如果你看过《志愿者》这部电影，就知道那些影片究竟有多么差劲了。到 20 世纪 90 年代，“有限责任合伙公司”这种投资方式的吸引力已经基本上消失殆尽。

1982 年，HBO 尝试了另一种方法，与哥伦比亚影业公司和 CBS 合作，成立了一家新的大型电影制片公司——三星影业公司（Tri-Star Pictures）。这番举动可谓雄心勃勃，被吹捧为自 50 年前的好莱坞黄金时代以来成立的首家大型影业公司。三方的计划是由哥伦比亚影业公司来负责院线发行，HBO 将获得付费电视频道的独家播映权，而 CBS 将获得无线电视网的播映权。

但到 20 世纪 80 年代中期，家庭录像扼杀了电影对无线电视网的价值，于是 CBS 在 1985 年退出合作。HBO 则在次年跟着退出了。

不过对 HBO 来说，进军电影制作领域是永远无法抗拒的诱惑。1993 年，该公司投资成立了一家新电影制作公司萨沃伊影业公司。在票房上遭遇一系列失败后，萨沃伊影业公司在 1997 年倒闭。2005 年，公司的 HBO 电影部门（HBO Films，主要负责给 HBO 频道制作正片长度的原创电影）和新线影业公司（New

Line Cinema，同样隶属于HBO的母公司时代华纳公司）联合成立了影院公司（Picturehouse），希望能够制作出独立院线电影。影院公司尽管也发行了几部著名的影片，如2006年的《潘神的迷宫》（*Pan's Labyrinth*），但其整体业绩却令人失望，于是时代华纳公司在2008年解散了该公司。虽然这家公司被时代华纳所抛弃，但公司的首席执行官鲍伯·伯尔尼（Bob Berney）后来重振了这家公司。

策略六：制作原创节目

到20世纪80年代，家庭录像的爆炸式发展导致所有付费电视频道的订阅量开始停止增长。HBO、Showtime频道和其他所有付费电视频道都清楚，不能仅靠电影生存。

有一条策略似乎解决了所有的问题：它让HBO每月播出的节目数量增加，让该品牌树立了与众不同的独特风格，也让HBO得以提高节目的多样性。在当时，主要院线电影所针对的观众群似乎越来越狭窄。

可能最为重要的一点在于，它让HBO对院线电影的依赖性有所降低。

我们所说的策略就是原创节目。尽管自开播以来，原创节目一直是HBO提供的内容之一，但不管是对公司本身还是其订阅用户而言，这些原创节目似乎只是附属物，是额外的东西，只是用来填补节目表上的空档。不过现在，公司认为它们的战略意义远不止如此。

原创节目的策略就是制作优质的节目，而这需要投入相当多的时间。

INSIDE
THE
RISE OF
HBO

06

确立付费模式，成为产业链的关键节点

任何事情都有正反两面，任何事情都会带来意想不到的结果。我所见过的科技中，最具腐蚀性的当属电视，但话说回来，优质的电视也是相当精彩的。

——史蒂夫·乔布斯

HBO时刻

HBO 对美国影视产业产生了什么样的影响

1. 引发美国电视产业格局的变化：在 HBO 诞生 40 年后，无线电视网的数量达到了 5 家，据美国有线电信协会的数据显示，有线电视公司的数量也有了 800 家。
2. 创造电影发行的二级市场，为好莱坞提供了一个稳定的资金源。
3. 促使美国影视内容多元化：无线电视台内容“成人化”，电影内容更加“青少年化”。
4. 用实际行动证明原创节目的真正方向是原创自制剧，从而带来了美剧的繁荣。

HBO 的成功并没有立马造成影响，但最终的影响堪比地震，让整个美国传媒领域都感受到了震撼。

引领美国电视产业的重新布局

最明显也最容易预见到的自然就是对电视界的影响。尽管到 20 世纪 80 年代，全美只有约 20% 的家庭订购了 HBO，但该频道的崛起给电视市场带来了一定的余震。1980 年，紧跟 HBO 之后进入有线电视领域的频道数有 28 个，到 1989 年时达到了 79 个。20 世纪 80 年代末，收看有线电视的观众数略多于无线电视的观众数。诚然，分散到每家有线电视频道的观众数依然较少，但重点不在于每个电视台所争取到的观众数，而在于无线电视网的观众流失量。

无线电视网流失的还不仅仅只是观众。随着有线电视台的覆盖范围越来越广，它们对广告商的吸引力也逐渐加大，尤其是那些无力承受三大无线电视网的广告时间价格的小公司。有线电视频道可能在覆盖的范围上无法与无线电视网相媲美，但它们仍然进入了相当多的美国家庭，而且广告价格更优惠。虽然它们的观众群相对较小，但更有针对性。MTV、Lifetime 频道、BET 频道和 Bravo 频道等小众电视台可能吸引到的观众数要少于那些大型无线电视台的观众数，不过它们每天都全天候地面向特定的人群播出。如果你是一个广告商，目标人群就是时髦的年轻人，他们追求的是最新、最热门的流行文化潮流，那么你可以在 MTV 频道上购买一周 12 次的广告插播机会，而花同样多的钱，去购买无线电视网针对同样的观众群的黄金档节目广告时间，只能买到一次广告插播机会。

“插播广告”市场也在经历着变化。无线电视网的附属电视台有一定的广告时间可面向本地广告商出售，这算是“地方收入”。即使在小型无线电视台市场，地方收入达到数千美元也是轻而易举的事情。有线电视系统也同样有创造地方收入的广告时间出售，但它们的运营规模比无线电视网附属电视台要小得多，不会超过它们被特许经营的城市。所以它们的插播广告的销售和制作费用相对低廉许多。只要花上数百美元，广告商就可以获得一段制作好的广告，以及众多目标频道的一系列广告单元，而这些频道就在它们经营的小区内播出。这样一来，小型地方企业也能打得起广告，例如汽车修理店、汽车经销店、餐厅和家具店等。

1990 年，有线电视基本频道的广告收入总额略低于 20 亿美元。到 2012 年，这个数字攀升到 290 亿美元，几乎与五大无线电视网的广告收入持平。

大多数有线电视公司的员工只有寥寥几百人，而大型无线电视网的员工有几千人。有线电视网没有与无线电视网正面交锋，而是通过有针对性的节目从无线电视网的观众群中争取适合的受众人群。但传媒领域的部分大公司并没有忽视这点。1986 年，20 世纪福克斯电影制片公司旗下的福克斯娱乐集团（Fox Entertainment Group）推出了福克斯电视网。这也是自杜蒙特电视网 30 年前倒闭以来成立的首家大型无线电视网。

福克斯电视网最初只有不到 200 名员工，而且节目也只有一档午夜脱口秀《深夜秀》（*The Late Show*），由琼·里弗斯（Joan Rivers）主持。此后，其黄金时段的节目慢慢增多，如情景喜剧《马丁》（*Martin*）、《单身生活》（*Living Single*），小品喜剧《生动的颜色》（*In Living Color*），以及针对年轻观众的《飞越比佛利》（*Beverly Hills, 90210*）、《飞越情海》（*Melrose Place*）、《龙虎少年队》（*21 Jump Street*）等，这些剧集主要面向的是大型无线电视网所忽视的一些小众观众群。在该电视网成立后的最初几年里，所谓的小众观众群主要是指黑人观众。如今，从《辛普森一家》这部长期播放的热门动画片到蜘蛛侠的前传《哥谭》（*Gotham*），该电视网拥有更加多样的节目内容，可以同三大历史更为悠久的竞争对手并驾齐驱，同时也可以转向更年轻、对广告商来说更有吸引力的人群。

福克斯电视网成功效仿了有线电视公司的模式。而为了效仿福克斯电视网，华纳兄弟公司和派拉蒙电影公司也在1995年分别推出了新电视网——华纳兄弟电视网（The WB）和联合派拉蒙电视网（UPN）。两家电视网都举步维艰，最终在2006年合并成了一个频道CW。CW电视台是否能长期坚持下来，这点不得而知，但同福克斯电视网早期时一样，他们通过偏重于年轻人的电视剧，例如《绿箭侠》（*Arrow*）、《闪电侠》（*The Flash*）和《吸血鬼日记》（*The Vampire Diaries*），反制了大型电视网。①

要说所有这些变化都应该直接归功于HBO，这未免有些勉强。但不可否认，在1972年HBO开播之前，电视界在25年里并没有发生过什么实质性的变化。在HBO开播之时，大多数节目都是来自三大无线电视网，而它们自最初就一直垄断着这个行业。在HBO成立40年后，无线电视网的数量达到了5家，据美国有线电信协会（National Cable & Telecommunications Association）的数据显示，有线电视公司的数量也有了800家。

创造二级市场这一电影业稳定的资金来源

对传媒娱乐业而言，可能更重要的影响在于HBO改变了好莱坞的资金流，

① NBC、ABC、NBS与福克斯、CW并称为美国五大无线电视网。——编者注

只是这一点公众相对而言看不到。在 20 世纪 90 年代早期，HBO 每年通过电影许可协议、预购，以及直接参与院线电影制作等方式向好莱坞注入数亿资金，成了美国电影行业最大的资金来源之一。与此同时，家庭录像行业正如火中天。在电影历史上，二级市场对影片收入的贡献首次超过票房收入。

在电视诞生前，电影的生死靠的是院线发行，那时根本没有什么二级市场。老电影被堆放在仓库里无人搭理，而且时不时会被清理出去。商业电视给电影创造了第二条收入流。但尽管向电视台销售新老电影对电影制片公司而言利润丰厚，可它依然是一项二级业务。电视销售收入或许可以弥补票房收入的惨败，让表现一般的影片能做到总体不亏钱，或者是让票房赢家创造更出色的成绩，但电影业的血脉依然是票房收入。在电视网播出之后再许可地方台进行长期播出，这种方式会导致电影在其生命周期内的价值出现明显下跌。那些许可的时限高达 20 年的地方台联播，会让电影最终走向死亡。

但付费电视、后来的基本有线电视，以及此后的家庭录像改变了这一切。等电影在电影院的热度慢慢降下来以后（一般是上映之后 4 ~ 6 个月的时间），马上就会转战计次付费点播，然后一个月后家庭录像出现，再等 4 ~ 6 个月后就会登陆付费电视频道。在付费电视频道播出一年后，该部电影又会被卖给有线电视的基本频道。此后再过 1 ~ 3 年，它又会回到付费电视频道，成为经典影片中的一员。此后该部电影就会在基本频道、地方台和付费电视之间周转，永无止境。而每次周转都会给电影制片厂创造收入。海外市场也是类似的情况。到 20 世纪 90 年代，院线电影在二级市场的收入普遍要超过其票房收入，热门影片尤甚，由此电影业拥有了稳定的资金源，也创造了前所未有的收入水平。20 世纪 30 年代和 40 年代曾经是好莱坞老电影制片厂的巅峰时期，但自那之后它们再也没有拥有过这种稳定的资金源。

推进影视内容的多元化

无线电视台内容“成人化”

不过，更为微妙的影响莫过于有线电视，尤其是HBO这类付费电视频道，促使无线电视台在内容上走出了自己的安全区。此前，无线电视台在内容上主要是迎合大众口味。电视观众，尤其是那些颇有怨言的观众常常会忘记，有线电视的节目并不需要遵守联邦通信委员会针对无线电视台的内容所设定的严格界限，因为后者使用的是公共无线电波。有线电视网的内容限制都是由自己来设定。什么可以播，什么不可以播，这些都是有线电视网的战略决策，仅此而已。由此，也能解释为什么TVLand频道的电视剧《燃情克利夫兰》（*Hot in Cleveland*）里虽然有一点荤段子，但本质不坏，也不尖锐。而在喜剧中心频道（Comedy Central）的动画片《南方公园》（*South Park*）里，会有人体肢解时血液喷射的画面、满嘴脏话的小孩、一些胡说八道的人，以及外星人的性交行为等。

但这只是有线电视基本频道上的内容。有人或许会说，HBO此前的先例（在客厅里收看一刀未剪的影片）为有线电视节目铺平了道路，导致它们和无线电视台相比没有底线。无线电视台为了竞争，自然也是为了发展，放松了自身节目在语言、性以及暴力上的要求，广大观众面对这些内容也慢慢地变得更加淡然。想想看，《纽约重案组》（*N. Y. P. D. Blue*）中的光屁股，《实习医生格蕾》（*Grey's Anatomy*）中一位拆弹专家被炸成碎片，《X档案》（*The X-Files*）和《危机边缘》（*Fringe*）中的怪物，《豪斯医生》（*House*）和多季《犯罪现场调查》（*CSI*）中令人作呕的情节，以及从《宋飞正传》（*Seinfeld*）、《熟女镇》（*Friends to Cougar Town*）、《杰茜驾到》（*New Girl*）到《明迪烦事多》（*The Mindy Project*）等情景喜剧中的众多滚床单情节。在撰写本书时，秋季电视新剧中收视排名第一的是《逍遥法外》(*How to Get Away with Murder*),而该剧第一集中有一段不那么含蓄的同性之间的情感交流情节。

电影内容更加"青少年化"

如果说有线电视促使无线电视台变得更加"成人化"(这个词语的使用经过深思熟虑,因为缺乏一种更加合适的说法),那么它也同样让电影行业变得更加青少年化。美国电影行业在过去40年里发生了什么变化?为什么会发生这些变化?这是一个相当复杂的话题,在此我们不再赘言。但我们可以这样说,从《大白鲨》(*Jaws*,1975年)和《星球大战》开始,大型电影公司就发现,只要让电影与漫画书多多少少联系在一起,就能吸引到年轻的观众进入电影院,从而赢得前所未有的惊人收入。这些大片里充斥着特效和大量的动作画面,不仅在美国和全球市场上成为(而且保持)票房冠军,而且院线的成功通常可以帮助他们在二级市场成为同样的收视率冠军。不过,大家一心想要在特效上超赶前者,所以成本也就攀升,拍摄一部电影的成本通常超过1亿美元,而像2012年的《复仇者联盟》这种大片的成本则轻而易举就超过2亿美元。依照电影业的经验,电影的总收入必须达到成本的2 ~ 3倍才能保证收支平衡,因此即使是这些豪华巨片中的热门大片也几乎难以靠票房收入来实现盈利。让他们轻松赚大钱的是二级市场,即付费电视台、有线电视、地方台联播、家庭录像、周边商品和海外市场。HBO和其他二级市场支付的许可费让这些大手笔花钱的电影能够有足够的资金完成拍摄并实现盈利,而且鉴于其他类型的电影都无法创造这般丰厚的收入,它们也就成了必然的选择。它们正是老一代的HBO订阅用户们颇有微词的那类电影:"正是因为这些电影,我就再也不去电影院了!"但它们依然是HBO人气最高的节目,这还真是矛盾。

有线电视的成功也同样让特定类型的电视节目失去了吸引力,尽管它们过去数十年里一直是无线电视台的主打节目。院线电影基本上再未登上过无线电视台的屏幕，除了节假日特别节目，例如复活节附近播出的老片《十诫》（*The Ten Commandments*，1956 年）和圣诞季期间播出的《生活多美好》（*It's a Wonderful Life*，1946 年）。而将音乐和喜剧等元素综合在一起的综艺节目也已经被专门的频道所替代，这些频道每天全天候地播出其中一类内容。ABC 家庭频道（ABC Family）、动画频道（The Cartoon Network）和尼克罗迪恩儿童电视频道等有线电视频道已经垄断孩子们的节目，而从动物星球频道（Animal Planet）到历史频道（The History Channel）等大量频道则在播出各种各样的纪录片。

证明原创节目的方向是原创自制剧

20 世纪 80 年代，当 HBO 艰难地制作自己第一部原创剧本电视剧时，有线电视的基本频道也在苦苦挣扎。进入 20 世纪 90 年代时，TBS、TNT 和美国电视网等大多数著名的有线电视娱乐频道都是严重依赖于已经播出了很长一段时间的老电影和老电视剧。原创节目是一个机会，可以帮助电视台树立自己的品牌，彰显自身的与众不同，让它吹嘘自己有新的东西可以提供。HBO 早期在这方面的努力并没有让人记住什么，有线电视基本频道的努力结果也是如此，而且原因也是一样。在当时，对于主要的制作和表演人才而言，有线电视基本频道的吸引力甚至不如付费电视台，为此也导致他们的原创节目不尽如人意，例如 AMC 的《摄影棚》（*The Lot*，1999—2001 年），这是一部以 20 世纪 30 年代的电影业为背景的毫无名气的电视剧。还有美国电视网的《看过来》（*Check It Out*，1985—1988 年），这部情景喜剧将场景选择在超市，已经彻底被人遗忘。而《希区柯克剧场》（*The New Alfred Hitchcock Presents*，1987—1989 年）则完全是将 NBC 在播出一季之后就取消的电视剧重新捡起来。

同付费电视一样，有线电视基本频道也在尝试原创电影，但它们在这个领域的运气要好得多，有些原创电影给人留下了深刻的印象，例如美国电视网频道的《华府惊魂 23 天》(*D. C. Sniper: 23 Days of Fear*，2003 年)，TNT 的史诗巨作《安德森维尔》(*Andersonville*，1996 年)，以及《小城风波》(*Cold Sassy Tree*，1989 年)。其中，《安德森维尔》共分为两部，将目光对准了臭名昭著的美国内战战俘营。而《小城风波》讲述的是老年人之间的浪漫爱情，在当时是有线电视台播出过的收视率最高的原创电影之一。

到 20 世纪 90 年代末，HBO 已经充分证明有线电视节目的未来发展方向就是电视剧。电视剧可以让观众们定期收看该电视台，强化电视台的品牌，彰显其与其他有线电视台的不同。原创自制剧也能让有线电视台有东西可以拿到地方电视台市场去兜售。现在，我们会看到某个有线电视台的热门电视剧后来又登上竞争对手的屏幕，这一点让人疑惑不解。

刚刚迈入 21 世纪时，大多数大型有线电视娱乐频道都在力推原创自制剧，有时甚至不惜牺牲他们自己的创台理念。例如，AMC 在 1984 年开播时的定位是无广告的经典电影频道，而在 1998 年变成了立足于广告的电视台。在进入 21 世纪后，该电视台开始大举进军原创剧本制作领域，同时将电影选择限制在该频道在其宣传片中所称的“新经典影片”，即自 20 世纪 60 年代起拍摄的、大家熟知的一些电影，而不是年代更加久远的一些经典影片。

TVLand 频道则是另一个例子。尼克罗迪恩儿童电视频道通过栏目《尼克的晚间生活》(*Nick at Nite*) 在黄金时间段播出经典电视剧，怀旧气氛浓厚。这个栏目非常受欢迎，为此母公司维亚康姆公司在 1995 年利用这一概念推出了一个全新的频道 TVLand 频道。TVLand 频道放弃了老电视台所吸引的人群，而是面向更为年轻的观众群，为此他们力推原创有剧本电视剧，例如在 2010 年首播的《燃情克利夫兰》。这是该台当时第一部，也是最为成功的原创作品。此外，他们也循环播出一些近期的电视剧，例如《老友记》(*Friends*)、《后中之王》

（*King of Queens*）和《人人都爱雷蒙德》（*Everybody Loves Raymond*）。

每个有线电视基本频道都必须要有自己独特的品牌，具有一定的辨识度，并且能尽可能地吸引18至49岁的观众群，这是广告商最喜欢的人群。而这些要求也带来了一种荒谬的现象：有线电视台越来越多，但它们的节目范围实际上越来越窄。

在有线电视娱乐频道的节目表中，现在唱主力的仍然是循环播出的电影和无线电视台制作的电视节目。但他们也通过少数节目和明星来吸引观众，他们知道，这些节目和明星可以立即得到主要观众群的认可。《迪克·范·戴克秀》这类经典电视节目无法吸引到18到49岁的观众群，但《宋飞正传》和《人人都爱雷蒙德》这类节目可以做到。克林特·伊斯特伍德和约翰·韦恩（John Wayne）这些老片中的偶像人物仍然出现在电影频道马拉松式的影片播出中，而其他昨日之星则慢慢地不为人知，甚至像亨弗莱·鲍嘉（Humphrey Bogart）、克拉克·盖博（Clark Gable）、贝蒂·戴维斯（Bette Davis）和詹姆斯·卡格尼（James Cagney）这些标志性人物也都是如此。2011年，乔希·塞班在接受采访时谈到了AMC甩掉类似于特纳经典电影频道（TCM）的经典影片频道定位时说："观众们现在越来越年轻，这种情况没有什么例外可言。电视和互联网上多种多样的选择已经让一些优秀的电影成为默默无闻的牺牲品。"

许多文化研究都表明，观众中千禧一代正慢慢崛起，但他们与此前的流行文化有很大的脱节。而且人们越来越觉得（至少我越来越觉得）媒体领域在这个方面非常困惑。在2011年的一次采访中，《神探阿蒙》的制片人大卫·布莱克曼告诉我，在20世纪90年代中期，他首次担任电视编剧，当时他参与的节目是《周六夜现场》。他还记得70年代时，十来岁的他曾经收看过早期的《周六夜现场》，当时这个节目会参考借鉴几十年里的流行文化。等到他参与该节目时，节目要求编剧们不得参考借鉴任何三年前的东西，因为节目提醒他们："大量观众会无法理解。"

具有讽刺意味的是，随着老牌有线电视台慢慢偏离他们最初的理念，转而去追逐年轻观众和随之而来的广告收入，大门对大量窄播频道敞开了。这些窄播频道旨在吸引那些老电视台可能正在流失的观众，这些观众对那些老电视台已经不再抱有幻想。This TV、Movies 和 Antenna TV 等频道综合播出老的电影和电视节目，看上去就像是 10 多年以前的 AMC 和 TVLand 频道，让人有种似曾相识的感觉。

不管节目范围是越来越宽还是越来越窄，与 HBO 诞生前相比，后 HBO 时代有更多的电视台可供观众选择。这点是好是坏取决于大家各自的看法。

有一点是毋庸置疑的：按照旧的无线电视网的模式，大家是免费收看节目，但节目数量很少；而现在，有大量的节目可供观看，你也要为这些节目付出较多的钱。

INSIDE
THE
RISE OF
HBO

07

遭遇市场洗牌，家庭录像产业来势汹汹

我过去常常对员工们说：“大家都在努力工作，但也要暂时停下来反省一下，因为许多人在职业生涯里从未有过我们现在所拥有的机会。”

——托尼·考克斯（Tony Cox）

HBO时刻

1984年，HBO为什么会面临发展停滞

1. 企业从创业期走向成熟期，企业文化发生转变。
2. 前期发展太快，市场饱和。
3. 家庭录像产业迅速崛起，对以播放院线电影为主的付费电视产生了巨大的冲击。
4. 节目内容不够丰富，无法满足订阅者的需求。

这是 20 世纪 80 年代初期的纽约。如果你非常年轻，而且到这座城市时间不长，想要找第一份或第二份工作，那就很难找到比 HBO 更令人兴奋和更有趣的地方了。对于公司来说，这是一段伟大的时光。在那段时间里它不会让你觉得自己是在一个未知的领域里进行探险，而是能体验接踵而至的成功。如同我的一位同事在回忆往事时所说的，整个看起来就像是一场大派对。在 HBO 成立 20 周年纪念手册中，托尼·考克斯称，HBO 在 1976 年至 1984 年间“对我们任何人来说都是一段独一无二的职场体验……我们之间有种独特的感情。我们是一群开心的勇士，聚集在一个疯狂的环境里”。托尼·考克斯曾经担任 HBO 电视网集团（HBO Network）的总裁，后来跳槽到 Showtime 频道担任主席兼首席执行官。

当我在 1982 年加入 HBO 时，这家公司已经连续红火了 7 年，而且这种红火似乎会永远持续下去……

从创业期走向成熟期

莱斯·里德（Les Read）是 HBO 一位经验丰富的销售人员。他曾经告诉我，在 HBO 上星后的最初几年里，它还依然算是个新奇事物，所以每进入一个新市场都会成为当地的新闻事件。HBO 和有线电视公司会举行气氛友好的小型发布会，某位市政府的官员代表，有时甚至是市长会出席发布会，地方媒体也会到场，然后就开始了。如果只是让工程师坐在控制板后面打开开关，这实在让人感觉索然无味。为此，HBO 的销售人员会拿着一个开关盒上台，这个盒子的一侧有一个大手柄，就像是老虎机。当激动人心的时刻到来时，市长或其他人就会摇动手柄。

提醒一下大家，这个盒子实际上没有连接任何东西。那个时候，那位无聊的工程师正坐在枯燥乏味的控制板后面，根据人们的提醒来进行自己枯燥乏味的按按钮工作。而这一切只是为了能拍摄出让人印象深刻的图片，可以刊发在地方报纸上。

“我们是在同 HBO 一起成长”

到 20 世纪 80 年代初，HBO 已经日渐成为大家习以为常的东西，成为传媒领域根深蒂固的主导力量。自该公司上星之后的 7 年里，其订阅量已经从 30 万增长到 1 000 万，附属有线电视系统也从 101 家增长到 4 000 余家，遍布美国 50 个州、波多黎各和维尔京群岛，而且这种增长速度并无减缓的趋势。HBO 并没有电影的海外播映权，但鉴于波多黎各和维尔京群岛，以及后来的关岛都是美国的领土，HBO 可以将它们纳入自己的广播范围。不久之后，公司推出的 Cinemax 频道也取得了成功，更是锦上添花。为了跟上公司在美国不断扩大的知名度和影响力，HBO 设立了一系列地方办事处，为全美各地的附属电视台提供销售和市场营销支持。同时，洛杉矶办事处仍然充当着 HBO 与好莱坞电影业之间的联系纽带。

公司发展如此之迅速，规模如此之大，以至于没有地方安置所有的员工。

INSIDE THE RISE OF
HBO 小剧场

1972 年，公司还只有几间办公室，与唐罗比服装公司（Don Robbie）在时代生活大厦（Time & Life Building）共同使用一层楼。那是一栋玻璃幕墙的高楼，就位于无线电城音乐厅（Radio City Music Hall）的街对面。到我加入公司的时候，HBO 的办公室和数百名员工分散在该栋大楼的各个地方，哪里能找到空间就在哪里办公。HBO 曾经的节目排期主管戴夫·鲍德温（Dave Baldwin）也在 20 周年纪念手册上回忆说："人们将办公室设在了杂物间里，大厅的地面上布满电话线。我的第一间办公室就设在储藏室里，调研部门也在那里面办公。"

我当时工作的部门叫作订阅用户信息服务部，从本质上来说，也就是投诉部门。当时电子邮件尚未诞生，所以派发我们的月报时都是手工派发。我要搭乘电梯去到最底层，然后又再搭乘另一部电梯去往上面的楼层，就这样来来回回地走。我所在的部门很少见到我们的部门主任，因为他和业务部的其他人都在另一层楼办公。

与此同时，这种环境也让我们打破了部门界限，彼此之间关系融洽。因为办公室是共享的，公共空间也是共享的。此外，这是一家年轻的公司，员工也是年轻人，所以有着一股朝气。从公司诞生一直到 20 世纪 90 年代，HBO 的员工平均年龄只有 30 岁出头，而且多数资历较浅的员工都还只有 20 多岁，HBO 是他们工作的第一家公司。公司和员工都非常年轻，因此不管资历深浅，彼此之间没有什么太大的差距，而且公司也不存在什么脾气暴躁的公司元老级人物。所以不管你是下属还是上司，大家都有一种感觉：我们是和 HBO 一起成长的。

在 HBO 成立 20 周年纪念手册里，曾经担任 HBO 董事长兼首席执行官的弗兰克·比昂迪（Frank Biondi）回忆起自己在 20 世纪 70 年代末刚加入公司时的情形。他说："穿过大厅时，我感觉大家都神采奕奕，热情洋溢。他们来自全美最出色的商学院和法学院，大家年龄相当……这里让人感觉有着无限的机会……"

而且最重要的事实就在于公司正财源滚滚。从1978—1980年，HBO的年利润增长率达到了80%。薪水相当可观，福利非常好，而且公司对开支账目管理松散。每周星期五，我所在部门的领导常常会从公司电影库中选择一部影片，然后在办公室里请我们吃比萨，边吃边看电影。每个月遇到有人过生日、升职、辞职，以及一些纪念日，甚至是家里添丁，部门都会请我们下馆子，美其名曰"员工会议"。

布丽奇特·波特（Bridget Potter）在20世纪80年代和90年代曾经担任HBO的原创节目负责人。她形容当时的公司环境就是"工作、工作、再工作；派对、派对、再派对"。夏天时，整个业务部都会到乡村俱乐部去进行短途旅游，而且公司会租下星尘舞厅（Stardust Ballroom）或无线电城音乐厅的大厅这类地方来举办圣诞节派对。

"我们此前是在追求事业，现在变成了做生意"

1984年，公司将分散四处的队伍集中起来，向市中心出发，搬进了自己的家。新办公楼位于42街和美洲大道拐角处，可以俯瞰布莱恩特公园（Bryant Park）。随着公司不断发展，我们后来又搬到了隔壁的格雷斯大厦（Grace Building），在那里又占据了几层楼。因为那栋楼都是玻璃幕墙，所以我们称它是"方形闪光灯"。习惯于使用数码相机的年轻人可能并不知道这样东西。

HBO始终认为自己是时代公司中的异类。时代公司旗下也有其他非平面媒体的公司，例如时代生活影片公司（Time-Life Films），但这些公司规模并不大。我们也曾听到有传言称，时代公司的平面媒体业务对HBO这家耀眼的新兴公司心怀妒忌。时代公司的主业是新闻业，即对公众进行政治、经济、体育和娱乐等方方面面的启迪和教育。而 HBO 则更像是好莱坞。

HBO 的办公地点和时代公司相隔 12 个街区，因此形成了一种独立的氛围，而 HBO 也始终努力保持这种氛围，就算是时代公司变成时代华纳公司之后也是如此。时代公司旗下的平面媒体品牌，例如《时代周刊》、《体育画报》（*Sports Illustrated*）和《金钱》（*Money*）等杂志都坚持低调的新闻文化。HBO 则别具一格，年轻招摇，生机勃勃，而且花钱大手大脚，当然也有相应的赚钱能力。

但是，在搬入市中心的过程中，我们也遗失了一些东西。这是公司在发展成熟的一个标志。在 20 周年纪念手册中，时任 HBO 子公司副总裁的比尔·罗迪（Bill Roedy）也发出了类似的感叹："搬入 HBO 大楼对我们而言意味着相当重要的文化改变……我们有了新的办公大楼，但彼此之间的亲密无间也不复从前。"

大楼看上去宏伟壮观，甚至都登上了多家建筑设计杂志。但大楼也让 HBO 增添了几分企业的严肃认真，甚至是自命不凡。现在，办公室变成了一个重要的问题。"你的办公室不能是这种，因为那是副总裁级别的，有 4 扇窗户，经理只能使用 3 扇窗户的办公室。但如果我在你的办公室里再安排两位级别较低的员工，让他们和你共用办公室，那就没有问题。"共用的公共空间和美好的集体感也同样消失。我们此前是在追求事业，现在变成了做生意，而这种变化让办公室不再那么有趣了。

毫无疑问，公司各业务部之间始终都会有竞争、政治斗争和地盘之争。哪家员工数超过两人的组织内没有竞争、政治斗争和地盘之争呢？但随着公司各部门在新大楼里厘清和标记了自己的地理区域，似乎也相应地创立了自身独有的文化。

你可以通过大家非正式的制服来区分各部门的人。来自法律和商务部门的人都循规蹈矩，戴着保守的领带，穿着熨烫得笔挺的白色衬衣；体育部门的人着装比较花哨，看上去有种拉里·金（Larry King）的范儿，吊带裤、保守的红蓝领带，而且不穿外套；原创节目部门则穿着好莱坞风格的一身黑；艺术部门负责设计公司的市场营销和宣传材料，他们的员工看上去则像是一群纽约大学的美术学生。

至于洛杉矶的办公室，则是另一个世界。我还记得一位上司到洛杉矶出差回来后，员工们聚集在一起，等他简要介绍自己的这次西行经历。大家问的第一个问题是："那里什么样？"

他苦笑着说："他们认为看《纽约时报》的人都是该死的知识分子。"

尽管如此，时代还是很好，市场兴旺，业务红火，财源滚滚。

可是此后，情况发生了变化。

市场饱和，订阅量增长缓慢

"大萧条"通常被称为是"撞墙效应"，而且已经变成了半官方的说法。而"撞墙效应"可能只是一次经济不景气。

当时是1984年，我们还在慢慢习惯位于42街的新办公楼。与哥伦比亚影业公司签署的独家播映权协议让公司的资金处于一种令人绝望的状态。但这种状况我们可以坚持住，等待协议到期。此后我们将会吸取教训，在这些独家播映权协议中增加一些自我保护的内容。

只可惜公司发展陷入停滞，而且似乎是一夜之间发生的事情。

公司的发展自 1975 年上星起就一直顺风顺水。从 1975—1984 年，公司一直保持着爆炸式的发展势头，所以公司员工鲜有人经历过经济低迷，更不要说如此严峻和如此突如其来的经济衰退了。这个坏消息给公司上下带来了巨大的冲击和创伤，让我们感觉世界末日到来了。

20 世纪 90 年代，HBO 的首席执行官迈克尔·富克斯在回顾那段岁月时说：“HBO 这家公司面对逆境的反应充分体现了公司的核心精神。我们没有发疯，而是变得更加聪明了。”

或许这是高管层当时的情况。

但对于基层员工而言，就正如我所说的，世界末日到来了。

随之而来的是公司历史上的第一次裁员：125 人被裁，或者说大约是公司当时 8% ~ 10% 的员工。公司处理裁员问题时相当的大方和得体，前所未有。但公司的员工绝大多数此前从未经历过经济糟糕的时期，所以他们觉得伤心，感到惊慌。当时，没人能保证情况会好转，所以大家的担心是可以理解的，而这种害怕变得越来越严重。

现在回想起来，至少部分问题是可以预测的。这是一个数学和有限空间的问题。

HBO 在收费娱乐频道中的月流失率是最低的。所谓的“流失率”是指减少的订阅量，公司需要寻找新的订阅用户来取代他们。在 20 世纪 80 年代，HBO 每月的用户流失率为 2%，听起来并不高。但将这个数乘以 12 个月，这就意味着 HBO 每年有近 1/4 的订阅用户流失。在这些流失的订阅用户中，约有半数是因为位置变动，也就是人们搬家了，而且我们通常可以将其中多数人都争取回来。但那仍然意味着 HBO 每年需要替换掉近 1/4 的订阅用户，这样才能做到收支平衡。

在1975年上星之后，要替换掉如此庞大的订阅量并不是什么大挑战。新的有线电视专营权一直在开放，HBO通常可以争取到新有线电视订阅用户中1/2或1/3的人来订购HBO。

所谓预测到有限空间是指有线电视达到其饱和点只是时间问题。当有线电视公司在所有值得搭设电缆的地方都已经铺设了电缆之后，也就是其达到了饱和点之时。有线电视在20世纪70年代末期的发展速度太过迅猛，新空间被快速地吞噬，所以1984年出现的低迷现象非常突然，也非常严重：我们撞上墙了。从统计学角度来说，HBO曾经一直是付费电视增长的领军者，但自1976年开始，HBO每年吸引的新订阅量不及100万。1985年，HBO的新订阅量仅仅只有10万，这是自1974年以来年增长率的谷底。

让HBO头疼的还不只是市场饱和这一个问题。公司腹背受敌，而新订阅量的增长减缓只是其一。

另一个问题是什么呢？付费电视不再是家庭电影娱乐领域的唯一选择，这是我们之前从未遇到过的。

电影领域面临新的竞争者

第一代家用录像机在20世纪70年代上市，但它们并没有能撼动娱乐业。那时的家用录像机大小相当于一个中等尺寸的行李箱，相当笨重。当时，尚没有预先刻录好的内容供它们来播放，录像机的价格也高得骇人，从1 400美元到5 000多美元不等。想想看，那是20世纪70年代的钱。不要去折算成现在的钱，那会让你害怕的。

相比于录像机而言，手机和个人电脑这些算是比较当代的技术了。我们习惯于看到它们的发展变化，而录像机也曾经历过同样的发展过程。它们的体积逐渐变小，造型更加优美，更重要的一点是它们的成本也在逐渐降低。20 世纪 90 年代，录像机时代即将结束的时候，买台录像机可能不要 100 美元。

20 世纪 80 年代，通过投资电影制作、预购和许可协议，HBO 已经成了好莱坞最大的收入贡献者之一，每年向电影业投入的资金达到了 5 亿美元。此后，当电影在商业电视台播出时，电影业又可以赚得第二笔钱。家庭录像将成为他们的第三个收入源。但前提条件是家庭录像必须抢在付费电视之前，因为人们在 HBO 频道看过电影之后，不会再去录像店租该电影看了。

通常的流程是等电影在影院上映 12 个月之后，HBO 等频道将拿到该部电影。好莱坞现在找到了一种新的模式：

院线发行

计次付费点播（院线上映 5 个月之后）

家庭录像（院线上映 6 个月之后）

付费电视频道（院线上映 12 个月之后）

无线电视网或有线电视基本频道（院线上映 24 个月之后）

在看这份日程表的时候，还请记住，HBO 曾经取得巨大的成功，而且在电视频道竞争中独占鳌头，但那并不意味着所有订阅用户都喜欢这个频道。在一定程度上，我们之所以能留住订阅用户，是因为他们别无其他选择。但现在，他们有了。家庭录像似乎帮助他们解决了这个问题。

节目内容无法完全满足订阅用户的需求

在订阅用户信息服务部工作时，公司收到的投诉中出现频率最高的，也是最常被抱怨的就是我们所称的重复播出或重新播出，以及对节目的选择存在异议。

“重复播出”指特定的电影在一个月内的时间里反复播出的次数；而“重新播出”是指某部电影在其许可的时间段里一再被拿出来播放的次数。

HBO得到的电影许可时间通常是一年。许可协议规定了HBO播放该电影的次数，甚至是播出的时段。到时候（节目排期的原则会逐年发生改变），公司会采取以下的操作方式：

在得到某部电影的许可后，第一个月里，该电影会出现在HBO的屏幕上，并且HBO会针对该片开展一定的宣传攻势。如果是限制级影片[①]则在黄金时间段里至少播出一次，如果人气很高则可能是2～3次。此后，该片会在非黄金时间段里再播出5～6次，多数选择在午夜时分播出。如果是必须有父母陪同观看的PG级（在20世纪80年代初期尚未有PG-13级）或者是普通级电影，或许会在那个月的各个时段里播出多达12次。在影片的许可期过了一半后，HBO又会开始在一整月里进行重复播放，只是黄金时段将会留给当月的新影片。此后，在许可期即将结束时又会在一整月里安排播映。除了这三个月之外，中间的月份里可能会零零星星地播放几遍，或者是作为特别节目的一部分，或者是被放入免费试看的节目单中。

HBO遵循的节目编排原则是订阅用户只会偶尔收看本频道：在理想的情况下，订阅用户只会在最方便的时候选择他们想看的内容。频道的设计目的或宗旨不是供大家每天定时、长时间地观看。即使订阅用户一个月里收看HBO频道的次数寥寥无几，相比于去电影院而言，HBO还是更划算。

这是公司的想法。

① HBO有自己的一套原则，限制级影片只在东部时间晚间8点之后播出。

订阅用户的想法却是另外一码事。

几十年来，商业无线电视台每天每个小时都在播出一些不同的节目，大家已经对此习以为常。所以订阅用户也不会有计划地去收看 HBO 频道。他们每天会随意地调到这个频道，希望能从 HBO 这口井里多打点水，可是这口井的水并不多。

例如，我在订阅用户信息服务部工作时，常常会接到订阅用户的投诉，称他们早上看过的电影晚上又在播出。我们试图向他们解释，表示我们的节目在进行安排时并不会考虑到有人会 12 个小时连续不断地收看 HBO 频道。

不管时间长短，在收看该频道一段时间后，人们自然会对该频道有所失望。在订购该频道的最初的几个月里，频道播出的所有内容对观众们来说都还比较新鲜。但久而久之，HBO 循环播出节目的做法变得日益明显，而“对节目选择存在异议”的问题更是导致“重复播出或重新播出”的问题进一步恶化。

“对节目选择存在异议”翻译过来，就是订阅用户认为“你们的电影都非常差劲”。

事实上，并不是 HBO 选择的所有电影都非常差劲，而是许多订阅用户第一次注意到好莱坞拍出了很多非常差劲的电影。

影评家史蒂文·惠蒂（Steven Whitty）精彩地概述了这个问题：“喜欢看电影的人通常每个月会去电影院看三次电影，不常去的人可能一个月去看一次。但许多人一年里去电影院的次数可能也就只有三次。”

这意味着 HBO 很多订阅用户每个月观看的新电影的数量远远超过他们此前每年到电影院观看的数量。即使是在独家播映权之战升级之后，HBO 仍然能争取到绝大多数新电影的播映权，所以订阅用户可以通过足够多的电影来了解好莱坞电影的整体情况。这就是问题所在。

大多数订阅用户都比那些喜欢去电影院看电影的观众年长，他们会吹毛求疵地说："我之所以不再去电影院，就是因为他们只拍那些孩子们和年轻人看的垃圾影片。"既然好莱坞针对孩子们和年轻人拍摄了那么多垃圾影片，他们为什么又会认为HBO播出的影片就会不一样呢？毕竟，HBO只是将电影院搬到了客厅呀。他们的这种想法我到现在还没有弄明白。反正他们认为一切会不一样，可事实并非如此。事实上，因为HBO给他们投入了太多的节目，增加了他们不喜欢的内容，所以也就不奇怪他们为什么会怒火中烧了。

史蒂文·惠蒂还记得20世纪80年代时，朋友们常常开玩笑说HBO的全称是"嘿，《兽王伏魔》播出了！"（Hey, *Beastmaster's* on!）。这充分体现了很多订阅用户的意见。

20世纪80年代初，订阅用户的怒火非常大，尤其是那些年纪大的订阅用户。因为当时是后《星球大战》时代，大大小小的制片厂都加入到了这部太空剧的潮流中。在这个时代里，你会看到人皮脸（Leatherface）、杰森（Jason）、恶魔弗雷迪·克鲁格（Freddy Krueger）和众多乱七八糟的恶棍，使用各种各样的动力工具或农具来切割、肢解或残害青少年。投诉像潮水一般涌来，为此，HBO甚至设计了格式信件，指出这是娱乐业的发展趋势，因为当时好莱坞发行的影片中约有1/3是恐怖片、惊悚片、科幻片或奇幻电影。而这些内容会不可避免地出现在HBO的频道上。

此外还有一个问题，就是究竟根据什么标准来判定电影是否差劲。投诉电话或投诉信件一开头就会说"为什么不改播一些好影片"，通常接下来就会提出一些建议，而这些建议只能证明所谓的"好"完全是一家之言。

30年过去了，我仍然还记得曾经收到过的一封信。

> 这封信在抱怨我们选择的电影相当糟糕后，接着列出了一系列“好”电影，其中包括了前几年里上映的那些血肉横飞的恐怖片。要说有哪些，其中就有截至当时所有上映的《黑色星期五》系列（*Friday the 13ths*）、《月光光心慌慌》（*Halloweens*）、《舞会惊魂》（*Prom Night*，1980 年）、《恐怖情人节》（*My Bloody Valentine*，1981 年）和《死亡列车》（*Terror Train*，1980 年），大概有 24 部类似的电影。清单后面还附言说：“一些迪士尼的电影和雅克·库斯托（Jacques Cousteau）的特别节目也还可以。”

总的来说，所有订阅用户，不管他们的个人品位如何，也不管他们的时间安排如何，不管他们是夜班工人、家庭主妇还是退休人员，他们无一例外都希望只要打开电视，就能在 HBO 频道看到一些让他们满意的新节目，而且他们愿意为此支付每月 8 ~ 10 美元。但他们每次打开 HBO 频道都没能如愿，所以他们不明白自己花钱到底是为了什么。

如果说这种期望是不现实的话，还有更加白日做梦的。比如说有人投诉说：“我之所以花钱收看 HBO，是因为常规电视台的节目全都不值得一看。”换而言之，他们希望这一个频道能够做到其他无数无线电视台和有线电视基本频道集体无法做到的事情，而当他们发现 HBO 也做不到的时候，他们就开始怨气冲天。

这时，录像机骑着白马来了，高举着帮助大家摆脱有线电视束缚的旗帜。录像机宣称：你再也不需要用有线电视在家中看电影了！你可以随时收看自己想看的任何节目！独家播映权不是问题；录像店里有什么，你就有什么。重复收看？绝对不会出现这种情况！整个录像店里的东西你都可以随便看！大家跟着我说：“热烈欢迎家庭录像，热烈欢送有线电视公司！”拜拜，HBO。

在早年，家庭录像非常流行，让人感觉随便一个地方都可以租到电影录像带！便利店、街头小店、音乐用品商店、超市，甚至加油站都可以。谁还需要有线电视？谁还需要 HBO？

但一切并未这样发展。是的，在好多年里，家庭录像的发展趋势似乎就是这样，而且所有行业记者都撰文表示家用录像机将让有线电视走向末路，尤其是付费电视台。但任何事情都有正反两面，家庭录像也不例外。

是的，你不再需要因为独家播映权的限制而浪费时间，但绕开独家播映权并不等同于百花齐放。说到影片的多样性，取消有线电视公司这个中间人并不能改变电影公司所拍摄的影片。事实证明，从百分比来看，录像店里的垃圾电影同 HBO 上播放的垃圾电影一样多。

你并不能做到想看什么就看什么，原因就在于家庭录像行业所称的“拷贝深度”。简单来说，也就是录像店能上架的某部电影的拷贝数量。

当你从本地的百事达（Blockbuster）租赁电影录像带时，电影公司并不能从中赚钱。只有当百事达录像店购买电影的拷贝时，电影公司才能有钱赚。因此，电影制片厂通常会把每盒录像带的价格定得很高。地方百事达每盘录像带的购买价是 90 美元，然后每次租出去的价格是 2.49 美元，这也意味着这家店要将这盘录像带出租 60 次才能盈利，而这还没有算上门店的管理成本。如果这家店拥有这部电影的两盘录像带，就需要将它们出租 120 次才能实现收支平衡，依此类推。录像店每多一份拷贝，其顾客就多一分方便，但该影片必须出租更多的次数才能保证录像店收支平衡。因此，录像店会分析自己能成功出租多少次，再根据这个结果来购入拷贝数量。或许最新的《夺宝奇兵》可以有 6 盘录像带，多数大片有 2 ~ 3 盘录像带，然后其他的影片只要留 1 盘录像带就可以了。对消费者而言，这就意味着如果你周五晚上到百事达时太晚的话，也许就只能选择那些体育锻炼的录像带了。我们甚至还没有讨论到租录像带和还录像带都要去一趟录像店的麻烦。

好吧，这样说的话并不是太准确或者说太公正。录像店的货架上还有其他许多有趣的东西：老片、不算太老的影片、经典的电视节目和录像电影。但问题是，尽管录像店让家庭娱乐菜单上多了一份选择，但从长远来看，一旦新奇感消失，它就会变成有线电视的附属物，而不是替代品。

但是，那种对家用录像机的兴奋感还需要几年的时间才能够消退。1984 年，潜在订阅用户面对我们非常不屑，他们急切地给自己购买了那种新的家庭娱乐设备，并且周末时会去百事达、山姆古迪商店（Sam Goody's）、Wherehouse、Coconuts、好莱坞录像店（Hollywood Video）或电影馆（Movie Gallery）租上一两部电影。

面对这种洗牌的环境，HBO 之所以能生存下来，并且最终创立新的品牌形象，很关键的一点就在于他们为消费者提供了在其他地方无法得到的东西：不管是电视，还是其他付费频道都无法提供，家庭录像自然也不能。

人 物

拼拼图：节目排期人员杰夫·卡根

HBO 节目排期人员的工作一直相当复杂，特别是到 20 世纪 90 年代，随着多路复用频道的出现，节目排期工作变得异常艰巨。1982 年，我加入 HBO。在当时，公司只有 HBO 和 Cinemax 两个频道，每天播出大概 12 到 18 个小时。到 20 世纪 90 年代末期，这两大频道和其各种多路复用频道的数量总计达到了 15 个。想想看，15 个频道每天 24 小时播出，这也就意味着公司的节目排期人员每天要安排 360 个小时的节目，每周是 2 520 个小时，每个月约 11 000 个小时，而每年的时间则超过了 13 万个小时。这还不包括 HBO 和 Cinemax 的点播节目服务、HBO Go，以及 HBO 的海外公司。而且正如杰夫·卡根（Jeff Kagan）所说的，就在不久之前，所有这些工作中大部分都是靠手工来进行。

基于这个原因，公司的节目排期人员有 10 多个。

1990 年 5 月，我从大学毕业。当时电视行业已经停止招聘，没有经验的应届大学毕业生几乎不可能在传媒界找份工作。我觉得自己应该继续读书，这也比继续自己的暑假工作要强——暑假的时候，我曾经在帕斯马克超市（Pathmark）担任产品助理。于是，我在1990年9月进入了蒙特克莱尔州立大学（Montclair State）攻读电视/通信的硕士学位。

我最喜欢的课程之一就是电视制作。这个课程采用的是小班制，我们大家都成了朋友。其中一位朋友在HBO工作，他慷慨大方地拿来了公司发给员工的每周工作招聘公告。每次他拿来这些招聘公告时，我都会要一张，但从来没有一个岗位特别吸引我。我还记得在圣诞假前的那一周，这人给我一张最新的招聘公告，并且说："圣诞快乐！"我把公告拿回家给爸爸看。他认真地看了一遍，向我建议应该申请哪些岗位。我清楚记得他说："为什么要浪费时间在帕斯马克超市卖力地给西瓜称重呢？你应该是在办公桌上传递文件的！"到现在我已经明白，有时候这样打个比方就已经给出了最好的建议。

我心不甘情不愿地申请了其中一个初级岗位，一个秘书岗位。我并不想申请成为秘书，因为公告里只提到了喜剧《墨菲布朗》（*Murphy Brown*）和该节目每周让人抓狂的秘书工作内容。但父母说服我，让我明白这是"迈过门槛"的方法，我可以以此为基础往上爬。

我为面试做好了准备，穿上了自己最好的西装，然后这个"泽西男孩"就搭乘公共汽车去了纽约。一进人力资源部，迎接我的就是一句"抱歉"。我所申请并打算面试的岗位在上周五已经找到人了。大概一周后，我接到了HBO的电话，告诉我节目排期部门有一个新的秘书岗位在招人。显然，一周前，那名秘书被《墨菲布朗》的介绍所吸引，但可能因为工作态度糟糕又被开掉了。

我穿上衬衫和同一套西服（几乎全新），打上领带，再次来到那个"虎穴"。节目排期部的总监接见了我，我们一起交谈了约45分钟。在面试即将结束时，她问我为什么想要进入节目排期部。我想应该正是我所解释的原因帮我得到了这份工作。当时我说："对我而言，节目排期就像是一幅大拼图，将每块碎片都拿到桌上，然后用它们拼出一幅大大的画。我喜欢拼图，更喜欢能成功地拼出拼图，所以我觉得自己能出色完成这份工作。"我同时也解释说，大约两年前，我曾经在特伦顿州立大学（Trenton State College）的校报《信号》(*Signal*)担任字谜编辑。

我被要求参加第二轮面试，与HBO节目排期多路复用频道经理面谈。我们相当投缘，在离开前，他安排我与部门副总裁见面。我们谈了大概10分钟。

几天后，我接到人力资源部的电话，告之我面试通过了！我开心地接受了这份工作，以及5位数刚出头的年薪。对我当时而言，那可是一大笔钱。现在回头来看，我应该要求更高的薪水，只是当时缺乏经验。

1992年2月24日，我开始了HBO的工作生涯。在了解了自己的工作职责，而且懂得并不单纯就是秘书工作之后，我骄傲地告诉家人朋友们，我是一位“秘书”，而且拿自己和国务卿与财政部长等秘书岗位来打比方。秘书这个头衔意味着权力，至少在我脑中是这样想的。

我喜欢自己的工作，每天都迫不及待地去上班，去见到我的同事们。在20世纪90年代初期，公司的文化非常自由和开放。大家都相当热情和友好。从某种程度上来说，公司当时的规模还“比较小”，在我刚加入公司时总员工数可能为1 200人，几乎人人都认识。当然，高管层和下面的普通员工之间还是存在分界线的。我还记得当时所有人忙着为一场高层会议做准备，以确保一切都很顺利。如果黄金档节目表中，电影名称中的字母之间多一个空格，我们都会重做。因为我们追求的就是细节和精确性。我为此甚感自豪。

我所在的部门（节目排期和计划部）就像是一个大家庭。HBO与Cinemax节目计划高级副总裁戴夫·鲍德温是一个父亲般的人物。他是部门的掌舵人，但平易近人。他奉行的是开放政策，始终乐于回答大家的问题，或者是偶尔会讲一个好笑的笑话。他非常幽默诙谐，而且在员工会议上也是如此，有时候会让大家都感到脸红。我非常喜欢在戴夫手下工作。当时正是公司历史上的困难时期，但也是我人生中非常开心的时刻。我们圆满地完成了自己的工作，而且乐在其中。

在一位节目排期主管辞职后，我得到了自己的第一次晋升。我的新工作就是监督HBO主频道节目表的制作，对其进行校对，确保节目表正确无误，而且每月能及时付印。

每隔几年就会有新的岗位出现人员空缺，于是我就一步一步往上走，从助理经理（也就是从这个时候，我开始真正地为一个频道进行节目排期）到经理，最后到总监。我花了9年的时间升至总监。我在部门内的晋升之路似乎走得很慢，这点让我感到泄气。我注意到其他部门内的人员晋升速度快很多。和我工作年限一样的人已经升至副总裁，而我仍然只是经理。但我的工作也有一点好，我喜欢这份工作，而且干得很开心，所以我并没有太急于去往上爬。

我的工作重点现在放在多路复用频道的节目排期上，这点与主频道的节目排期略有不同，因为我们不用在节目排期上和其他电视网或大型事件进行竞争。例如，世界职业棒球大赛或新一季的《广告狂人》开播的时候。“下一级”的频道重点在于争取高收视率，但更为重要的一点在于为订阅用户提供另一个选择。

节目排期基本知识

节目排期就像是画画，先用粗线描绘，最后再用颜色较浅的铅笔来进行润色。进行节目排期时的角度是先从空中鸟瞰，再使用显微镜观察。之所以说用显微镜观察，是因为没有更恰当的词语去形容。意思就是说节目排期要精确到秒，而且节目播出部门可以相当精确地处理这个时间。

让我们先将镜头推远，鸟瞰这个角度。首先是有一份协议备忘录，会告诉我们在特定的时间段里拥有哪些院线电影的许可。节目排期行政小组会将所有这些影片在一段时间里进行“爆炸式安排”。所谓的“爆炸式安排”就是强势占据一个月的时间。在许可期内，影片会在多个月里进行“爆炸式安排”。在所有的影片都已经进行了“爆炸式安排”之后，节目排期人员会针对特定的频道制作一份“节目阵容排列”。节目阵容是一个频道在一个月内的节目大致安排，例如可以让你看到在7月份内所有进行“爆炸式安排”的影片。

然后，我们再将镜头放大，对准一个月。节目排期人员审核自己频道进行“爆炸式安排”的影片清单。他会决定该影片是否适合于这个频道。例如，如果《苏菲的抉择》（*Sophie's Choice*，1982年）在HBO喜剧频道进行“爆炸式安排”，那么节目排期人员会发送邮件给节目管理人员，客气地请他们代表自己的频道否决该片。

通常，确定某部影片是否适合于该频道非常简单。但节目排期人员之间时不时会爆发小小的但有趣的争论。例如，在一次会议上，我坚持表示《红磨坊》（*Moulin Rouge*，2001 年）是部喜剧。我的这个观点导致一场激烈的探讨，因为该部影片在头两个小时里非常有趣，但在结束时发生了大逆转。在影片最后 10 分钟里，其中的一位主人公因肺结核而过世了。我坚持认为这部电影适合于 HBO 喜剧频道，但其他节目排期人员都持反对意见。我赢得了这场争论，但在其他争论上落败了。

我还记得每周四上午召开的 COPS 会议（节目排期协调会）上的“胭脂门”事件。这件事情给我留下了相当有趣的记忆。节目排期协调会上，HBO 和 Cinemax 频道的节目排期人员会在“作战室”里碰头，决定由哪个频道率先播出新购买的院线电影。多数情况下，公司已经根据电影本身和许可协议预先做出决定，但我们将必须共同对“爆炸式安排”的模式进行调整。我在 HBO 工作期间曾经参加了 800 余场节目排期协调会。这些会议在最初 10 年里都非常有意思，因为会上会提供我们所有人每周凑钱购买的百吉饼。

关于电影类型，我非常欣赏 HBO 节目计划总裁的聪明才智。他表示，如果电影上有马匹驰骋和尘土飞扬，那就是“西部片”。任何一部影片上只要有紧张的法庭场景，那就是“悬疑片”。所以说，重要的是视角。出于一些非常奇怪的原因，许多“家庭”电影通常采用的故事线就是单亲家庭（父母之一过世或者父母离婚）的孩子和某种动物成了好朋友。但对我们而言，必须给这些影片进行合适的分类，从而与竞争对手在节目安排上进行竞争。

不过，这是题外话。

对自然月进行节目排期时，首先从黄金档开始着手。对级别较低的多路复用频道而言，我们会回顾一遍该月所有的院线电影，然后从中挑选出最强的 15 ~ 20 部影片。这些影片在该月会安排播出一两次，时间选择在 HBO 家庭频道晚 7 点档或 HBO 喜剧频道晚 8 点档。在安排了黄金时间段的节目之后，我们会对其他时间段的节目进行安排，以争取最多的观众收看，其中包括黄金时段前后的准黄金时段、周末白天、工作日，以及午夜。

这是针对多路复用频道的节目排期，而对于主频道而言，情况会有所不同，不过，我完全没有参与过主频道的节目排期。

节目表的第一份初稿诞生在上文提到的作战室里。之所以会起这个名字，是因为从《奇爱博士》和《战争游戏》(*War Games*，1983 年）中得到的灵感，但现在这里被称为戴夫·鲍德温节目排期室。这是在向戴夫·鲍德温致敬，改名不久后他就从公司退休了。

节目排期工作最近经历了几个大变化，而且正在向数字化的方向发展。我刚到公司工作时，作战室就是一间金属墙壁的会议室，此外还有一些可滑动的板子，墙上是可以吸附卡片的磁铁。这些卡片有两种规格，较大的用于新院线电影，较小的用于重播的院线电影。我们中的多数人都害怕作战室白板的年度调整。这些板子从最左边开始向右边一路排开，每个月一块板子，一共大概有 24 个月。过了一段时间后，我们就必须将已经成为历史的月份板子拿走，然后将当前和未来的所有月份都往前挪，再次从会议室的最左边一路排开。要将小小的磁力卡片从金属墙上取下来，那绝非易事。每年，当一天调整下来，我的手指头都惨不忍睹。我常常要求报销一次手指甲护理费用，可惜总是被否决。

自那时开始，作战室一路走来，已经有了很大的发展。2014 年 11 月份，我离开公司。这时，曾经布满板子的后墙已经变成了一个大型的显示器，上面可以显示日历、观看宣传材料，或者是给部门的参观者留下深刻的印象。整个房间都在发生着变化，为的是让这个老作战室有一个数字化的新形象。

在公司工作期间，节目模式的重心从院线电影向原创作品发生了转变。我认为这种变化出现在《黑道家族》之后。当时我们认识到，作为一家电视网，我们并不一定完全要依赖院线电影。饶具讽刺意味的是，尽管原创自制剧创造了各种轰动，但从收视率方面来说，院线电影的成绩要比电视剧重播更为出色。

不过，对我负责的那些频道而言，变化并不大。随着时间的推移，由于 HBO

电视网逐渐变得越来越倚重于原创内容，我们在黄金时段和准黄金时段等时段里增加了更多电视剧和特别节目，通常都是围绕黄金时间段的院线电影来进行。但从根本上来说，节目排期还是和以前一样。

大量的纸张使用

我从1992年开始节目排期工作，当时所有节目排期工作都是在纸上手工完成的。这是一个令人难以想象的过程，也相当让人着迷。就主频道HBO而言，每个节目都对应一张纸（$8^1/_2$×11）。这张纸是根据FOCUS数据库中的报告打印出来的。如果你有200个节目（院线电影、电视剧剧集、家庭电视剧、特别节目、纪录片等），那么每个节目都会有一张对应的白纸。这张纸被分为4大块，最上面的一块列有该节目的名称、美国电影协会评级、时长、播放代码、许可人，以及发行日期等。在这一块的下面是宽度和长度相当的三行。每一行里面从上到下有8个小块，左边较大的那一小块里有该节目的展示规则，接下来是一个日期方框，然后就是每天的时间段划分：工作日上午和下午、周末上午和下午、黄金时段前的准黄金时段、黄金时段、黄金时段后的准黄金时段，以及午夜。

节目排期人员会使用多日节目表来处理这些节目排期纸张，我们称它们是“绿纸”。多日节目表被印制在11×17的纸上。日历表是预先印制好的，但其他东西都必须手写，其中包括日期、每部故事片开始播出的时间，以及在节目名称旁边的括号里注明该故事片的时长。

节目排期人员会从这些文件着手，先用黑色铅笔起草第一份草稿，后续的变动则用红色铅笔标注，再次的变动用蓝色铅笔，接下来还有绿色铅笔。如果你将某个日期的某个节目取消，那么就必须从该节目的“绿纸”上将该节目擦掉，然后写上新节目。这是一项非常复杂的工作，但节目排期人员会仔细认真地完成该工作。

这项工作现在变得轻松多了！就多路复用频道的节目排期工作而言，也就是我所从事的工作，针对黄金时间段已经设计了一个新的多日多频道节目表网格。我们必须确保三个频道（HBO 1、HBO 2和HBO 3）的节目不会相互打擂台，为此我们要确保三个频道的节目始终是不同类型的。如果HBO 1频道在播放喜剧，那么HBO 2则必须是故事片，而HBO 3是浪漫爱情片。其目的就是给订阅用户以选择的机会，让他们感觉就像是走进了一家影城，可以根据心情来选择自己要观看的节目。

所以主频道的节目表要经历三轮调整。在所有的修改都完成之后，节目表就可以交付印刷了。

作为秘书，我会拿到最后一版的节目表，然后在自己的计算机上打开FOCUS数据库，开始逐页浏览节目表，输入FOCUS数据库里每个节目对应的ID)，查到该节目，然后输入每个节目的播出日期和每次播出的开始时间。这项工作要花费数个小时。

在输入所有这些信息后，我会运行报告，查找冲突的地方。这个报告名叫《空白和重叠报告》，会显示节目表上任何时长超过27分钟的节目空白，以及任何时间超过4分钟的节目重叠。对于主频道来说这些问题并不是太糟糕，但对于多路复用频道来说问题就变得复杂了。

在开始为HBO 2和HBO 3进行节目排期时，我必须制作一份新的日历。这份日历也被打印在11×17的纸张上，但每一天都用三条平行线进行细分，每一天从上到下分别是HBO 1、HBO 2和HBO 3。这些空间用来安排黄金时间段的节目。我们会根据其他频道的节目相应安排自己的节目，不仅仅要看节目种类，还要看出演的演员。我们不可能在不同频道上同时播出两部艾迪·墨菲的电影，让他自己与自己打擂台。我们有一份名为“注意清单”的列表，提醒节目排期人员小心同一位演员出演的不同影片。我有一段时间负责那份清单的更新。

当我们需要某种方法来记录更多需要注意的事情时，我设计了“警报表”。我找到一个可爱的小图片，图片上一个男子坐在办公桌前，桌上的电脑正在发生爆炸，上方出现了蘑菇云。我将这张图片贴在警报表的原件上，然后再在复印机上复印。因为当时还没有Photoshop。

再回到日历表上。我会在整月的第一行网格线里写上晚间8点和10点HBO主频道的节目。然后我会拿出自己的荧光笔——我有一支绿色和一支粉色的荧光笔。在每个中间的格子里，我会用绿色荧光笔写上2；然后在下面的格子里，我会用粉色荧光笔写上3。这样可以避免节目排期人员看花眼。

“绿纸”（白纸上的HBO 1节目）现在被复印到了绿色纸张上（这也是那个名字的由来）。节目排期人员会再在上面增加HBO 2和HBO 3播出的200余个节目，这些节目当月并不会在HBO 1频道进行播出。这样可以让HBO 2和HBO 3的节目更为多样，也有更多节目可供选择。所有这些内容只用绿色的纸张来复印，所以我手里最终会拿到一个大概3.81厘米厚的文件，大概有350页。这些文件用一个黑色的夹条装订在一起，从而能够在节目排期部门内被传来传去。这是很多节目排期人员在进行节目排期时的一个过程。

我拿出那几支荧光笔，在每张纸上做着同样的事情，即在HBO 2的格子里写上一个大大的绿色2，在HBO 3的格子里写上一个大大的粉色3。我在担任节目排期员期间，用过的荧光笔比我在大学4年里用过的还要多。

在节目排期绿纸、警报表和注意清单都准备好后，节目排期员就可以开始他们的工作了。我要等待数天。那些工作都是在办公室外面进行的。你可以想象，当你在做那些工作时，如果人们时不时走进办公室，或者是电话不停地响起，那会是一种什么情形。所以，这些工作必须是在办公室之外的地方进行。

比较有趣的是这些节目排期人员如何将节目表给到其他人。一位节目排期人员在家办公，她家位于上东区。在她完成工作后，我会安排一位信使到她家取节目表，然后再送到上西区的下一位节目排期人员家中。有时候，他们会自己安排碰面，传递节目表，偶尔是在火烧岛的渡船码头。

在最后一位节目排期人员完成工作后，他会在次日上午来到公司，将装订的纸张拿给我。在这个时候这些纸张都是皱皱巴巴、破破烂烂而且脏兮兮的了。你会看到被擦掉的播出日期，以及新写上去的日期。我坐在走廊里的办公桌前，输入每个频道的每个节目的每次播出时间。这项工作需要花费我6～7个小时。我一整天都要耗在这个上面，于是在我的工作日历上，那一天就会标着“输入”两字。一段时间后，当我摸清楚了门道后，我就只需要5个小时就能完成工作了，这点让我的老板感到非常惊奇。我始终会坚持对自己的工作结果进行检查，确保不会犯错。而且如前面所说的，我为自己的这份工作而感到自豪。这是一个相当简单的数据输入过程，但它是正在数字化模拟节目表。这必须有人来做，不是吗？

接着，我们会将节目排期人员的工作结果打印出来，他们必须进行检查。他们会进行更多的修改，然后将这些内容送给戴夫·鲍德温进行审核。鲍德温会将节目表打回，做进一步的修改，而我则更新 FOCUS 数据库，并且重新打印节目表报告。

当所有这些工作都完成，而且人人签字认可后，我们会打电话给位于 HBO 大楼地下室的复印中心。我和那些人的关系处得相当不错，因为我们会让他们相当忙碌。当我们因为紧急的节目表变动而需要快速复印时，他们总能以奇迹般的速度完成工作。

这些纸张的颜色都进行过安排。每份最终版本的节目表都是印在相应颜色的纸张上，而后续的变更则是使用另一种颜色：

HBO 主频道：粉红色 / 鲜红色（变更使用鲜红色的纸张）
HBO 2 和 HBO 3（总是同时发布）：灰色 / 蓝色
HBO 家庭频道：绿色 / 白色
HBO 喜剧和 HBO Zone：在当时，我们的颜色已经用完了，所以都采用白色
Cinemax：浅黄色，变更则使用棕色
Cinemax 2：黄色 / 金色。

有时候会因为技术问题而必须对节目表进行变更。每个节目名称旁都列有几个简短的首字母缩写，通常是“(R), (CC), (ESP) (1:34A)”。这些分别代表评级、隐藏字母标识、可选择西班牙语字幕，以及播放时间和播放代码。我学着《全家福》中的伊迪丝·邦克（Edith Bunker），给这些缩写起了个绰号叫“糊涂蛋”。当“糊涂蛋”发生变化，例如播放时间变动或者是某个节目不能提供隐藏字母，那么就要发出节目表变更。节目表始终都要发布最精确的信息，因为除了纸质版本外，没有其他方法可以同时让公司内人人都了解这些信息。

发展变化

在我的记忆中，HBO在1996年年底推出了家庭多路复用频道，而我是该频道的节目排期人员。我们有几个儿童节目，全都堆在上午播出，所以上午会有一大堆为时半个小时的节目，例如《白雪公主历险记》(*Happily Ever After*)和《乔治和玛莎》(*George & Martha*)等。在当时，电视领域的高管们都重视"共同收看"，疯狂地认为整个家庭成员会在一起收看一个小时的电视。所以，我们选择HBO家庭频道的晚上7点为"家庭电影时间"。我们会在这个时段里播放最精彩的院线电影，让晚上7点成为我们的黄金时段。晚间7点的电影必须适合于整个家庭来观看。在黄金时段之后，整个晚上都是比较温和的节目，一般为PG级和PG-13级，但绝对不是R级。

HBO喜剧多路复用频道于1999年5月份开播。我也是这个频道的节目排期人员。我们播放一切带喜剧元素的东西，其中包括我们大量老式的单人脱口秀节目，这些节目在其他频道没有作用。我浏览了超过200个节目，对每个节目进行了评估，记录下脏话的数量，然后设计出一个公式，计算某个节目是否能在白天的时间，即早上9点之后到晚上8点之前播出。在很多情况下，因为节目中有太多"成人"语言，所以我们只能在晚上8点之后播出。

但有一个例外，那是在喜剧大师乔治·卡林(George Carlin)过世之后。HBO多数特别节目都是出自两位喜剧大师之手，他是其一，另一位是罗伯特·克雷恩(Robert Klein)。而且他的节目可以追溯到HBO最初的岁月。2008年6月份，乔治过世。我请示戴夫·鲍德温是否可以在HBO喜剧频道白天播出他在HBO的所有节目(有许可的节目)，作为频道的特别节目。戴夫同意了，而且我们也这样做了。当时我们播出了9期卡林特别节目。

2001年，我们推出了HBO点播服务。每周的制作会议由席琳·拉特雷(Celine Rattray)主持，她后来从公司离职成了制作人。后来，她的《孩子们都很好》(*The Kids Are All Right*，2010年)获得了奥斯卡最佳影片奖的提名。她在这些会议上表现相当出色，总是提议节目排期必须"粗暴"。当然，她是对的。

在刚推出点播服务的时候，我们在技术上存在一定的局限性，因为在大多数有线电视运营商的服务器上，只能容纳特定的工作时间。我想可能是40个小时左右。但那是一项挑战：精心挑选一定的节目，根据这项小小的服务来进行合理的安排。随着时间慢慢过去，服务器容量翻番，我们可以增加更多的节目。

我们在2005年推出一个有趣的项目——HBO移动服务（HBO Mobile），这项服务通过手机来提供。我还记得在刚推出该项目的头几个月里，HBO的每个部门都想参与其中。那些会议中，部分会议的确因为人多大家只能站着开会。我此前从未见过这种情况。

我是该项目的节目排期人员。我们不能播放HBO电视剧现有的剧集，因为这些节目的缓冲时间太长。它们在启动后会需要10秒钟的时间缓冲，然后播放10秒钟，接着又是缓冲。这就是问题。之所以推出移动服务，是将它作为宣传工具，播放1～2分钟的剪辑片段和HBO自身电视剧、特别节目和家庭节目的花絮。我们播放新电视剧当前每周播放剧集的3～4个剪辑片段。这些剪辑片段在需要时会在移动服务上再次播出。我们也播放不太粗俗的单人脱口秀节目的花絮。这是为了向大家推荐这个节目，以便吸引他们在主频道观看该节目。每个剪辑片段在结束时都有一段结束语，宣传该节目的播出安排。

几个月后，我们终于有能力播放一些电视剧的整个剧集了，而且还是分成几个章节来播放。很显然，人们并不想在1英寸屏幕的第一代智能手机上观看《黑道家族》，而且当时他们正在纷纷购买60寸和70寸的电视机收看电视。当时iPhone还没有诞生，而iPhone在后面给HBO移动服务带来了革命，因为它在技术层面做到了有能力播放整个节目。HBO移动服务伴随着翻盖式移动电话而推出，也随着它们而灭亡。

2007年，一个阳光灿烂的下午，国际小组有人找到我们，请我们为以色列一个新的点播付费频道（SVOD）审核节目表。该频道非常类似于HBO在美国提供的点播服务。我看了一眼这份有着200个节目的节目表，这是一份模拟计划表，所有节目的开始播出时间和结束时间都在同一天，看上去可以有所改进。我拿着这份节目表找到上司，上司又找到自己的上司，上司的上司再往上汇报，然后就到了戴夫·鲍德温那儿。大概一周后，我设计了一份改善版本的节目表，解释了我们在HBO移动服务和HBO点播服务所使用的节目排期技巧。这些技巧也同样可以应用到这类节目表上。

国际小组喜欢我们的建议，于是我们同以色列分公司合作，为他们制作以色列的节目表，但我们也有所保留，留着一些产品以备将来使用。你不可能把整个奶牛都给别人，所以我只是每个月给他们几加仑的牛奶。我将产品打包，设计了一份可行的节目表。我们时不时地接到电话会议的邀请，回答他们的问题，满足他们的需求。此后，我们开始接到HBO国际小组的其他要求，要我们为全球多个国家，即加拿大、德国、日本、葡萄牙和英国的点播付费频道制作节目表。这成了我工作中很大的一块内容。但在大概5年之后，国际小组决定让他们的客户使用我们所有的节目，而且在许可期内可以选择何时来使用，所以国际小组在2014年取消了节目计划部门。

自我娱乐

节目排期人员时不时会感到厌倦。因为这是一项单调的工作，月复一月做着同样的事情，看着一些老节目每个季度都会回来重新播出。正如我们所说的，这种情况很容易就让人想哭。我们会给一些节目和演员取一些有趣的名字，娱乐一下。例如，我们会给《鬼驱人》(*Poltergeist*)取个名字是“鬼打劫”，也会称呼卢·戴蒙德·菲利普斯（Lou Diamond Phillips）为“卢·钻石手链”，苏珊·萨兰登（Susan Sarandon）则变成了“萨兰包装膜”。我们喜欢这样做。我最喜欢的就是将迪伦·麦克德莫特（Dylan McDermott）和德莫特·麦隆尼（Dermot Mulroney）的名字拼在一起，组成德莫特·麦克德莫特（Dermot McDermott）。当这两位影星中任何一位出现在电影中时，我们就会说：“喔，这就是德莫特·麦克德莫特之一呀。”

有时候，有些好笑的事情来自其他人。作为部门秘书，我会接到公司各个部门打来的电话。我曾经接到一个电话，称他们找不到关于一档节目的任何一点儿信息，因此需要我的帮助。打电话来的那位女士表示那个节目的名称是*The Clunt*。我草草地写下这个名称，然后来到作战室，在板子上到处搜寻，看是否能找到这个节目。不过，并没找到。于是我又回电话给她说："抱歉，我也哪都找不到这个节目。"就在挂电话的时候，我瞥了一眼自己的笔记本，看到自己草草写下的 The Clunt 几个字，注意到潦草写下的 u 可能和 ie 一样。她所要找的节目其实是 *The Client*。她在书写节目名称时同样写得很潦草。这件事后来被我们好好笑了几周的时间。

机器人

我在公司工作 2 ~ 3 年后，HBO 决定让其信息技术部门同节目排期团队合作，开发一款专利应用来推进节目排期工作。这太棒了！我是主要的实验参与人员。我非常喜欢这种安排。我们每周要与 IT 部门开会。IT 部门里汇集了大量"技术痴"。他们都是非常出色的人才，专业知识相当深厚。

我们和这支团队合作了数月的时间，详细地向他们解释我们如何通过纸质媒体来开展工作，以及我们需要如何在计算机上工作。这是我职业生涯中最令人激动的一段时间。看到他们如何让我们的工作迈入数字化时代，真让人感到神奇。

我的任务就是查找应用存在的小问题，而我也非常擅长这些。我会运行应用，尝试各种功能，对它们加以测试。几乎每天我都会向他们报告存在的大小问题，而那支团队就会努力来解决这些问题。

这款应用大幅提高了节目排期的效率。我们使用了 17 年后才再次与 IT 部门合作，利用新技术开发现代化的节目排期应用。

这一次，我们和 IT 部门合作了数月，讨论老节目排期应用上有哪些功能已经变得多余或者是过时，并且要求增加一些新功能。17 年前的技术在当时尚且无法提供那些功能。这支团队开发了一款新应用，那款老应用在对比之下就像是来自石器时代。太神奇了。

这款新应用有一个功能就是自动进行节目排期，意思是不再需要人工。节目排期应用能够自动生成节目表，但仍然需要一个人类的节目排期人员来为该应用输入信息，以及对节目表进行大量的修正。从某种程度上来说，该应用能带来帮助。但从另一个方面来说，这个应用有点儿复杂。

敏感问题

HBO 默认的做法就是不因为任何个人或团体的投诉，也不因为具有新闻价值的悲剧而调整自身节目表。这样做的原因在于只要有过一次破例，就会让人后续有理由要求进行类似的调整。与此同时，该公司对一些非常事件相当敏感，而最特别的当属“9·11”这场国难。

在“9·11”事件爆发后，我们立即就意识到敏感内容的问题。我们召开了紧急会议，要求对所有原创节目的内容进行重新审查，确保其中没有任何内容能让人们想起那场悲剧，或者是看上去显得低俗，对那场悲剧不尊重：没有恐怖主义，没有坠机，也没有楼房倒塌。全部门都付出了极大的努力，但我们还是成功完成了这项工作。从那一刻起，我们会在每场节目的评估中对这些内容进行标记，并且在用于跟踪节目详细目录和播放情况的数据库 PLOT 中进行备注。

在“9·11”事件发生几年之后，公司接到了一位订阅用户的电话，对《幼儿园》(*Kindergarten*）中的一集进行投诉。《幼儿园》是一档 30 分钟的真人秀节目，记录对象是幼儿园的某个班级。基本上来说，该剧记录的就是 5 岁孩童们生活中的一天。在某集中，两个男孩在玩木头积木。其中一个男孩搭建了两个柱形的、0.91 米高的建筑物，告诉老师那就是世贸中心。另一个男孩走了过来，将搭建的东西推倒了。第一个男孩叫道：“嘿！你推倒了世贸中心！”

提醒大家一下，这一集可能是在“9·11”事件发生前几年就拍摄了。但我们什么也不说，立即就撤下了这集，并且要求对这个场景进行重新剪辑，然后再重新安排该集进行循环播出。

还有一次，是《消消气》(*Curb Your Enthusiasm*）中的一集，名为《恐怖袭击》(*The Terrorist Attack*)，该集在 2002 年 10 月份首播。这一集讲的是主角人物（由创剧人拉里·大卫[Larry David]本色出演）从朋友那儿得知周末在洛杉矶可能会出现恐怖袭击，但他不得告诉任何人，以免造成恐慌。拉里·大卫相当于是这部电视剧的代表人物，所以他当然遇到了麻烦。一两年后，我们每天晚上7点半在HBO喜剧频道播出《消消气》，而且这一集本计划在9月11日那天播出。公司决定改变剧集的播出顺序，将这一集放到几天后再播出。我们认为这样不会有什么影响，因为这些剧集的故事线是彼此独立的。

几天后，这部剧集开始播出。我像往常一样接听电话。然后我接到一个电话："你好！我是拉里·大卫，我要找戴夫·鲍德温。"

长话短说，拉里很不高兴我们这样打乱顺序来播放那部电视剧，并且他告诉我们以后绝对不要再这样做。所以我们也照做了。

HBO同时也将《欲望都市》片头字幕中的世贸中心图片删除了。我不知道他们在多年后是否会重新将这张图片恢复。但是我们中有些人觉得这种做法有点儿矫枉过正了。

"9·11"之后，我们对敏感内容变得非常敏感。我们使用标签去标注存在敏感内容的节目，例如校园枪击、坠机、太空飞船事故、自然灾难、暗杀、恐怖主义和其他的一些内容。我的工作之一就是随时了解新闻，而我也的确是这样做的。每当有著名的、有新闻报道价值的事件发生，我就会马上提醒我的上司。当美国中西部遭到严重的龙卷风袭击，数百人因此丧生，我们必须检查所有的节目表，查找有龙卷风内容的电影和特别节目，并且决定是否需要撤播这些节目。我们通常会检查接下来两周的节目表，根据问题的严重性来决定是否撤换调整。

还一些电影，比如斯·范·桑特（Gus Van Sant）在2003年导演《大象》（*Elephant*），讲述的是一场虚构的、类似于科隆比纳高中惨案的事件，这部电影就永远被尘封，因为似乎每隔2～3个月就会爆发一场校园枪击案。

杰夫·卡根2014年11月份从HBO离职。

INSIDE THE F

HBO

A

PERSONAL HISTORY OF

THE COMPANY

THAT TRANSFORMED

TELEVISION

SE OF

第三部分

原创自制剧，打造品牌核心竞争力

深度解读 领读官：王丛

HBO踩过的6大坑

1. **获取电影版权时试错多种模式。**
   HBO从20世纪70年代起先后尝试了独家播出权、优先购买权、打包协议等多种模式，历经30年的多种模式试错，HBO目前采取与主流电影发行商，也就是六大制片厂打包合作的模式来获得热门电影的独家电视播映权。

2. **曾在多品牌运营上栽跟头。**
   从Take2到Festival、Comedy Channel，HBO多次子频道尝试失败。定位准的Cinemax是HBO多品牌战略目前为止唯一成功的案例。

3. **早期内容多元化战略失败。**
   在开播后的头10年里，HBO试图做一家覆盖多种内容形式的平台型渠道，在体育、舞台剧、儿童剧、音乐、纪录片上都做了多种尝试，但HBO无法保证大体量、大规模地投入，这些尝试大多无疾而终。

4. **突遭用户增长停滞，寻求品牌突围**
   录像带等新产品的出现导致HBO在1984年因新增用户骤降而裁员10%，HBO意识到录像带是互补品而非替代品，积极采取新战略应对挑战。

5. **内容定位失误，制作了一系列冷门的电视剧。**
   在制作出三大爆款剧后，HBO在寻找下一款爆款剧的路上，内容选择失误，虽然制作了一些广受评论界好评的内容，但观众不买账，直到最后重新调整方向，制作新的三大剧。

6. **互联网战略远远落后于奈飞。**
   虽然在电视用户订阅方面取得了成功，但HBO没能及时转型拥抱新技术、新渠道、新用户，就像手机领域的诺基亚，PC领域的IBM等，不论是新增订阅用户还是流媒体的全球收入以及市值，HBO都远远落后于奈飞。可见成功如HBO，未来的发展也是任重而道远。

INSIDE
THE
RISE OF
HBO

08

自我变革，
用原创内容应对市场洗牌

想象是勇敢的声音。

——亨利·米勒（Henry Miller）

HBO时刻

HBO 如何摆脱 1984 年开始的发展停滞

1. 增加营销投入。
2. 购买更多新电影的版权，减少重播次数。
3. 大力开发原创内容，用以吸引订阅用户，但事实证明很多原创内容的尝试都不成功。

“我们没有发疯，而是变得更加聪明。”HBO 首席执行官迈克尔·富克斯在谈到“撞墙效应”时说道。他说这番话时已是 20 世纪 90 年代初，HBO 已经获得复苏。这时再来回顾 1984 年的增长停滞，实际上，许多普通员工既没有发疯，也没有变聪明。我们都看到，公司在连续 8 年的急剧增长之后突然就停滞不前了，125 名同事和朋友因此被请出了公司。我们变得恐慌。

不过，值得称赞的是，不管内心有多焦虑，HBO 的高管层在大家面前都没有表现出一丝恐慌。相反，他们将担心变成了动力，一门心思去解决问题：“我们现在要怎么做？”我们所了解的这个世界已经发生改变，我们不可能再回到 20 世纪 70 年代末和 80 年代初的那种淘金浪潮中。公司必须对自己的业务进行认真的反思。

增加营销投入

而反思之后得出的策略之一就是如何来销售我们的服务。“好吧，”大家反思后得出，“既然人们现在不会再追着有线电视公司的安装车跑，不会主动要求安装有线电视，那么我们就来追着他们跑吧。”

当时，时机对公司非常有利。20 世纪 80 年代即将结束，家用录像机的所有者发现家庭录像也有让人头疼的局限性，比如拷贝深度的问题，租借和归还录像带都要费事地走一趟，存在滞纳金，以及惊讶地发现只要租上几次，费用累积起来就很高。人们对家庭录像机的新奇感正逐渐消失。与此同时，HBO 开始提醒消费者，付费电视或许更加划算，是更好的选择，花不了几分钱就能看一部电影，而且非常方便，根本不需要出门。

在《多频道新闻》(*Multichannel News*) 为 HBO 频道 25 周年纪念所撰写的文章中，曾任 HBO 美国网络集团 (U.S. Network Group) 总裁的约翰·毕洛克 (John Billock) 回忆称："在当初大家追着安装车跑的日子里，除了在广播或报刊上打广告之外，其他宣传都完全没有必要。" 但到了 20 世纪 80 年代末期，只要不在媒体上进行狂轰滥炸的宣传，就会被人认为没有尽心尽力。

1985 年，也就是公司发展撞墙后的第二年，HBO 启动了一系列大型夏季促销活动，而第一场活动就是大规模地直接邮寄广告，再辅以积极的电话推销，并第一次在国家级电视台上打广告。为什么会选择夏季？因为孩子们都放假在家，无所事事，就只看电视。而这时是全年节目最无聊的时候，无线电视网在这个季节主要是重播以前的节目。夏季宣传活动的时间选择得非常好，有力地迎击了 HBO 遇到的难题。两年后，HBO 成了美国最大的直邮营销者之一。到 1992 年，公司已经向美国人的信箱里塞进了 6.4 亿封广告邮件，并且每年会打出 1 000 万个推销电话。尽管信箱里的垃圾让人心烦，而在吃饭时被推销电话打扰也让人恼火，不过这些宣传方式还是取得了一定的效果。虽然公司再也没能创造出 20 世纪 70 年代末 80 年代初那样辉煌的增长数字，但毕竟有线电视世界里已经没有剩下太多的增长空间。而且公司再次获得了增长，纵然不是很漂亮，但至少比较稳定。

购买更多新电影

在公司 10 周年的纪念文章《HBO：10 岁了》（*HBO: The First Ten Years*）第三章《创造》（*Creations*）开篇写道：“如果公司提供的产品不够好，就算有最动人的市场营销、最高效的销售体系和最雄厚的经济实力，最终也是徒劳无益。”

这句话通常被翻译成一句更简单的口头禅，被人反复提及，我在员工会议上也经常听到，那就是“市场营销只能拉来顾客”。在拉来顾客之后，HBO 还必须有东西给他们看。节目模式必须调整，以适应充斥着家庭录像机的市场。市场调研显示，人们使用家庭录像机主要不是用来播放租来的电影，而是用来录像。他们将有线电视或无线电视台播放的节目录下来，便于以后观看，或者是用于补充家里的节目库。举一个比较极端的例子，我认识一个人，他家里有一个同屋子一样高的架子，宽 1.83 米，上面塞满了他从有线电视频道翻录的数百部电影录像带。所以说，新节目模式的理念就是提高每个月播出的影片数量，减少重播，从而向订阅用户稳定提供一定量的节目供他们收看或翻录。

这种变化不太被人提及的另一点是，它并不意味着 HBO 将会购买更多的新电影。所增加的影片中，大多数来自所许可的电影制片厂的影片库。每个月首播的新影片数量依然保持不变，而且每年播出的次数也保持不变，这一点与之前的旧模式一样。只是现在，它们在每个月播出的次数减少了，但播出的月份有所增加。对一些订阅用户而言，一年内的播出月份增多，让人感觉就像是那些最红火的电影，也就是你最想记住的那些电影似乎一直没有下线。这一点让同时订购了 HBO 和 Cinemax 的用户尤为恼火。因为两家频道常常会播出一些相同的高质量影片，不过它们绝对不会在同一个月内这样干。两个频道会针对知名影片展开双打，比如这个月先出现在 HBO，然后下个月就出现在 Cinemax 频道，再下个月又回到 HBO 的屏幕上。如果你同时订购了这两个频道，有些电影似乎每个月都在播映。而事实也的确如此。

大力制作各种原创内容

在对撞墙效应进行冥思苦想之后，公司得出的另一个结论就是 HBO 是时候提升自己了。由此就带来了公司发展道路上的战略性变化，这个改变将重新定义 HBO 在消费者心目中的形象，并且最终开启了自 HBO 开播以来电视领域最大的变革。

在 HBO 的历史上，有一位革命性的人物，他就是迈克尔·富克斯。作为一名受过培训的律师，富克斯 1977 年从威廉莫里斯经纪公司（William Morris Agency）跳槽来到 HBO，从事 HBO 的节目的制作工作。到 1984 年，富克斯已经取代了弗兰克·比昂迪，升至公司的最高位置。而比昂迪因为同哥伦比亚影业公司签订的独家播映权协议让 HBO 的预算极为吃紧，所以被扫地出门。饶具讽刺意味的是，可口可乐公司后来聘请比昂迪来领导隶属于可口可乐公司的哥伦比亚影业公司。

浏览有关富克斯的新闻报道，就会看到“颇具影响力”、“建设者”，以及“责任心强的管理者”等形容词。如果再深入地去挖掘，你也会看到“自负”、“粗鲁”、“生硬”、“喜欢对着干”、“专横”等标签。而我个人最喜欢的是“一个像里茨饭店（Ritz）那样傲慢的人”。

富克斯身边有一群忠实的追随者，他们对他极其信任，其中就包括了富克斯手下的原创节目主管布丽奇特·波特。据我所知，她是在我的记忆中，当时大型电视台的节目制作负责人中唯一的女性。公司也有人打心底里害怕富克斯。富克斯可能并没有故意去营造这种氛围，但他本身也不是那种让大家感觉和蔼可亲的人。记得有一次，我的上司拿着我们为富克斯撰写的演讲稿草稿去交给这位首席执行官过目。在他情绪低落地回来后，我问他：“他怎么说的？”从他那耷拉下来的双肩来看，我就知道不会是什么好事情。

“你觉得‘一堆狗屎’是什么意思？”

但是，不管对富克斯是憎恨、是害怕抑或是崇拜，没有人质疑他对 HBO 的忠心耿耿和全情投入。他对公司就像是熊妈妈保护自己的幼崽一样，竭尽所能去维护公司的独立性，甚至在母公司经历一次又一次重大的重组时也是如此。时代公司在 1989 年与华纳传播公司合并，后在 1996 年又与著名的有线电视基本频道网络特纳广播电视系统合并。

1984 年，公司的发展撞墙，给公司造成了巨大的创伤。这一年里，时代公司派曾经担任过 HBO 首席执行官的尼克·尼古拉斯（Nick Nicholas）重返 HBO，监督裁员和开支削减。人们害怕地称呼尼克·尼古拉斯是“尼克大刀”。在 HBO 搬入市区之后，他就已经升任时代公司的总裁。HBO 的一位高级人力资源管理人员告诉我，正是富克斯的努力才让尼古拉斯和时代公司只是对 HBO 做了最小的手术。

富克斯也同样致力于公司的长远目标，将 HBO 从一个相对简单的电影展示平台变成了一家更多元化、影响更深远的组织。而将原创节目提升为公司吸引订阅用户的主力就是这一愿景中的目标之一。此前，原创节目只是用来填充电影播放中的间隔时间。

早在 1982 年，富克斯在《HBO：10 岁了》的文章中就曾经预测该频道未来将会更多地立足于原创节目：

> 我们非常关注即将到来的发展趋势，比如电视频道和其他娱乐形式的爆炸式发展。我们清楚自己必须做到独一无二。我们希望自己的节目与众不同，甚至是形式都与众不同。我们希望观众在看到我们的节目时会说：“这就是 HBO 的风格。”

体育节目，“少做事但事情要做得相当出色”

如果扩大“原创节目”的定义范围，将体育节目也纳入其中，那么自频道开播之夜起，原创节目就一直是 HBO 的一部分。事实上，如果大家还记得，HBO 的第一个节目就是纽约游骑兵队和温哥华加人队的冰球比赛。如果不想将体育节目算作原创节目（但这样会让你后悔的），那么 HBO 播出的第一个原创节目是在该频道开播 4 个月后。这个节目是一场音乐会，不过并不是蒂娜·特纳纳（Tina Turner）和芭芭拉·史翠珊（Barbra Streisand）这些头牌人物担纲演出的大型盛会，也不是著名的摇滚歌手们向摇滚音乐名人堂致敬的表演。如果是那种星光熠熠的场合，那该节目最终会成为公司标志性的节目。

先生们，女士们，这是来自艾伦镇展览中心（Allentown Fairgrounds）的现场直播，我们即将为大家呈现精彩的听觉盛宴。请大家坐好，认真欣赏宾夕法尼亚波尔卡音乐节（Pennsylvania Polka Festival）。这里有身着皮短裤的男士们跳着两步舞，有舞厅里的波希米亚吟唱诗人，还有那些手指在手风琴上飞扬的乐手们弹奏的“沃利和他的波尔卡舞曲”（Wally and the Polka Chips）！

我不是在开玩笑。

在早期，公司在节目上存在一个战略性的问题：HBO 只能争取到数量很少的电影。当时，美国联邦通信委员会对可以在付费电视频道上播放的电影作了规定，上映 2 年之内的影片，以及上映时间超过 10 年的电影都不得播出。而更多的限制来自紧张不安的电影发行商，他们仍然对这个新生频道保持着警惕，不愿意将自己的人气影片授权给付费电视台播出。HBO 因此不得不找点别的东西来补充自己的节目。

正如我此前所说的，从一开始，体育赛事就是综合播出的节目类型之一。如果大家还记得的话，查尔斯·杜兰最初为 HBO 设定的愿景中就包括了体育节目。

至于除体育赛事之外的其他原创节目，鉴于HBO属于首创，在这家羽翼未丰的频道里，人数不多的节目制作人员中没有人能真正了解哪些节目会受欢迎，哪些节目又会遭受冷落。

在10周年纪念册《10年创新路》（*A Decade of Innovation*）中，公司吹嘘到1974年，HBO“正在开辟新的道路”。

是的，或许是这样的，但这句话并不能用在原创节目上。所开辟的新道路包括了滑雪和绘画方面的教学节目、旅游节目、品酒节目、名人烹饪节目，以及一部名为《玛莎的阁楼》（*Martha's Attic*）的还不错的儿童节目。总的来说，HBO就像是PBS和有线电视基本频道的混合体，而人们之所以订购HBO，就是为了逃离那些频道。

但这并没有给订阅用户带来太多的困扰。他们常常会将这些节目视作是两部电影的播放间隙里打发时间的东西。如果其他有线电视频道没有什么东西值得看的话，看看这些内容也还过得去。而且看到女性解放的偶像人物格洛丽亚·斯泰纳姆（Gloria Steinem）教你怎么炒菜也挺有意思。

那些节目五花八门，质量不高，所以早期的体育节目成为HBO原创节目的亮点，也就不足为奇了。不过就算是在这个领域内，HBO当时的情况与几年后也存在着天壤之别。

问题又再次回到哪些节目会受欢迎，哪些节目又会遭冷落，而这家尚未实现盈利的小频道凭借自身的经济能力又能制作什么节目呢？《HBO：10岁了》列举了一系列体育节目，其中包括冰球比赛、篮球比赛、牛仔竞技表演、撞车比赛、轻驾马车比赛、保龄球比赛、游泳比赛，甚至是摩托车特技大师埃维尔·克尼维尔（Evel Knievel）驾驶装有火箭发动机的摩托车飞跃斯内克河峡谷（Snake River Canyon）的成败尝试。如果说这个节目单让人感觉胡子眉毛一把抓的话，那么

HBO 的执行情况也不尽如人意。当时，无线电视网在体育赛事转播上已经有近 25 年的经验，可 HBO 却是一片空白。

在《HBO：10 岁了》一书中，体育节目制片人（后成为 HBO 插播广告主管）蒂姆·布雷恩（Tim Braine）介绍了当初报道牛仔城牛仔竞技秀（Cowtown Rodeos）的情况。牛仔竞技秀在新泽西州的伍德斯堂举办。当时，他不得不让骑野马的人等到他的信号之后才能从斜坡上冲下来，“这样我们才不会因为太早开始拍摄而浪费录像带”。在同一本书中还介绍了另一个故事：在一场游泳比赛中，HBO 的工作人员取下了游泳池上方挂着的一些小三角旗，因为这些旗子挡住了他们的摄像机。他们并不知道这些小三角旗的作用是提醒仰泳选手们，让他们的头不撞到游泳池的侧面。而“多亏了”HBO，他们的确撞头了。

经验可以慢慢累积。不过，最终选定哪些体育赛事适合 HBO，这就需要多动脑筋，更需要从战略方面去考量了。在 HBO 通过上星覆盖全美之后，团体性运动似乎不合适于 HBO 了。无线电视网、体育频道和地区性频道早就开始对所有大型团体性运动进行大量的报道，HBO 如果再带着自己微薄的资金来挤入这块市场，似乎太过愚蠢。HBO 需要某种适合于全美市场的体育项目，要能够帮助频道树立品牌，而且能成为频道独有的特色，这一点尤为重要。拳击似乎满足这些要求，用拳击领域的话来说，符合得分规则。

早在 1973 年，HBO 就曾成功地报道过几场颇具特色的拳击比赛，比如吉米·埃利斯（Jimmy Ellis）和厄尔尼·谢弗斯（Earnie Shavers）之间的重量级拳击赛，以及乔治·福尔曼（George Foreman）和乔·弗雷泽之间更加刺激的拳击比赛。1975 年，拳击赛作为 HBO 支柱节目的地位得到夯实。当年，穆罕默德·阿里和乔·弗雷泽之间进行了一场重量级拳击手的生死大战，这场经典之战被称为“马尼拉的震撼”。HBO 在这场比赛的转播上开启了首次跨东西海岸的卫星传输。

HBO 的体育节目能变为公司的支柱节目之一，很大程度上要归功于赛斯·亚伯拉罕（Seth Abraham）。迈克尔·富克斯曾经在接受 SecondsOut.com 采访时称赛斯·亚伯拉罕是“建立现代化的 HBO 的先驱之一”。赛斯·亚伯拉罕是土生土长的纽约人，一生都热爱体育运动。1978 年，亚伯拉罕担任美国职业棒球大联盟宣传公司（Major League Baseball Promotions）的总裁特别助理。当时，时任原创节目副总裁的富克斯将亚伯拉罕挖到 HBO。亚伯拉罕最终成了 HBO 体育频道总裁。1989 年，在时代公司与华纳传播公司合并之后，亚伯拉罕被任命为时代华纳公司体育总裁。他一直在该岗位工作，直到 2000 年跳槽到麦迪逊广场花园担任首席运营官。

亚伯拉罕让 HBO 的体育节目变得更有条理，通过减少数量来换取质量，少做事但事情要做得相当出色。1992 年，在接受《多频道新闻》的采访时，亚伯拉罕说：“如果说 ESPN 是一家自助餐厅，那么 HBO 就是一家五星级餐厅。”亚伯拉罕和他的团队与迈克·泰森（Mike Tyson）、乔治·福尔曼和舒格·雷·伦纳德（Sugar Ray Leonard）等拳击领域的头牌人物们建立了长期的关系，确保频道有稳定数量的顶级拳击赛可供播出。他们同时也将目光锁定在下一位冉冉升起的新星。这支曾经导致游泳选手在比赛中纷纷撞头的团体，后来却成了体育运动电视转播领域公认的最佳团队，至少是最佳团队之一。

多年来，HBO 也会在当天对美国网球公开赛和温布尔登网球锦标赛的半决赛进行报道。第一次报道是在 1975 年，所报道的是温布尔登网球锦标赛。HBO 的报道也被公认为首屈一指。但由于无线电视网牢牢抓住了决赛的转播权，而且半决赛的报道要占用频道大量的播放时间，一周平均下来每天几个小时，久而久之，网球比赛的报道也就失去了其战略价值。HBO 先是停止报道美国网球公开赛，后来最终也放弃了温布尔登网球锦标赛。

拳击比赛的报道颇受赞誉，而且收视率也相当可观。但另一个节目也同样出色，只是更为低调。那就是长期播出的《国家橄榄球联盟大揭秘》（*Inside the NFL*）。这是一个相当简单的节目，于 1977 年首播，橄榄球赛季里每周都会播出。该节目最初的制作质量就像孩子们的柠檬水小摊一样简单粗糙。在半个小时的节目中，大部分内容是由国家橄榄球联盟影业公司编辑制作的，即上周日美国国家橄榄球联盟赛事中的精彩片段的慢动作回放。节目还有两位主持人在中间穿插进行评论。最初的两位主持人是前费城老鹰队（Philadelphia Eagle）的查克·贝德纳瑞克（Chuck Bednarik）和资深的体育节目主持人艾尔·迈尔策（Al Meltzer）。尽管节目的整体构思比较简单，但始终非常吸引人。后来，主持人发生了变化，制作质量也得到了提高，该节目最终延长到 1 个小时，并且开始增加了一些特色版块。在这个过程中，国家橄榄球联盟的精彩荟萃在节目中的重要程度也慢慢下滑，这让长期以来追着节目看的球迷们很是不满。2008 年，在播出 31 季后，HBO 最终取消了该节目。但不管怎样，这个节目已成为电视历史上播出时间最长的系列节目之一。后来，Showtime 频道接手了该节目。在我撰写本书时，该节目仍然是 Showtime 频道定期播出的特色节目之一。

HBO 最终以《国家橄榄球联盟大揭秘》这个不进行体育赛事现场报道的体育节目为样本，成功地利用该节目的经验，推出了杂志形式的《布赖恩特·冈贝尔带你看体育运动》（*Real Sports with Bryant Gumbel*）和《鲍伯·科斯塔斯访谈秀》（*On the Record with Bob Costas*，后来发展为《科斯塔斯秀》[*Costas Now*]），以及与国家橄榄球联盟影业公司联合制作的体育运动纪录片系列《硬汉们》（*Hard Knocks*）。该纪录片每周播出一次，会在赛季前追踪拍摄一支美国国家橄榄球联盟球队，了解他们的幕后生活。所有这些节目都遵循赛斯·亚伯拉罕的“少做事但事情要做得相当出色”的战略，也都取得了一定的成功。

综艺节目，只播放少数大型的表演

除了体育运动领域之外，HBO 还涉足了众多形式的节目，其中许多节目事实上是参考借鉴老的综艺节目，以它们的元素为基础来打造全新的节目。《好莱坞皇宫剧院》（*Hollywood Palace*）和《埃德·沙利文秀》这类综艺节目曾经是无线电视台的主打节目。它们的方式就是一点音乐、一点喜剧、一点这个再加一点那个的表演。而 HBO 为订阅用户呈现的则是：“既然你最喜欢这个内容，那为什么你只满足于只看几分钟呢？”

HBO 不用去太多担心收视率，所以他们可以去做那些无线电视台不能做的事情，例如整档节目就是魔术表演、口技表演、相声或者是整场音乐会。而在这些方面，HBO 最为成功的当属音乐和喜剧。但随着有线电视节目的慢慢发展，音乐和喜剧的价值也慢慢被侵蚀。

1976 年，HBO 凭借《贝特·米德勒秀》（*The Bette Midler Show*）获得巨大的成功。这档节目综合了音乐和喜剧，是一档贝特·米德勒的女子个人秀。继《贝特·米德勒秀》之后，HBO 推出了《火爆现场》（*Standing Room Only*）音乐会系列，但这种形式也有其局限性。20 世纪 80 年代初期，HBO 一度每个月就播放一场音乐会，其中众多表演者都是当时占据排行榜榜首的摇滚巨星，例如文化俱乐部乐队（Culture Club）和谁人乐队（The Who）。但随着 MTV 在 1981 年首次开播就取得了成功，流行音乐和摇滚音乐的中心也转移到了这家新兴的频道。为此，HBO《火爆现场》的策略也变成了少而精：减少音乐会的数量，但都是所谓的“世界级”活动，即《艾尔顿·约翰中央公园演唱会》（*Elton John Plays Central Park*）、《蒂娜·特纳音乐会现场》（*Live in Concert : Tina Turner*）和为筹款举办的特别音乐会，比如《援助农民慈善义演》（*Farm Aid*）和《欢迎回家》（*Welcome Home*）。《蒂娜·特纳音乐会现场》在里约热内卢一个规模宏大的户外音乐会上录制，是芭芭拉·史翠珊 28 年来首次举办巡回音乐会时的第一场表演，明星荟萃，为的是向摇滚名人堂致敬。而《欢迎回家》是一场明星云集的活动，旨在为面向越战老兵们的慈善项目提供支持。

HBO在1975年推出的第一场《喜剧现场》（*On Location*）喜剧表演会也是大获全胜。该档节目的主持人为罗伯特·克莱因（Robert Klein）。HBO可以为订阅用户提供喜剧演员完整的表演，就像是大家在喜剧社和剧院看到的那样，同时还是无删减的版本。1977年，乔治·卡林（George Carlin）首次登上HBO的屏幕，他后来还为该频道举办了11场表演会，这也是这位喜剧演员首次可以在电视上表演自己的经典作品《永远别在电视上说的7个字》（*The Seven Words You Can't Say on Television*）。

《喜剧现场》特别节目和《年轻喜剧人》（*Young Comedians*）节目为喜剧表演者提供了突破性的引荐机会，或者说至少是大力提升了他们的声誉。他们很快就成了娱乐界的大人物，其中就包括安迪·考夫曼（Andy Kaufman）、史蒂夫·马丁（Steve Martin）、罗丝安妮·巴尔（Roseanne Barr）和罗宾·威廉姆斯（Robin Williams）。《年轻喜剧人》在这方面发挥的作用尤甚，这档节目本身就是针对年轻的人才。而作为喜剧界的巨星，罗宾·威廉姆斯同《年轻喜剧人》中的喜剧狂人一样相当钟情于即兴表演。

但有线电视也为《喜剧现场》的形式而付出了代价。20世纪80年代，有线电视的频道数量大幅增加，单人喜剧似乎成了除ESPN和天气频道之外各大频道争相采用的节目形式。单人喜剧节目的制作难度和成本都相对不高（这也是HBO喜欢这种节目的原因之一），而且观众能得到30 ~ 60分钟的开心时光，这一点吸引着他们不断地收看。单人喜剧甚至开始出现在公共电视台上。那些本地戏剧社的录像被用来填补公共电视台上的节目空档。最终，过度饱和带来了负面影响（现在你在喜剧中心频道之外，是看不到单人喜剧的），而HBO在喜剧方面也遵循了其在音乐方面的战略，即每年只播放少数大型的表演会，且表演者都是喜剧界的大人物。

纪录片，为电视台带来声誉

作为电视台，HBO 最初树立声誉的方法之一就是纪录片。1979 年，HBO 首次播出纪录片系列《过去的时光》（*Time Was*）。该纪录片共分为 6 集，由迪克·卡维特（Dick Cavett）担纲主持。节目通过绿光屏让迪克·卡维特出现在自 20 世纪 20 年代起过去 60 年里发生的重大事件之中。从某个方面来说，《过去的时光》就像是 VH 1 频道的《我爱七十年代 / 八十年代 / 九十年代》（*I Love the 70s/80s/90s*），只是内容更为深入，也更加严肃。它将娱乐和教育融为一体，赢得了相当高的人气，并因此带来了两个类似的纪录片系列《曾几何时》（*Remember When*）和《往昔》（*Yesteryear*）。

卡维特这档节目的成功表明，HBO 可以从无线电视台的节目上找到突破口，而《我就是我》（*She's Nobody's Baby*）更是证实了这个机会的存在。《我就是我》这部纪录片拍摄于 1981 年，由《女性》（*Ms.*）杂志制作，艾伦·艾尔达（Alan Alda）和马洛·托马斯（Marlo Thomas）联合主持。该纪录片追踪记录了 20 世纪里美国女性的角色变化。这部纪录片赢得了著名的乔治·福斯特·皮博迪广播奖（George Foster Peabody Broadcasting Award），该奖旨在“奖励获得杰出成就和提供优秀服务的广播电视台”，这让 HBO 成了第一个获此殊荣的付费电视频道。

《我就是我》开启了一扇大门，为 HBO 带来了一系列受人赞誉的纪录片，其中很多都是放在《揭秘美国》（*America Undercover*）系列下制作。其中《隐藏的士兵》（*Soldiers in Hiding*，1985 年）将目光对准了越战老兵们的困境，让人们看到他们仍然背负着那段战争经历所带来的心理创伤，像隐士一样生活在美国的森林里。这部纪录片摘下了奥斯卡最佳纪录片奖，那是有线电视公司获得的第一个奥斯卡奖，大大提升了 HBO 在节目制作上的声誉。此后，HBO 会巧妙地采取一定的策略，在最少量的院线发行一些有望冲击奥斯卡奖的纪录片，以获得竞争奥斯卡奖的资格。

此外，还有一定数量的独立纪录片，这些节目的形式和预算都不属于《揭秘美国》系列，其中包括让人心碎的《越南家书》（*Dear America: Letters Home from Vietnam*，1987 年），以及更令人痛苦的《共同的线索》（*Common Threads: Stories from the Quilt*，1989 年）。

1980 年，HBO 首次制作《消费者报告》（*Consumer Reports*）特别节目。此后多年里，HBO 推出了一系列资料性纪录片，有些是专门为年轻观众设计的，涉及的内容从产品安全到理财，再到吸烟的危害等，无所不包。

公司最著名的资料性纪录片之一就是《艾滋病》[①]。该节目制作于 1987 年，当时正是艾滋病疫情最严重的时候。那时许多美国人对病情爆发了解不足、存在错误的认识，或者是完全一无所知。《艾滋病》直面这种现象，对所有的问题进行了澄清，这种尝试可圈可点。公司对该问题的担心是非常真挚的。我们中许多人都知道，公司有人感染了 HIV，或者是艾滋病晚期，或者说他们的身边关系较近的人中有人已经病了。而且在早年，我们也曾经有一位同事因为艾滋病而过世。当时的卫生局局长埃弗雷特·库普（C. Everett Koop）表情严肃，满脸胡须面对镜头时却侃侃而谈。他抛开了道德评判，用平淡而直白的话语驱散了人们的恐慌情绪和对艾滋病的误解。这并非 HBO 第一次直面争议性的话题，有时候甚至是通过多个节目来进行探讨，比如艾滋病、越战老兵、流浪人员，以及伊拉克和阿富汗战争。公司像热忱的传教士一样，会综合通过纪录片、特别事件节目，以及有剧本的节目等形式来关注这些话题，有时候甚至会跨越多年。而这些例子无一例外都是这家电视台的光荣时刻。

尽管如此，公司的纪录片也并不是没有任何争议，人们指责其存在偏见、扭曲事实，而且有时耸人听闻。有时候，公司无所畏惧的纪录片和新闻制片人希

① 全名为《艾滋病：所有大家不敢问却又必须了解的知识》（*AIDS: Everything You and Your Family Need to Know.... But Were Afraid to Ask*）。

拉·内文斯（Sheila Nevins）似乎下定决心在吸引观众的同时也让他们感到不安。不过总的来说，这数百部节目是一份令人钦佩的成绩单，已经积累了许多个艾美奖、奥斯卡奖、皮博迪广播奖和其他奖项。他们做出了重要的贡献，使 HBO 成了电视领域最受人尊重的频道，也使他们自己成了美国传媒界最受人尊崇的纪录片制片人之一。

但遗憾的是，赞美和尊崇并不一定能帮你收回成本。HBO 的纪录片很少能吸引大量的观众，但因为它们的成本相对较低，公司也就始终可以忍受观众数量少这个问题。按照这种模式，纪录片给 HBO 频道更大的贡献在于赞美和声誉。但《性爱》（*Real Sex*）让内文斯发现，她成了真正的买单者。

从 1992—2009 年，《性爱》会时不时地在午夜时分播出。这是一个杂志形式的电视节目，将目光毫不掩饰地对准了各种性爱问题，从略显古怪的话题（女性自慰诊所）到离奇的东西（价值数千美元的、逼真得吓人的性爱玩偶）均有涉及。正如人们所预料的那样，有些订阅用户觉得这个节目让人讨厌，但更多的订阅用户希望知道节目中展现的大量用品、设备和奇装异服可以在哪里购买到。内文斯从未为《性爱》节目道歉，她认为该节目对这个主题持有的是健康、开放的态度，尽管部分内容可能脱离了性爱的主流文化。

迈克尔·富克斯常常直白地提到电视领域里一条残酷的现实，即《性爱》这类节目养活了《越南家书》和《共同的线索》这类节目。就算是 HBO 没有像普通的电视台那样一切以收视率为准，情况也是如此。

1978 年，HBO 推出了《水獭艾米特的圣诞乐队》（*Emmett Otter's Jug-Band Christmas*），作为送给订阅用户的圣诞礼物。这是一个非常吸引人的木偶剧，创意来自木偶大师吉姆·汉森（Jim Henson）。这个关于圣诞节的故事主角是一群热爱音乐的小动物，孩子们看了感觉非常亲切，而陪同观看的家长们也觉得非常有趣。该剧凭借出色的制作荣获了有线电视卓越奖（ACE Award）[①]和国际艾美奖。

《水獭艾米特的圣诞乐队》的成功让汉森数年后在1983年又重返HBO，带来了一部真正经典的儿童节目。这部儿童节目的地位几乎与汉森的《芝麻街》和其长期播放的《童话王国》（*The Muppet Show*）相当，而且给人们留下了温馨的记忆。这部节目就是《布偶奇遇记》（*Fraggle Rock*）。该剧也同样获得过有线电视卓越奖和国际艾美奖。该剧每周播出一次，在HBO连续播出了5年，后来登上了全世界各地的电视台。

不过，也有极少数用心良苦却乏善可陈的作品，比如《小海豹塞贝特》（*Seabert the Seal Pup*）。尽管如此，HBO后来制作了越来越多受人推崇的节目，所针对的不仅仅是儿童，还有青少年。针对儿童的节目有广受赞誉的《大脑游戏》（*Brain Games*）和《从此幸福永久：人人皆知的童话故事》（*Happily Ever After: Fairy Tales for Every Child*），后者包括了多个国度里人们一再重温的经典童话故事。HBO为青少年制作的节目从直白的纪录片到基于真实故事的文献纪录片，涉及艾滋病、性传播疾病、同性恋及青少年自杀等各种话题。这些节目均属于《生命故事》（*Lifestories*）和《HBO家庭秀》（*HBO Family Showcase*）系列。有些父母可能会反对学校进行性教育，自然也会不满HBO频道播放这些节目。但这些节目得到了新闻媒体的肯定，而且HBO常常会依托这些节目在地方组织活动，由此来看，这些节目（也是成本相对而言较低的节目类型）也是值得一试的。

现在，让我来告诉你一个关于HBO家庭节目的小秘密。孩子们并没有收看这些节目，至少观众数量很少，当然著名的《布偶奇遇记》是个例外。孩子们不喜欢那些节目。西蓝花有营养但不好吃，而HBO频道的多数儿童节目就像是西

① 有线电视行业自己设立的奖项，创立之时有线电视节目尚无资格竞争艾美奖。

蓝花，有知识含量但没意思。与此同时，动画频道和迪士尼频道上有大量有趣又有知识含量的节目。HBO 的原创家庭节目轻松地赢得了家长们的推崇，战胜了竞争对手，但它们对孩子的吸引力永远比不上海绵宝宝（Sponge-Bob）和飞天小女警（Power Puff Girls）。

不过没关系，父母们看到菜单上有西蓝花时就觉得开心了，即使他们并没有要求孩子们吃这道菜。从这个角度来看，制作儿童节目不仅是一种节目战略，同时也是一种市场营销策略。

但进入 21 世纪后，在这方面付出的努力和金钱似乎同回报越来越不匹配。1997 年，迪士尼频道从付费频道变为基本频道。也就在这一年里，新闻集团（News Corp.）收购了基督教广播电视网的家庭频道，并且将其变成了福克斯家庭频道[①]（Fox Family）。动画频道是时代华纳公司通过特纳广播电视系统持有的另一个频道，该频道自 1992 年开播。进入 21 世纪后，所有这些频道都在积极加大原创节目的制作力度，并且取得了相当可观的成绩，导致 HBO 西蓝花似的节目越来越多地被留在了盘子上无人搭理。HBO 的儿童节目逐渐风头不再，至于降至何种程度，打开 HBO 家庭频道就知道了。该频道大部分的原创节目都是一些循环播出的内容，制作时间最早为 20 世纪 90 年代。

舞台剧，失败的尝试

在早期，HBO 的原创节目几乎完全由非剧本类节目（音乐会和体育赛事）和现实类节目（纪录片）组成。有剧本的喜剧和电视剧是电视娱乐的精华。剧本类节目要获得成功，不亚于让所有行星排成一列。要想成功，必须有合适的构想，由合适的人才来加以执行，通过合适的形式展现出来，找到合适的平台，安排合适的播出时间，并且进行合适的宣传造势。如果你能够让所有这些行星都排成一

① 在 2001 年被迪士尼 /ABC 所收购，并重新被命名为 ABC 家庭频道。

列，还必须祈祷它们周复一周、集复一集，以及季复一季都能保持这种队列。

此后，你将必须希望观众们注意到这个节目，而且喜欢上它，并且周复一周、集复一集，以及季复一季都能喜欢它。

做到这一点是何其艰难。每年秋季推出的新电视节目（有时候接近100部）中，大多数都以失败告终，有些甚至都没能坚持到秋季那13周就结束了。安然挺过那段时间的电视节目中，最终大红大紫的节目寥寥无几。

所以年轻的HBO来了，他们在原创节目上绞尽脑汁，希望能别具特色，不仅仅只是两个身材魁梧、大汗淋漓的男子在那儿打个你死我活，又或者是乔治·卡林让所有人滚蛋。HBO想到了播放舞台剧这个听起来非常不错的点子。

我不是说改编舞台剧，而是在剧场上演时进行电视摄像并在此后加以播放。这并不是什么特别新颖的点子，A&E频道在早期曾经做过这方面的尝试。当时该频道在为大家奉献娱乐节目的同时，也在努力提供同样多的艺术内容。此外，PBS也在这方面开展过多年的工作。事实上，PBS多年来都对舞台剧进行拍摄和播放，但他们的努力从未能成为次日大家在茶水间的闲谈话题。这点也许意味着舞台剧或许并非HBO的王牌选择。

不过在1981年，HBO还是进行了一番尝试，在《火爆现场》栏目为大家呈现了杰克·亨福纳（Jack Heifner）的外百老汇舞台剧《浮华》（*Vanities*）。电视评论家们对节目的评价不错，观众的反响也很热烈，充分显示这或许是HBO频道可以加以挖掘的小众市场，而且公司开始断断续续地播出一系列舞台剧的录像。

但同其他电视台剧场一样，HBO的剧场也有众多缺点，其一就是电视台试图站在观众席前拍摄表演现场，但录制的舞台剧看上去毫无现场观看的感觉。视觉效果平淡无奇不说，观众们也无法感受到现场的气氛，而且这些表演的动静太大、太吵，不适合于摆放在客厅的小电视机。

更大的问题在于公司难以争取到热门的舞台剧。剧院制片人不愿意授权电视台播出那些仍处于首轮演出的热门新剧，担心这样可能会影响到自己的票房收入。《浮华》这部剧在登上 HBO 的屏幕时已经演出了 5 年，而且该轮外百老汇演出也已经结束。正因为如此，HBO 最终只能得到老剧的播出许可，例如威廉·英奇（William Inge）在 1955 制作的《巴士站》（*Bus Stop*）。该剧在 1956 年被搬上了大银幕，由玛丽莲·梦露（Marilyn Monroe）担纲出演。这部广受欢迎的电影现在仍然在电视台播出，谁还需要 HBO 来做重复工作呢?

HBO 在 1982 年投入大资金来为《卡米洛特》（*Camelot*）进行电视拍摄。这似乎是对 HBO 频道播出舞台剧的理念一种“把老本都赌上”的尝试。HBO 这是首次手上有了大牌。这部艾伦·杰伊·勒纳（Alan Jay Lerner）打造的音乐剧受人喜爱，当时在百老汇正再度流行。剧组中挑大梁的是著名的男演员理查德·哈里斯（Richard Harris），他也曾出演 1967 年的同名电影。为了便于电视台进行拍摄，该剧专门为此进行了一场表演。在庄严宏伟的百老汇剧院内，百老汇的音乐剧都规模宏大，感染力十足，而小屏幕（在当时电视都是小屏幕）无法去捕捉和传递这种规模和感染力。不过在屏幕上，表演仍然规模宏大，气势磅礴。尽管该剧拥有了当时最新的制作手段，但它仍然是一个 22 年前的舞台剧。对 HBO 而言，这档节目广受好评，可是依然没有人气。

总而言之，这档节目让 HBO 的舞台剧拉上了大幕。

原创电影，拍别人不愿意也不敢拍的内容

正如我此前所说的，一部电视剧，哪怕是一部烂片要想成功，需要在创作和

组织方面付出巨大的努力。每一季一般有 13 周，由此要求也就更高。相比于投资最大的电影大片而言，拍摄电视剧时人员的日程安排更为紧张，投入的物资也更多。电视剧在播出的每一周里都要去争取挑剔的观众，而电影通常只要这样做一次。

所以，也就能理解为什么 HBO 最初最为成功的是原创电影了。因为这些领域相对而言难度要小一点，但并不是没有难度。

制片人杰拉尔德·艾布拉姆斯表示，HBO 早期的一些电影让他注意到这家尚且年轻的频道有点“不一样”。我想，艾布拉姆斯所指的是 HBO 最早的原创电影。

HBO 播出的第一部原创电影是《泰瑞·福克斯的故事》（*The Terry Fox Story*，1983 年）。这是一部根据真人真事拍摄的电影。主人公是一位年轻的加拿大人（埃里克·弗莱尔 [Eric Fryer] 饰），因为癌症而痛失一条腿。他希望能跑遍加拿大，为癌症研究筹款。配角罗伯特·杜瓦尔（Robert Duvall）给这部电影增添了一点明星色彩。整体而言，这虽然只是一部普通的传记片，但其立意深刻，是一部值得人们尊重的人物传记片。

或许泰瑞·福克斯并不是什么了不起的人物，而这部电影并不比当时那些为无线电视台拍摄的普通电影更好，或者说比它们更出类拔萃，但它比 HBO 拍摄的第一部故事片要强很多。HBO 本打算借那部影片启动其故事片的拍摄大业。

《阳关大道》（*Right of Way*，1983 年）由两位好莱坞老前辈詹姆斯·斯图尔特（James Stewart）和贝蒂·戴维斯（Bette Davis）联袂出演。HBO 希望借该片宣告天下，自己即将大规模进军电影制作领域。斯图尔特和戴维斯在剧中扮演一对夫妻。在戴维斯扮演的角色得知自己患上绝症后，夫妻二人准备共同自杀。看了成片之后，HBO 对该片也有了同样的诊断结果，将其改为自己推出的第二部原创电影，同时将宣传攻势缩小到最少，让它在该台的 HBO 节目指南中淹没，好像根本就不希望人们去收看它。

在公司最初拍摄的这几部影片中，《泰瑞·福克斯的故事》立意高尚但平淡无奇，这似乎是 HBO 所能达到的最高水平。公司的成果似乎就局限于从烂透了到一般般的水平，比如《温莎行动计划》（*To Catch a King*，1984 年）、《双面间谍》（*The Blood of Others*，1984 年）、《闪光的穹顶》（*The Glitter Dome*，1984 年）、《暗夜凶客》（*Blackout*，1985 年）、《僵局！》（*Draw!*，1984 年）和一部异常糟糕的超自然惊悚片《冰冷的房间》（*The Cold Room*，1984 年）。影评家们达成共识，认为 HBO 在影片的播放上要比影片的拍摄在行得多。

多年后，公司以电视电影制片人的身份赢得了一些有线电视卓越奖和艾美奖，以及其他荣誉。我曾经请教过公司一位资深的公共关系人员，为什么我们此前会制作出那么多蹩脚的电影。这位公共关系人员曾经参与过最早的那些原创电影的制作。

“因为我们可以这样呀。”

这句话要好好解释一下。

如果你是制片人，手里有部电影希望能拍摄，你第一个去找的地方就是大型电影公司。这一点想都不用想，因为他们投资的钱最多，可以为你找到大明星和知名导演，而且他们在影片发行时能组织大规模的宣传攻势。如果他们拒绝和你合作，你就要开始沿着电影拍摄的金字塔从上往下走，接下来去找规模较小的电影公司，如果还被拒绝的话就继续往下找。在向各大电影公司推销受挫后，你就会去找三大无线电视网，因为它们是接下来最大的买家。如果再被他们否决，那就是时候去找 HBO 了。请记住，在当时，HBO 的订阅量还不到 2 000 万，还不到当时美国总人口的 10%，而且 HBO 制作的节目也没有什么明确的二级市场因为那时候还不流行卖给电视台和家庭录像行业。你之所以拿着剧本去找 HBO，是因为无路可走。

HBO由此变成了电影界的扩编队伍，只能争取那些他人都不要的糟糕选手。也正是基于这个原因，HBO频道并不能吸引到出色的人才。在HBO早期的原创电影中，标志性的特点之一就是演员阵容中最著名的都是正在事业上走下坡路的明星们，例如柯克·道格拉斯（Kirk Douglas）、乔治·西格尔（George Segal）、詹姆斯·柯本、罗伯特·瓦格纳（Robert Wagner）、理查德·威德马克（Richard Widmark），以及前文中提及的詹姆斯·斯图尔特和贝蒂·戴维斯。

鲍勃·库珀（Bob Cooper）是《泰瑞·福克斯的故事》和HBO部分优质故事片的制片人，后来也成了公司原创故事片部门的负责人。我还记得，当被问到公司原创电影的拐点时，他的回答是传记片《曼德拉》（*Mandela*，1987年）。同《泰瑞·福克斯的故事》一样，《曼德拉》也是一部值得人们尊重的、制作精良的影片，最终赢得了一项有线电视卓越奖，而且丹尼·格洛弗（Danny Glover）凭借该片获得了艾美奖最佳男主角的提名。影评家们也给予了积极的评价。从战略角度来说，更为重要的一点在于，《曼德拉》让人们看到HBO不仅仅是一个项目被他人拒绝后的唯一收容地，它还能做到他人所做不到的事情，帮你把项目变为现实。

HBO在20世纪70年代开播之时，好莱坞仍然一如既往地在拍摄一系列时髦撩人的成人电影，例如《电视台风云》（*Network*，1976年）、《发条橙》（*A Clockwork Orange*，1971年）、《生死狂澜》（*Deliverance*，1972年）、《热天午后》（1975年）、《稻草狗》（1971年）、《巴顿将军》（1970年）、《巴黎最后的探戈》（*Last Tango in Paris*，1972年）、《总统班底》（*All the President's Men*，1976年）和《唐人街》（*Chinatown*，1974年）等。但《大白鲨》（1975年）和《星球大战》（1977年）带领电影产业开始沿着另一条道路来追逐巨额回报，即针对年轻观众尤其是青少年的大制作影片。

针对中老年人群的电影出现不足，而 HBO 原创电影发现那正是他们的切入点。HBO 对每部原创电影的投入是无线电视网对电视电影投入的 2 ~ 3 倍。早期的挫败让人看不到光明的前景，但 HBO 此后的原创电影都拥有高质量的剧本、精良的制作，能拨动成年人的心弦。在《泰瑞·福克斯的故事》和《曼德拉》取得成功之后，传记片成了 HBO 原创电影的首选。此后，他们接连拍摄了《约瑟芬·贝克的故事》（*The Josephine Baker Story*，1991 年）、《萨哈罗夫》（*Sakharov*，1984 年）和鲍勃·库珀担任制片人的《凶手在我们中间》（*Murderers Among Us: The Simon Wiesenthal Story*，1989 年）。《凶手在我们中间》斩获了艾美奖的最佳编剧奖并获最佳剧情片提名，而且本·金斯利（Ben Kingsley）获得了最佳男主角提名。

随着 HBO 逐渐站稳脚跟，其节目制作平台的身份也变得越来越广为人知。当电影制片人手中握有激情四射的项目且可能获得成功时，HBO 就会为他们敞开大门，事实已经清楚地证明了这一点。于是，更高质量且更具知名度的项目开始找到 HBO。尽管 HBO 偶尔也会拍摄爱情片，如《重焕新生》（*Finnegan Begin Again*，1985 年），剧情片《帝国瀑布》（*Empire Falls*，2005 年）、《天使在美国》（*Angels in America*，2003 年），但 HBO 的专长逐渐变成挖掘历史书中被掩盖的历史片段，那些历史片段或许是因为人们的疏忽造成的，如《黑色轰炸机》（*The Tuskegee Airmen*，1995 年），或许是因为它们不符合美国神话中积极上进和总是好人唱主角的特点，如《魂归伤膝谷》（*Bury My Heart at Wounded Knee*，2007 年），又或者是因为它们揭露了国家层面最高级别的失策和失败所带来的痛苦，如《冲出越战》（*A Bright Shining Lie*，1998 年）、《世纪的哭泣》（*And the Band Played On*，1993 年）。

HBO 的原创电影在质量和知名度方面都得到大幅提升，原因就在于无线电视网在慢慢地从那些类型的节目中撤离。到 20 世纪 80 年代末，无线电视台的观众数在慢慢减少，有线电视的观众数超过了三大无线电视网的观众数。《那个夏日》(1972 年)、《性控诉》(*Roe vs. Wade*，1989 年)、《沉默的服务：玛格丽瑟·卡梅米尔的故事》(*Serving in Silence: The Margarethe Cammermeyer Story*，1995 年)和《浩劫后》(1983 年)这类引人深思的电视电影正在从无线电视台上消失。三大无线电视网的节目选择让人感觉他们迫切地想要在不断发展、扩大的电视世界里杀出一条路，竭尽所能地通过哗众取宠的方式来抓住观众。无线电视网抱怨 HBO 凭借大制作的电视电影垄断了艾美奖的最佳剧情类剧集奖。但这一切都是三大无线电视网咎由自取，可能 1992—1993 年是他们的最低潮，因为三大无线电视网联手根据臭名昭著的“长岛洛丽塔”案[①]制作了一部糟糕的电影。也就在这一年里，HBO 的原创电影获得艾美奖电视电影 5 项提名，并且最终将其中 4 个奖项收入囊中，PBS 赢得了剩下的第 5 个奖项。大胆探讨雷诺兹烟草公司融资收购饼干生产商纳贝斯克的交易的《门口的野蛮人》(*Barbarians at the Gate*)也斩获了奖项。

20 世纪 80 年代末，HBO 电影部门(HBO Pictures)开始在电视电影领域赢得众人的尊重，所有赞誉和奖项都是实至名归。但在公司这些光彩照人的作品中，仍然有所缺失。电影公司之所以放弃这些项目，是因为他们正在追逐年轻人的市场。无线电视网之所以不开展这些项目，是因为他们认为这些项目缺少他们需要的大众吸引力，而且当时他们锁定这些观众的能力正在慢慢消退。但抛开这些价值论，单从内容上来说，电影公司和无线电视网完全也可以拍摄这些东西。这些影片出现在 HBO 频道，但似乎并没有能借此创造什么优势，套用一个被过度使用的传媒界词汇来说，它们缺乏“锐气”，是电视领域的西蓝花。

鲍勃·库珀不断为 HBO 赢得艾美奖，并凭借这番成绩成了公司原创电影部门的负责人。他的个头不高，样子可以去假冒好莱坞老牌电影大亨达里尔·扎纳克(Darryl Zanuck)失踪已久的弟弟，也是超大根的雪茄不离手。我曾经听到

① Long Island Lolita，17 岁的艾米·费希尔(Amy Fisher)试图杀死自己情人的妻子，她的情人是 38 岁的汽车修理工乔伊·布塔福科(Joey Buttafucco)。

HBO 一位公关人员这样评价他：“鲍勃的确希望能制作出好电影。他也的确做到了这点。我只是觉得他有时并不清楚什么叫好电影。”

HBO 公司肯定有人也有同感，并因此成立了 HBO 精选部门（HBO Showcase），负责人是英国人科林·卡伦德（Colin Callender）。他是舞台 / 电视 / 电影制片人，曾经在 1983 年为公司制作过好评不断的剧情片《哈尔彭先生和约翰逊先生》（*Mr. Halpern and Mr. Johnson*）。HBO 精选部门将总部设在了纽约，而并非 HBO 电影部门所在的洛杉矶。1986 年，HBO 精选部门制作了第一部电影《特工情报网》（*Yuri Nosenko, KGB*），讲述的是美国中央情报局历史上最大的倒戈事件，或者说是最大的双面间谍事件之一。HBO 精选部门的宗旨就是要比 HBO 电影部门更加强硬，也更加尖锐。基于此，他们先后制作了探讨艾滋病的《地铁大爆炸》（*Daybreak*，1993 年）、探讨儿童和枪支的《重案实录之军火少年》（*Strapped*，1993 年）、揭露秘密行动的《旋冲下坠：韩国空难的背后》（*Tailspin: Behind the Korean Airliner Tragedy*，1989 年）和《末日之枪》（*The Doomsday Gun*，1994 年）。

HBO 精选部门的部分员工认为自己在公司是“二等公民”，并因此恼火不已。HBO 电影部门可以争取到大额预算、大明星、大型的宣传活动，以及最多的公众关注度，而在 HBO 精选部门自己看来，他们的预算只有 HBO 电影部门标准预算的一半，却能为 HBO 制作出质量更好，也更具特色的影片。

最终，两个部门合并，共同归于 HBO 影业部门（HBO Films），由卡伦德来掌舵。在当时，不管是出自高端的 HBO 电影部门，还是强硬的 HBO 精选部门，HBO 的原创电影已经找到了它们真正的立足点。

电影行业希望能争取到年轻的观众群，无线电视网则希望观众数越多越好。HBO 发现，要想打造自己独特的品牌，不仅仅要去拍摄那些电影公司和无线电视台不愿意拍摄的影片，同时也要去拍摄他们不敢拍摄的影片。政府的失策、商业世界见不得人的勾当，以及历史上的黑暗篇章，这些都成了 HBO 电影的主要内容。艾滋病、堕胎、腐败、种族、同性恋、被误导和错误处理的战争，这些过去和现在的热门话题中，没有哪个是 HBO 不愿意搬到电影中去的。而且得益于 HBO 的声誉越来越好，也为其吸引来了高水平的导演和演员。

饶具讽刺意味的是，随着 HBO 的故事片创作力达到巅峰，不断变化的电视界在破坏电视电影对无线电视台的价值之后，现在又开始来削弱它们对 HBO 的价值。到 21 世纪，众多有线电视基本频道已经开始推出高质量的原创节目。HBO 的竞争对手不再只是那三大无线电视网，同时还有众多其他的频道。它们提供别具特色，有时候甚至是高质量的原创节目。

像电影这种一次性播完的节目并不能慢慢培养或维护观众群。周复一周，它们无法让观众坚持只看这一个频道。HBO 的每部电影都必须能帮助频道树立声誉，并且争取到观众。但此后，它们无法在此基础上进一步去提升自己的贡献。像《战争之路》（*The Path to War*，2002 年，讲述了林登·约翰逊 [Lyndon Johnson] 如何一步一步地陷入越战泥潭）、《阴谋》（*Conspiracy*，2001 年，展现了纳粹灭绝种族的大屠杀方案是如何做出来的，让人不寒而栗）和《选票风波》（*Recount*，2008 年，黑色幽默剧，刻画了 2000 年决定美国总统选举的佛罗里达州计票舞弊案）都是广受赞誉的艾美奖获奖作品，它们构思巧妙，画面优美，但始终只能吸引到少数观众。

而另一方面，电视剧只要能在一开始吸引到观众们，就能周复一周地强化那种吸引力。电影就像是相亲，而电视剧只要看上眼，双方就会建立恋爱关系。

HBO 最终削减了其原创电影的制作。HBO 电影部门和精选部门一度希望频道每月能播出一部电影，但现在 HBO 频道每年只制作少量影片。电影对于该频道而言依然具有一定的战略价值。HBO 希望能树立切合时代且高质量的重要节目的制片人形象，《选票风波》这类电影能帮助该频道强化这种形象，即使没有什么订阅用户收看它们。但显而易见，进入 21 世纪后，HBO 要吸引新一代的观众，就要能周复一周让观众们调回到该频道收看节目。HBO 的未来在于电视剧。

正如我所说的，电视剧的制作并非易事。要制作出优秀的电视剧更是难上加难。而难事要解决，既要费时，又要费力。

INSIDE
THE
RISE OF
HBO

09

把握内容尺度，满足用户的多元需求

不管对错，这是我的信仰，我的承诺……
我是美国人！

——汤姆·斯莫瑟（Tom Smothers）

HBO时刻

如何应对订阅者对内容尺度的异议

1. 针对电影内容的投诉，HBO 说："我们只是播放电影本来的样子。"
2. 针对原创内容的投诉，HBO 没有借口。

对于HBO的第一代订阅用户而言，该频道就是揭秘者，而且常常揭露的是让人不安的事情。将电影院、喜剧社、音乐厅和体育场搬到自家的客厅来，这种宣传自然颇具吸引力……等你把电影院、喜剧社、音乐厅和体育场搬到自家的客厅后，你就会真正明白这句话到底是什么意思。

我们只是播放电影本来的样子

让现在的人来理解第一代订阅用户的想法，的确是件难事。在当时，该频道主要是针对郊区居民，而且多数订阅用户并不是20来岁的、精通传媒的时髦年轻人。但HBO频道在1972年开播时，大约40岁左右的观众应该还记得，在1939年改编自《飘》的电影中，影片进入高潮后的这一幕：克拉克·盖博对费雯·丽说："坦白说，亲爱的，我不在乎！"虽然我不确定现在这种话是否会导致影片被定为需父母陪同观看的PG级，但如果你对历史稍有了解的话就知道，在当时，人们看到这一幕后确实会惊叹："老天，他真的是这么说的吗？"

那一代订阅用户之所以会放弃前往电影院，或者至少是在去电影院时会相当挑剔，就是为了逃离自20世纪60年代以来大屏幕上所发生的变化。这种变化不只是暴徒手里拿着电动工具在荒野追逐青少年。在 1972 年 HBO 频道开播之前，R 级电影[①]是电影院的创收主力。1968 年，美国电影协会（MPAA）开始推行电影评级。从那一年起，一直到 HBO 开播，所发行的电影中超过 1/3 都被评为限制级，而且票房收入最高的影片中 1/4 为限制级。订阅用户们发现，因为有了 HBO 频道，现在电视上在不断地播放他们许多人眼中所认为的残害、混战、袒胸露背和淫乱画面，而且是脏话不断。

斩首画面究竟是出现在《现代启示录》（*Apocalypse Now*，1979 年）这类迎合高层次观众的影片中，还是出现在《德州电锯杀人狂》（*Texas Chain Saw*）、《13 号星期五》（*Friday the 13th*）、《猛鬼街》（*Nightmare on Elm Street*）这类血肉横飞的廉价新片中，这些都不重要。因为对这些观众们而言，被斩首就是被斩首。他们根本不想看到黄金时间自家客厅的电视里不断地闪现这样的画面。

我来给大家讲讲我最喜欢的一段故事。

INSIDE THE RISE OF
HBO **小剧场**

有位女性打电话到电视台来投诉布莱恩·德帕尔玛（Brian DePalma）在 1976 年拍摄的限制级影片《魔女嘉莉》（*Carrie*）。该片改编自史蒂芬·金（Stephen King）的同名恐怖小说。存在问题的画面是这样的：约翰·特拉沃尔塔（John Travolta）和南希·艾伦（Nancy Allen）将车停在一条情侣路上。车上，艾伦的头慢慢低下去，被仪表盘挡住不见了。显然，她应该是在帮特拉沃尔塔口交。这部影片在黄金时间播放，而这位女士的孩子也会看到那段画面，她为此甚感愤怒。这点也是不难理解的。

在回复投诉之前，我的老板想看看这段画面。她叫人从公司的影片库中找来这部影片，然后在自己的办公桌上贴了一张便笺，提醒自己午餐回来后看一下那部影片。

① 属限制级：17 岁以下未成年人必须由父母或监护人陪伴才能观看。

> 等她吃饭回来后，奇怪地发现大家都在她办公室外面晃悠，然后想到肯定有人看到了她的便笺，并且将这件事情传开了。她当时写的是："口交 1:00。"

为了便于统计，我们将这种投诉归类为"内容存在异议"，面对这些投诉，HBO 的回答通常就是："您好，我们频道只负责播放电影。您在本频道看到的就是电影本身的样子。"这也是在婉转地表示："这不是我们的错。"这句话也是句实话。

我们也会向投诉者强调自己的"8 点档的限制级影片"政策，并且吹嘘自己是唯一制定了该政策的付费频道。我们会相当肯定地指出，我们的收视指南上不仅会标明美国电影协会的评级（仅针对有评级的影片，因为并非所有影片都有评级），同时也会给出内容简介，就"成人语言"、"性爱画面"和"暴力画面"等给出更为详细的提醒。而且在影片播出前，会先播出评级和内容简介，进一步来提醒观众加以注意。

但所有这些根本没有作用，因为只有打算收看节目的人才会去注意这些东西。而多数人在收看电视节目时并不是有计划地进行的。

他们会在沙发上一屁股坐下，拿起遥控器，各个台换来换去，看看有什么节目值得一看。突然，他们看到在《巴黎最后的探戈》里，马龙·白兰度（Marlon Brando）伸手去拿黄油当作性爱的润滑剂时，他们慌慌张张地马上换台，同时将小朋友赶出客厅。

无线电视台数十年来已经让那些身为父母的用户们习惯性地认为电视是"安全的"，你可以将小孩子放在客厅的小地毯上，打开电视，然后也不用担心他们会因为电视上的某些画面遭受心理创伤。付费电视要求他们去培养积极干预和监督的技能，而他们尚未能改变这种观点。

有线电视系统提供了一项服务，家长用户可以当自己不在电视机旁时屏蔽一些频道。随着有线电视系统的发展，屏蔽系统也变得越来越错综复杂，家长们甚至可以针对特定影片评级来设定程序，例如屏蔽掉所有限制级的节目。越来越多的观众投诉表示，有越来越多的有线电视频道正在向观众家中倾倒大量腐化心灵的垃圾，其中付费电视频道尤甚。为此，1996 年颁布的《电信法》要求，到 1999 年时，所有美国制造的电视机都必须安装 V 型芯片。V 型芯片是一种可以编程的设备，能够用于屏蔽家长们认为不适合收看的节目。

可是，不管是过去还是现在，大多数家长都没有去使用 V 型芯片。原因五花八门：一些家长并不知道他们的电视机里有 V 型芯片，其他家长则不知道要怎么用。不过，凯泽家庭基金会（Kaiser Family Foundation）2007 年的调查显示，了解 V 型芯片功能的被调查者中，有 20% 并没有去使用该功能。同一年，佐格比国际调查机构（Zogby）的调查发现，88% 的被调查者在前一周内并没有使用其 V 型芯片或有线电视机顶盒中的屏蔽功能。

我明白个中原因，因为在 HBO 工作的那些年里，曾经有众多家长对我说："这个不应该要我来做。"这句话总是让我很是困惑，既然你有此想法，为什么还要订购 HBO 呢？

"内容存在异议"的投诉并不一定就是关于淫秽或血腥内容。1984 年，我们播出了《战火下》（*Under Fire*，1983 年）。这部影片的背景是桑地诺阵线在 1979 年发起政变推翻索摩查政权。该片多多少少表现出了对桑地诺阵线的支持，以及对索摩查和其亲信的不满。在该片播出之后，我们几乎是立马就收到投诉，称这部影片是左翼宣传片，而且谴责我们是一群典型的纽约自由主义者。此后，在《战火下》结束那一轮播出后，我们又开始播出《真相追击》（*Last Plane Out*，1983 年）。这两部电影选择了相同的背景，只是后者痛斥了桑地诺阵线，并且将索摩查塑造成美国在拉丁美洲坚定的同盟者。这次，电话又开始不停响起，投诉信也不断涌来，只是这次我们被攻击为支持里根政府的企业资本家的走狗。我们只是做了自己的本分，也就是播放频道拿到的电影，但似乎哪一方都不理解，都觉得自己受到了伤害。

不过，与马丁·斯科塞斯（Martin Scorsese）的《基督最后的诱惑》（*The Last Temptation of Christ*）所引起的喧嚣相比，以上还只是小巫见大巫。这部存在争议的电影拍摄于 1988 年，改编自尼科斯·卡赞察斯基（Nikos Kazantzakis）的同名小说。电影在院线上映时，电影院不得不拉起了警戒线。保守的基督教徒们曾经在电影院抗议，一年后得知 HBO 将播出该影片后，颇感不满。甚至在电影播出之前，他们的电话和信件就像潮水般涌到公司，要求我们停播该片。可据我了解，HBO 从未因为有人投诉某院线电影存在一定的冒犯性而撤下该片。一些抗议尤为让人讨厌。许多投诉都采取反犹太人的思路，声称这部诋毁基督教信仰的影片之所以得以拍摄，就是因为电影行业的决策层里有太多犹太人。事实上，这部电影的导演斯科塞斯、编剧保罗·施拉德（Paul Schrader），以及卡赞察斯基都不是犹太人，但投诉者们对这点视而不见。在和这些人进行沟通时，我们发现多数人显然从未观看过这部他们所投诉的影片，而且许多人根本就不是 HBO 的订阅用户。那种抗议就是源于意识形态和极度的无知，可惜后来变成了一种常态，让人颇感不安。

不同的订阅用户接受标准不同

此前，我们的借口是自己无法控制电影内容。但随着我们的节目表中开始有了越来越多的原创节目时，这个借口就慢慢地不再能成为借口了。

观众们的有些反应是可以理解的，也基本上是意料之中的。有些观众会很开心能在电视上常常看到乔治·卡林表演《永远别在电视上说的 7 个字》，而有些观众仍然习惯于商业电视缺乏言论自由的情况，非常讨厌那档节目。公司历史上收到投诉最多的时候是在播出艾迪·墨菲（Eddie Murphy）1983 年的《发狂》（*Delirious*）音乐会时。这场音乐会在华盛顿特区的宪法大厅里举行。就算大家习惯了他在《周六夜现场》上那些挑战人们底线的幽默，但当听到他源源不断的“他妈的”和“狗屁”时，人们还是震惊不已。据维基百科（Wikipedia）的统计，在这 80 分钟左右的音乐会上，他一共讲了 231 次“他妈的”和 171 次“狗屁”，相当于每 10 秒钟就要冒出一句“他妈的”或“狗屁”。

人们对政治幽默的反感也是意料之中的。2003 年，HBO 推出了《马赫脱口秀》（*Real Time with Bill Maher*）。这个节目是在周五晚上直播的，当这位尖锐的喜剧演员兼评论家说了些什么后，我们不难猜出究竟哪些人会感觉自己受到了侮辱，然后等到周一早上就会在电话里大吼马赫先生在亵渎神灵、反美国，等等。

对于那些政治右倾分子而言，马赫是他们最喜欢的鞭笞对象。每年至少有那么几次，针对马赫的观点的投诉会激增。而且在这些通过电话或邮件投诉的人中，许多人事实上并没有收看过那些冒犯他们的内容，有的人甚至都不是订阅用户。他们只是在保守的广播电台节目中听说过这件事，或者是在保守的网站上看到那件事。那些令人不快的话语通常是被断章取义，或者是有选择性地有所省略。

说到人们在意识形态方面的狂热，在我看来最可笑的例子当属我们在 1987 年播出一部儿童剧时遇到的情况。当时，《布偶奇遇记》在那一年的播出已经结束，为了填补儿童节目的空白，HBO 选择了法国制作的一部动画片。这部动画片名为《小海豹塞贝特》（*Seabert the Seal Pup*）。塞贝特有着鳍状肢，大大的眼睛，娇小可爱，而且注重生态保护。他和自己的人类朋友们周游世界拯救鲸鱼，保护海豹，并且做着其他各种类似于绿色和平组织的工作。这部动画片的动画效果比较糟糕，而且每集的主题相当敏感，让人感觉受到当头一棒。几乎就在这部动画片开播之时，HBO 就收到了来自美国步枪协会（NRA）成员、狩猎者、用陷阱捕兽者，以及毛皮商的狂轰滥炸式的抗议声，谴责我们给小孩们的脑子里塞满了各种最糟糕的环保宣传，并且要求我们最好停播该剧。我们的确在播出两季后就停播了《小海豹塞贝特》，但并不是因为那些抗议，而是因为这是一部看上去比较低劣的动画片，孩子们并不爱看，他们宁愿看动画频道的兔八哥（Bugs Bunny）。不过当消息传开，说我们会停播该剧后，所有念叨着要拯救鲸鱼和热爱地球的那些人，开始谴责我们向美国步枪协会和其他特殊利益群体低头了。他们认为孩子们有必要去了解这些支持环境保护主义的东西。

这类投诉在一定程度上也可以理解，但在公司成立的最初几年里，有些投诉会让你不停摇头。大量跟不上文化潮流发展的观众仍然在与这个新电视领域作斗争。

20 世纪 80 年代初期，我们开始在节目间隙播放音乐短片。席娜·伊斯顿（Sheena Easton）在 1984 年发行了热门单曲《甜蜜屋》（*Sugar Walls*），其音乐短片也导致投诉电话响个不停。从画面上来说，这部音乐短片并没有什么特别有挑逗性的内容。但问题在于其歌词，比如“我的甜蜜屋越来越热”。尽管歌词并没有过于暴露的内容，但这首歌提到了一些隐晦的东西，例如“我有双新旱冰鞋，你有把新钥匙，我觉得我们应该配在一起……”[①] HBO 在电视上播放影射女性性器官的歌曲，这怎么可能逃得过投诉呢？

INSIDE THE RISE OF HBO **小剧场**

我有位朋友在 Showtime 频道工作。该频道当时也在播放音乐短片。他告诉我，西行乐队（Go West）在 1985 年的热门歌曲《我们闭上眼》（*We Close Our Eyes*）也同样遇到了观众反应过度的情况。这些投诉的内容就是主唱彼得·考克斯（Peter Cox）穿着无袖的 T 恤拿着一个巨大的管钳跳舞，这看上去“太娘”。

① 冷知识：这段歌词源于梅勒妮（Melanie）1971 年的热门歌曲《新旱冰鞋》（*Brand New Roller Skates*）。

在20世纪80年代，我们每两个月会播出一场摇滚音乐会。在此期间，文化俱乐部乐队的一场音乐会让我们大受抨击。主流美国人可能在广播电台听过文化俱乐部乐队的歌曲，甚至可能也曾跟着《因果变色龙》（*Karma Chameleon*）的节奏打响指配合，但当他们看到文化俱乐部乐队的队长乔治男孩（Boy George）中性打扮在舞台上又蹦又跳，那就是另一回事了。我们有多大的胆，竟然敢让那个“变态”出现在屏幕上，让他去腐蚀美国年轻人（总是搬出腐蚀美国年轻人的理由）！

我记忆最深刻的投诉之一是一位南部绅士打电话来称，他从厨房进到客厅时发现自己12岁的儿子正盯着HBO频道的女性裸体看。他是一位优秀的父亲，会预先了解节目简介，但当时简介上并没有就裸体或性爱镜头给出提醒。我检查了一下节目安排。按照节目表，我们当时应该是在播放电视剧《魔界奇谭》（*Tales from the Crypt*）。我不知道他到底看到的是什么，莫非节目表在最后一刻进行了调整？我告诉他，我会了解后再给他回电话。

我找到了负责节目指南上内容简介的工作人员。他们告诉我，那位男子和他儿子看到的绝对就是《魔界奇谭》，除非节目排期部门更改了节目表却没有告知他们。是否可能那个裸体画面就是《魔界奇谭》中的？他们告诉我，如果真是这种情况，他们之所以没有在内容简介中加以提醒，那是因为节目排期部门针对该集节目的备注中并没有指出存在裸体画面。

我一直在组织语言，想着要如何向那位男子道歉。同时，我与节目排期部门进行了核实，想了解究竟是哪儿出现了疏忽，没有告知节目指南的编辑人员在《魔界奇谭》中会有女性裸体的画面。

没有人犯错。被质疑的裸体画面是一名女性的胸部，只有几帧，不到0.5秒的时间。因为在《魔界奇谭》的内容简介中早已经提醒本剧中有成人语言、暴力画面，以及除裸体画面之外的其他内容，他们认为尽职尽责的家长会基于那些警示而阻止孩子们观看这部影片，所以根本也就不存在什么问题。

可恰恰事与愿违。

在后续和这位男士的对话中，我发现他算是一位尽职尽责的家长。他认真地阅读了收视指南，并且翻看了内容介绍。只是他认为对于自己 12 岁的儿子来说，观看电视上他人被肢解或以各种各样的方式被残忍杀害都是没问题的，唯独一闪而过的女性胸部不能看。他已经离婚，儿子只是周末和他待在一起，而观看《魔界奇谭》里的怪物是“我们亲密相处的方式”。

到 21 世纪，也就是 HBO 开播 30 年之后，你或许认为人们已经习惯了该频道的内容尺度。但即使在那个时候……

就像燕子每年春季都会回到加州卡皮斯特拉诺教堂一样，每一季《黑道家族》开始播出时，我们就会接到意大利反诽谤联盟（Italian Anti-Defamation League）成员们的投诉。这部电视剧的背景选择在纽约大都市区。而且事实上，在这个地区，意大利裔美国人也是该剧最忠实的影迷群之一，但他们丝毫没有受到该剧的影响。我还记得，面对这个事实，那些投诉者摆出一种“我们必须拯救他们”的态度，回答说“那是因为他们太过愚蠢”。

从我们接到的投诉电话、信件和邮件可以明显看出，人们可以接受流氓摆出流氓的样子。这些坏人可以打架、杀人、偷窃、吸毒、有妻子或女朋友后还嫖娼，甚至是进行其他种种反社会的行为。

而对一位说话得体的女性观众来说，她不能接受那些流氓说亵渎神灵的话语。

“他们就是粗鲁的人，”我解释说，“他们本来嘴巴就不干净，这并不是怪事。”

不过我不明白的是，她并不介意听到那些骂人的话，动不动就一句“他妈的”，这没什么问题，让她感觉不安的是亵渎神灵的语言。剧中，托尼·瑟普拉诺（Tony Soprano）可以对他人说：“我的钱他妈的在哪里？”然后没有拿到钱就直接爆头。但他不能这样说：“该死的上帝，我的钱他妈的在哪里？”在那位女士看来，这句话就是相当无礼。

此外，还有一位印度女性投诉托尼·瑟普拉诺对一位印度医生存在种族歧视。这次也是一样，托尼·瑟普拉诺的残暴无情和种种重罪行为都没问题，但他同时可能思想狭隘，存在偏见，这就不行。事实上，这位女性所反对的不是托尼·瑟普拉诺的偏见，而是他使用诋毁性的语言来表述自己的偏见。

“让我捋一捋，”我回复说，“您的意思是，打个比方，假设我们要拍摄一部关于纳粹大屠杀的影片，只要纳粹分子不发表任何反犹太人的言论，那就没问题，是吧？”

“是的，没错。”

在HBO工作的这27年里，我想不起究竟有哪个人群会认为HBO的节目从未冒犯过自己。要说起被冒犯过的人群，那是数不胜数。摩门教徒为了电视剧《大爱》（*Big Love*）恼火。当我们为美国黑人历史月（Black History Month）播放节目时，白人种族主义者觉得自己被冒犯了。当喜剧演员鲍勃·格德斯维特（Bob Goldthwait）拿山达基教会（Church of Scientology）开了个小玩笑，说出“山达基没用，我就是个证明”这样的话语，教会人员就出现在HBO大楼外抗议。要说我接到过投诉的群体，那包括了拉丁美洲人、同性恋、反同性恋、摩门教徒、天主教徒、伊斯兰教徒、犹太人、浸礼会教、心理和身体残疾人、政治保守派、政治自由主义派、美国步枪协会、环保主义者、警察、消防员、女性，甚至是小丑们，他们投诉的对象是一部糟糕的电影《摇晃小丑》（*Shakes the Clown*，1992年）。

大家在投诉时会说："我相信《宪法第一修正案》，但是……"接下去他们就会开始填空，表明自己的事情应该破例处理。这种方式几乎变成了一种惯有的仪式。在订阅用户信息服务部里，我们过去常常拿这种情况开玩笑："我相信《宪法第一修正案》，前提是你不要说什么东西来气我。"

INSIDE
THE
RISE OF
HBO

10

拓展渠道，延展品牌影响力

如果一个错误都没有，那么说明你太小心翼翼了。

——约翰·麦克斯韦尔（John Maxwell）

HBO时刻

如何扩张品牌，避免再次陷入发展停滞

1.积极拥抱家庭录像产业。

2.进一步细分市场，增加频道数量。

3.涉足更大的市场，开设喜剧频道。

4.创建独立制片公司，为无线电视制作内容。

5.利用新技术开拓新的零售市场。

6.拓展国际市场并本土化运营。

HBO 自 1984 年起开始发展撞墙。到 20 世纪 80 年代末，那段可怕的经历变成了一场慢慢远去的噩梦。就算是在那段艰难的岁月里，公司依然保持盈利。尽管公司在争取订阅用户时要投入更多的精力和资金，但公司再次获得发展。HBO 的原创节目正在将各种奖项和赞誉收入囊中。在订阅用户的家中，HBO 频道战胜了无线电视网。在 1990 年至 1991 年的电视季里，HBO 周六和周日的黄金档节目收视率均领先于三大无线电视网。美好时光又回来了。

但这种情况并不能改变一条根本性的、永恒的真理，这也是在 1984 年那段发展停滞的恐怖时期所得到的教训，即美国有线电视世界不是无限大的。HBO 注定还会再次发展撞墙，这只是早晚的问题。事实上，面对更加艰难的新环境时，发展越好，也就可能越早撞墙。HBO 就像是一扇不牢固的门，只有一个铰链将这扇门与美国国内有线电视订阅用户们连接在一起。1984 年的事实证明，市场最终总会达到饱和点，此后公司就再也无法获得增长了。

到这个时候，公司也已经有了更加庞大的企业架构，同样让人担心。1989 年，HBO 的母公司时代公司与华纳传播公司合并。此前，时代公司的主业是平面媒体，旗下的 HBO 一直像是皇冠上亮晶晶的珠宝，是一群满脸皱纹、无精打采、死气沉沉的记者中闪亮的电视明星。但在新成立的时代华纳公司，HBO 不再独一无二。新公司旗下有华纳兄弟公司电影制作部门、华纳兄弟公司电视制作部门和华纳音乐等。不管是从赚钱能力、市场份额，甚至是知名度而言，HBO 在这家新公司庞大的娱乐产业家族中只能算是小弟。

HBO 的掌舵人、首席执行官迈克尔·富克斯汲取了 1984 年的教训，清楚了解公司在时代华纳公司内部的战略地位。在 20 世纪 80 年代末和 90 年代初，他的领导思路就是分析 HBO 的优势所在，并且寻找机会充分发挥那些优势，创造新业务。1992 年，时代华纳公司为庆祝 HBO 频道开播 20 周年曾刊发过一篇文章。在这篇文章中，富克斯宣布重组后的 HBO 未来的愿景是："四五年后，我们 30% 的收入将来自非付费有线电视业务。"

这条战略就是商业人士们喜欢说的"品牌扩张"。

策略一：积极拥抱新技术

面对家庭录像在 20 世纪 80 年代初的爆炸式发展，有句话最能形容好莱坞对此的反应："丧钟响起！世界末日！一把匕首抵在好莱坞的脖子上！我们所了解的电影业走到终点了！"

电影公司采取了法律手段将家庭录像赶出消费市场。他们声称家庭录像侵犯了版权。美国电影协会（Motion Picture Association of America）是一家行业组织，众多大型电影公司是其成员。时任协会负责人的杰克·瓦伦蒂（Jack Valenti）将家庭录像比作"波士顿杀人狂"（Boston Strangler），对手无寸铁的可怜的好莱坞进行掠夺。

但是，当所有这些捶胸顿足和所有那些"波士顿杀人狂赶尽杀绝"的言论慢慢消退之后，人们开始意识到，这项新技术或许提供了另一个利润丰厚的二级市场。在 80 年代结束的时候，所有那些曾经高呼家庭录像是暴徒的电影公司都已经设立了自己的家庭录像部门。

相比于大型的好莱坞电影公司而言，HBO 更快速地领悟到“如果你不能打败他们，那就加入他们那一伙”的道理，并且迅速接受邀请，与索恩 EMI 录像公司（Thorn EMI Video）进行合作。

索恩 EMI 公司是一家独立的电影制片商，同时也是独立的录像发行商，这意味着它不隶属于任何大型电影公司。作为一家独立的电影企业，索恩 EMI 公司通过与一些没有设立家庭录像部门的中小型电影制片公司合作，从而保证自身发行渠道的产品流。比如，它与奥利安影业公司（Orion）和新线影业公司均签署了协议。索恩 EMI 公司也曾参与投资 HBO 当初成立的银幕合伙公司。HBO 曾利用银幕合伙公司来为一系列院线电影融资。索恩 EMI 公司认为独立电影公司如果有个合伙人，或许有助于公司的生存，出于这种联系，他们找到 HBO，希望能进一步加深两者之间的合作关系。于是，在 1985 年时，索恩 EMI/HBO 录像公司成立了。

次年，康隆影业公司（Cannon Pictures）收购了索恩 EMI 公司的股份，公司此后变更为 HBO/ 康隆录像公司。康隆公司是一家闯劲十足的独立电影公司，对新的二级市场相当精通，这一点让很多大型电影公司都自惭形秽。

康隆公司靠的是连续不断、无休无止地制作低成本、没有营养的影片，通常是查克·诺里斯（Chuck Norris）和查尔斯·布朗森（Charles Bronson）等人拍摄的动作片。1986 年是康隆公司最多产的一年。在这一年里，公司拍摄了至少 43 部这种垃圾电影。康隆公司真正擅长的不在于电影制作，而是交易手段。凭借一股子冲劲和长袖善舞，这家公司可以从家庭录像业、付费有线电视台、有线电视基本频道、无线电视台，以及海外市场等榨取到预付款。单靠这笔现金，公司那些劣质的电影在上映之前就已经实现盈利。

此后，康隆公司野心勃勃，试图制作投资更大的高质量影片：预算更高，明星也更加大腕。但问题在于，康隆公司采用这种方式制作出的电影并不比他们那些低预算的垃圾影片强多少。公司在财务上遭受重创。到1987年，HBO/康隆公司又变成了HBO录像公司，后更名为HBO家庭娱乐部门。长期担任HBO家庭娱乐部门总裁的亨利·麦基（Henry McGee）曾对我说："我们有一段时间似乎每年都要更换信头，之前的办公用品都被废弃掉了。"

不管名称是什么，从20世纪80年代末到90年代初，HBO的录像部门和其他独立家庭录像公司都是在同一条船上。他们不得不争夺那些中小型电影公司的产品。公司过去也曾有过几部大卖的影片。比如，凭借与奥利安影业公司的关系争取到了麦当娜担纲出演的《神秘约会》（*Desperately Seeking Susan*，1985年）；靠着与海德尔电影公司（Hemdale）的关系，公司制作了两部热门的家庭录像，分别是奥利弗·斯通（Oliver Stone）导演的、曾获奥斯卡奖的越战电影《野战排》（*Platoon*，1986年），以及鼓舞人心的《篮坛怪杰》（*Hoosiers*，1986年）。后者基于真实故事拍摄，主角是一支不被看好的高中篮球队。

HBO依靠小型电影公司来保证录像销售渠道的产品源，这其中存在一定的问题。而小型电影公司也面临着问题，这个问题就是小型电影公司一般会成立不久就倒闭。例如，奥利安影业公司在1991年申请破产，并且最终在数年之后倒闭；海德尔电影公司在1995年关门大吉。

到20世纪90年代末，录像带和录像租赁市场日落西山，HBO家庭娱乐部门也开始转变其业务重点。那时，公司已经打造了一系列强大的HBO原创节目（我们将在下一章中做更详细的探讨）。在21世纪初，《欲望都市》和《黑道家族》等电视剧的整季DVD和"特殊事件"节目，例如关于第二次世界大战的迷你剧《兄弟连》(*Band of Brothers*) 都是家庭娱乐市场的畅销产品。到 2005 年左右，HBO 家庭娱乐部门开始进军海外市场，并且被视为是业内最强大的、不隶属于任何电影公司的家庭录像品牌之一。HBO 家庭娱乐部门最终被归到一家电影公司的旗下。这家电影公司勉强算得上是大型的电影公司，而且在不断出品一系列产品，吸引着靠购买驱动的 DVD 市场。那家“电影公司”就是 HBO。

策略二：细分原有市场，增加频道数量

1989 年，HBO 在美国市场的 20 家有线电视系统推出了 HBO 西班牙语精选台（HBO Selecciones en Espanol，1993 年更名为 HBO 西班牙语台 [HBO Espanol]，2000 年再次更名为 HBO 拉丁语台 [HBO Latino]）。这 20 家有线电视系统都拥有大量说西班牙语的观众。推出该台的主要目的不是为了让 HBO 走入西班牙语家庭（尽管公司也希望能附带取得这个效果），而是将它作为留住订阅用户的一种举措。HBO 的研究显示，事实上许多拉丁美洲家庭都是双语家庭。在这些移民家庭中，年纪较长的家庭成员主要是说西班牙语，而年轻人在成长过程中一直是同时说英语和西班牙语。西班牙语精选台为的是让那些说西班牙语的老年人也能收看 HBO。在当时，HBO 是唯一一家提供西班牙语节目的大型付费电视频道。

尽管西班牙语精选台是一个单独的频道，但所提供的节目与 HBO 保持一致。其节目和 HBO 一样，只是充分利用了次级音频处理（Secondary Audio Program，SAP，一个辅助音频通道），用西班牙语声道来替代英语声道，许多流行的电影通常会用西班牙语配音以便于海外发行。西班牙语精选台从一开始就广受欢迎，在开播数周之后，播出该台的有线电视系统又增加了 35 家，并且该数字在此后持续增加。

最终，该频道扩充了其节目，在HBO对拳击比赛进行实况转播时提供西班牙语的解说，将HBO频道节目表中的部分节目替换成拉丁美洲裔观众更喜欢的故事片，并且最终推出了一系列品牌特有的原创节目，例如将故事背景选择在墨西哥监狱的剧情片《罪无可恕》（*Capadocia*）和足球喜剧《足球梦》（*HDP*）。

早在西班牙语精选台开播的第一个月里，英语社会的特定人群的确对该频道进行了抨击。在那些年里，有线电视频道的空间是有限的，竟然还将一个频道给专门针对少数族裔的翻版HBO，一些白人对此颇为不满。西班牙语市场也一如往常对该台有类似的嘲讽。“什么叫SAP？”他们嚷嚷道，“西班牙音频处理？”

随着有线电视技术的发展，有线电视频谱也大幅增加（我们将在此后谈到这个问题），而且西班牙语精选台也站稳了脚跟，于是投诉慢慢消失。但这种情况也的确突显了HBO和其他电视台在面对支离破碎的美国国内市场时所面临的问题。有些细分市场并不一定会表现出美好的一面。

HBO拉丁语台可能只是对公司增加订阅量略有帮助。但即使它只是增加了HBO在拉丁语家庭中的人气和地位（事实证明的确做到了这点），那么也是一种成功。

即使在表现最为出色的那些日子里，HBO的市场占有率也从未突破过50%，这也就意味着每当有一名有线电视订阅用户选择订购HBO时，必定有另一名是拒绝订购的。在HBO快速发展的早期，多数发展动力源自有线电视世界的版图扩张。但既然这个世界已经遇到了自己的瓶颈，HBO也就开始寻找在这个世界中继续成长的方法。公司将“饥渴”的目光对准了那数百万拒绝订购HBO的家庭。公司的研究将HBO的“拒绝者”分为两类：

1. 单纯出于钱方面的考虑。增加HBO频道对他们而言费用太高了。
2. 还有那些“对内容存在异议者”。

对内容存在异议的家庭也可以再细分为两类：

1. 年老保守的观众。他们认为付费电视上的众多电影就是性、暴力和粗俗的语言，而他们对那些东西没有兴趣。
2. 刚刚为人父母的年轻夫妻。年轻的爸爸妈妈们能接受电影中的性和暴力，但他们不想让孩子看到那些东西。

HBO 认为答案就是推出一个新的频道 HBO 喜庆频道（Festival）。该频道在 1987 年开播。

出于成本方面的考虑，HBO 喜庆频道被设计为“迷你付费”频道，意思是其费用大大低于 HBO 频道，可能只有一半。各频道的零售价由有线电视运营商定价，但他们的创收主力就是 HBO 和 Showtime 频道等付费频道。

至于在内容方面，在孩子们最可能收看电视的时段里，比如早晨、傍晚及晚上，该频道播出的是孩子们喜欢的节目。白天的时候，则针对在家的父母播放电影。晚上时，随着夜色越来越深，节目所针对的观众群也慢慢地从小朋友变为青少年，再变为父母们。此时，所播放的电影都是 G 级（大众级）或 PG 级，还有部分精挑细选出来的 PG-13 级故事片。这些故事片会放在午夜时分播出。在深夜时，喜庆频道也会安排一些限制级影片的“航空公司版本”，这些都是限制级的电影，但限制级的部分都被删减，以便在客机上播出。这些电影的分级因此被降为强烈建议父母陪同观看的 PG-13。

在喜庆频道开播之前，HBO 就已经发现自己与迪士尼频道正在进行白刃战。迪士尼频道当时已经成立 4 年，也是一家付费频道，并且它将喜庆频道视为自己的直接竞争对手。迪士尼频道告诉有线电视运营商，迪士尼频道打造的就是家庭频道的品牌，所以运营商不需要两个家庭频道。消费者根本不需要运营商去解释“迪士尼”是什么，但当消费者问运营商“喜庆频道是什么鬼东西？”时，运营商就会需要做很多的解释工作。

对此喜庆频道回应称，他们并没有打算取代迪士尼频道（尽管这两个频道显然是在争夺同一个市场），两者是截然不同的频道。

喜庆频道和迪士尼频道之间展开了“是的，你就是”和“不是，我们没有抢市场”这种口水战。但这还只是这家新频道的小问题。最大的问题在于喜庆频道的名字听起来好像是为了让人人都开心，可实际上谁都不满意。

那些思想保守且年纪较长的观众许多都是退休人士，有大把的时间收看电视，尤其是在白天的时候。他们并不喜欢一家全天候播出的频道在白天的大部分时间都播放“孩子们的垃圾节目”；年轻的家长们喜欢这些“孩子们的垃圾节目”，但他们讨厌在自己的时间段里充斥着多愁善感和软弱无力的节目。

有线电视运营商总体而言是比较保守的，喜欢先袖手旁观，看情况再决定。这一次，他们也一如往常，退居一旁隔岸观火，不过同时他们也在等待和观察。如果喜庆频道停播，他们就不会选择该频道。

到1988年，由于销售业绩不力，外加订阅用户的不满，喜庆频道紧跟Take 2频道之后也被停播了。Take 2频道是HBO此前尝试过的另一个频道，最终也被停播。该频道和喜庆频道看上去非常相似，相似得让人甚感奇怪。这段经历也充分验证了不懂得以史为鉴的后果。

策略三：涉足更大的市场，开设喜剧频道

但在付费电视订阅用户之外，还有一个更大的世界，这是一个尚未得到充分开发的市场，由数百万有线电视基本频道的观众们组成。在那个时代，有线电视

系统的频道容量可能有限，但基本频道的发展潜力是无限的。提高收视率的潜能，由此就能带来频道提高广告费率的潜力。

HBO 和时代公司很久以前就已经注意到有线电视基本频道那块肥肉，明白有线电视基本频道的创收能力尚未得到开发利用。基于这个原因，时代公司在 1982 年入股了当时已经有 11 年历史的美国电视网，让美国电视网的大股东们变成三足鼎立的局面。另两家持股人分别为 MCA 公司和派拉蒙电影公司。HBO 代表时代公司对美国电视网进行管理。在当时，美国电视网播出的节目是电影、体育赛事和无线电视网老电视剧等大杂烩，虽然盈利，但知名度不高。不过，由于是三家同时掌舵，“船应该往哪个方向”这个问题要达成统一就比较困难了。

或许说“困难”还太过保守。我的一位老板曾经对我说：“他们（三家合伙人）彼此痛恨，甚至连午餐吃什么这种问题都达不成统一！”时代公司的态度就是既然不让我们管理，那我们就退出，并且最终在 1987 年将自己的股份出售。HBO 后来也投资了黑人娱乐频道和电影时光频道（Movietime!），并在后来撤离。电影时光频道后来变为了 E！娱乐频道（E! Entertainment Television）。

1989 年，公司依然惦记着那 5 000 万左右没有订购 HBO 的家庭，并为此成立了自己的有线电视基本频道——喜剧频道（Comedy Channel）。

HBO 此前曾经分析过所有有线电视的基本频道，查找空白之处。电影到处都是，也有专门针对体育赛事和音乐的频道，但喜剧呢?

这个领域就像是一个有待 HBO 开挖的巨大金矿。喜剧曾经是 HBO 频道的立台之本，而且 HBO 也有资格吹嘘自己曾经是罗宾·威廉姆斯和史蒂夫·马丁等著名笑匠们事业发展上的贵人。事实上，公司曾经的宣传口号之一就是：“我们懂喜剧。”

节目模式则参考了 MTV 频道。在当时，MTV 主要是音乐短片的展示平台。MTV 播放这些音乐短片无须支付任何费用，唱片公司向他们提供免费的音乐短片，以宣传自己的人才和他们新发行的歌曲。

HBO 的计划就是整天播放喜剧电影、电视节目和脱口秀的片段，也就是一些喜剧短片。所播出的这些内容也是免费的宣传资料，也就是说 HBO 无须支付任何购买节目的费用。

除了节目模式之外，喜剧频道的运营人员希望在频道的运营上母台 HBO 能采取截然不同的思维方式。他们还记得在时代公司的管理之下，早期的 HBO 思想开放，颇具创造力，尽管有点儿混乱，但人人乐于奉献。他们非常清楚，在公司搬到 42 街的总部之后，这些优点已经遗失了。喜剧频道的办公室设在了 23 街，尽管他们也会去 HBO 的演播室，但从本质上来说，该频道在地理位置上还是远离了 HBO 公司，就像当初 HBO 远离时代公司一样。办公室的设置充分体现了他们所希望拥有的思维方式。

办公楼所处的位置导致它们无法对外开窗，但每间办公室都有对内开的窗户，以保证管理人员与员工之间的联系。出于同样的目的，公司的会议室也采用的是透明墙。

想法非常好，而且同喜庆频道一样，理论上来说这种想法也是可行的。但同喜庆频道一样，人们发现这种想法在实践中并不可行。

这是一个吹嘘“我们懂喜剧”的频道，但在他们提出喜剧短片的概念时，对电影和电视喜剧的原理却又缺乏深入的了解。因为当短片没有了电影或电视剧的背景，通常也就只能让人感觉凑合而已了。

比如说，有一个片段剪辑自尼尔·西蒙在 1968 年拍摄的《单身公寓》(*The*

Odd Couple）。超级大懒鬼奥斯卡（沃尔特·马修 [Walter Matthau] 饰）和他绝望的朋友菲力克斯（杰克·莱蒙饰）站在纽约街头。奥斯卡被老婆甩了，菲力克斯希望能安慰他一下。奥斯卡手里拿着冰激凌蛋筒，因为动作太大，冰激凌飞了出去，掉到了菲力克斯的西服领子上。菲力克斯有洁癖，而且相当倒霉。这一幕本会让人爆笑，但因为观众并不了解这些背景，所以只能让人“呵呵”两声。

另一个例子是 20 世纪 50 年代经典情景喜剧《杰克·本尼秀》的片段。一天晚上，一个强盗持枪挡住本尼：“要钱还是要命？”本尼犹豫了一下。歹徒不耐烦地推了他一把。本尼回答说：“我考虑考虑！”单看这一幕，大家也只是会“呵呵”一笑。但如果将这一幕放到整个剧中来看，当时观众是哄堂大笑。本尼在广播、电视、电影上塑造的一直是一个超级吝啬鬼的形象。这个玩笑并不是笑点，笑点是《杰克·本尼秀》的观众们能预料到本尼的反应会是如此。在《杰克·本尼秀》停播近 25 年后，也就是这位喜剧巨人去世 15 年后，喜剧频道的观众们并不懂得其中的笑点是什么。

说穿了，喜剧频道并不是很有趣。事实证明，HBO 过去可能懂得发掘喜剧演员，但并不了解喜剧。

在这个频道开播 5 个月之后，维亚康姆公司也推出了 Ha! 电视喜剧网，这更是火上浇油。与 HBO 相比，Ha! 电视网更是误入歧途，他们只是从维亚康姆公司的影片库中挑选老的电视喜剧进行重播。雪上加霜的是，维亚康姆公司并没有播放那些具有强大吸引力的电视剧，因为那些节目正在地方台进行多台联播，还能为公司赚得不少钱。他们在 Ha! 台播放的全是那些在二级市场早已失去价值的影片。也正是因为如此，Ha! 台会大量重播《炮艇趣事集》这类陈腐的影片。

还记得那些保守的有线电视运营商吗？好吧，他们再次采取保守的态度，退守在一旁，等着看这两家没意思的频道究竟谁能打败对方。也多亏了他们的这种态度，HBO 和维亚康姆公司意识到他们在互相残杀，却让有线电视运营商们隔岸观火，这对哪家公司都不利。最终，他们在 1991 年将两个频道合并，重新推出了喜剧网络（Comedy Network，最终更名为喜剧中心频道）。

他们放弃了之前那些理念，开始提供众多高人气的原创节目，其中包括《神秘科学剧院 3 000》（*Mystery Science Theater 3 000*）、内容无极限的动画片《南方公园》、犀利的讽刺喜剧《查普尔秀》（*Chappelle's Show*，由喜剧演员大卫·查普尔 [Dave Chappelle] 担纲主演）、山寨警察纪录片《雷诺 911》（*Reno 911*），以及该频道最受欢迎的节目《司徒囧每日秀》（*The Daily Show*）。《司徒囧每日秀》的主持人是乔·斯图尔特（Jo Stewart），他和自己的一众假记者们在节目中向新闻人物丢掷语言炸弹。

但是，HBO 的理念是要么自己持有公司，要么就卖掉公司。于是 2003 年，HBO 将自己的股份作价 12.3 亿美元卖给了维亚康姆公司。

策略四：创建独立制片公司，成为内容提供者

我曾经听说过一个故事，尽管这个故事是公司一位高管讲的，但它纯粹是道听途说，我不能保证其准确性。故事说，之所以成立 HBO 独立制片公司（HBO Independent Productions），是源于部分对话。此前，HBO 在 1987 年播出了为时一个小时的喜剧表演《罗丝安妮·巴尔秀》（*The Roseanne Barr Show*），主角人物罗西妮·巴尔在当时是喜剧表演界一颗冉冉升起的明星。HBO 的一些管理人员发现，巴尔的喜剧非常尖锐和本土化，面向的是蓝领阶层，足以以此为基础来制作一部情景喜剧。不过，他们估计此类情景喜剧并不适合 HBO，不能成为“HBO 的特色节目”，而且公司也没有能力为非 HBO 机构制作非 HBO 的节目。而分析

评估的结果是巴尔女士的素材被选中了，她可以依托自己的脱口秀素材为 ABC 创作一部连续剧，而《罗丝安妮·巴尔秀》后来在 1988 年至 1997 年播出期间收视率始终傲视群雄。

付费电视、有线电视基本频道，以及无线电视的观众的喜好存在着差别。HBO 针对的是小众观众，适合 HBO 的节目通常并不一定会得到大众的喜欢，就算表演相当精彩也是如此。HBO 一些原创的电影曾经在该频道广受欢迎，比如讲述艾滋病流行初期情况的《世纪的哭泣》，以及探讨雷诺兹烟草公司 / 纳贝斯克大型并购案的《门口的野蛮人》。这两部电影都拍摄于 1993 年。早期，NBC 电视网曾经尝试重播这些影片，可惜收视率令人失望。《美梦不断》（*Dream On*）和《魔界奇谭》在福克斯电视网上的重播也同样收视率低迷，并且它们都在播出一季后就停播了。

HBO 后来的大片《欲望都市》和《黑道家族》，以及热门的迷你剧《兄弟连》，虽然授权给有线电视基本频道进行重播时获得了创纪录的许可费，但在面对更为庞大的观众群时，它们并没有创造与 HBO 同样可观的收视率。

HBO 独立制片公司就是为此而成立的。当时公司的队伍正在逐渐庞大，有能力制作高质量的电视节目。那为什么不让这些专业技术走出公司，为无线电视网制作节目呢？付费电视的世界不是无限的，扩大公司的业务范围，进军无线电视的制作，由此可以创造一定的经济收入，这点是不可否认的。1990 年，HBO 独立制片公司宣布成立。在当时，NBC 的热门情景喜剧《考斯比一家》（*The Cosby Show*）已经创造了 5.75 亿美元的重播收入。该剧自 1984 年首播，直到 1992 年才停播。这真是一棵摇钱树啊！无线电视网在同编剧和制片人合作时，常常会需要承担庞大的开发费用，而 HBO 早已经凭借原创节目与他们建立良好的合作关系。HBO 独立制片公司打算避开这笔费用，将自身“我们懂喜剧”的专业技术放在情景喜剧这种最为流行，也最能创造收入的电视网节目形式上。

在最初几年里，HBO 独立制片公司似乎在用行动证实 HBO 的喜剧元素可以成功地调转方向，适应无线电视网的观众。1991 年，该公司为福克斯公司制作了情景喜剧《罗克》（*Roc*）。这是一部关于低收入黑人家庭的情景喜剧，查尔斯·达顿（Charles Dutton）扮演的主人公是一名清洁工，努力维持着家庭的生计。尽管这部电视剧只播出了三季，但其质量高出平均水平，这是一个很好的兆头，预示着 HBO 独立制片公司将在无人防守的情况下成功投篮。1992—1997 年，《马丁》（*Martin*）在福克斯电视网播出。喜剧演员马丁·劳伦斯（Martin Lawrence）既是该剧的创剧人之一，也是主演。劳伦斯当时也在 HBO 主持一个名叫《精彩戏剧汇》（*Def Comedy Jam*）的节目，这个节目是黑人脱口秀演员展示自己的舞台。《马丁》的声誉可能不及《罗克》，但它的收视率一直稳定保持在中等水平，而对于自 1986 年才开播的羽翼未丰的福克斯电视网而言，这是他们迫切希望取得的成绩。

1996 年，HBO 独立制片公司凭借《人人都爱雷蒙德》打出了一个漂亮的全垒打。《人人都爱雷蒙德》被誉为是有史以来最杰出的情景喜剧之一，收视率爆棚，似乎证明 HBO 的公式相当可行。他们的做法就是找来公司此前有联系的喜剧演员，并以他们的素材为基础，针对大众观众打造情景喜剧。雷·罗曼诺（Ray Romano）此前曾经在《临床医生卡茨》（*Dr. Katz, Professional Therapist*）中客串。那是一部为 HBO 有线电视基本频道喜剧中心频道打造的原创动画片，非常受人欢迎。

不过，这档节目成了 HBO 独立制片公司的最后一项重要的成就。21 世纪初，HBO 独立制片公司曾经与 ABC 进行过一次合作，并且对此大肆宣传，只是最终 ABC 并没有播出任何 HBO 独立制片公司的节目。尽管该品牌目前依然存在，但 HBO 独立制片公司从未能如愿成为无线广播电视领域内的大牌电视制作公司。《人人都爱雷蒙德》曾经让人感觉前景光明，可惜现实并非如此。

策略五：利用新技术开拓新的零售市场

1981年的一天，阳光明媚，农夫格雷开车沿着街道而行，看到前方就是山姆电器行。格雷今年的收成相当不错，口袋里有4万美元在蹦跶。他心血来潮，走进了山姆电器行。这一年来他工作相当卖力，他觉得应该犒劳一下自己。

“山姆，”他说，“我总是待在那个鸟不拉屎的地方。你有13米左右高的电视天线吗？好歹我能装个天线看看电视。我听说《欢乐时光》很有意思，但在我待的那个地方，电视上什么信号都收不到，整天只能听到我老婆那把女士用希克剃刀的嗡嗡声。”

老山姆惊讶地回答说：“格雷，我有样东西对你来说比那好得多。你听说过有线电视这种新玩意吗？”

“说实话，山姆，我还真听说过，”格雷说，“但我觉得我那儿离城太远了，用不了有线电视，所以从来没想过。”

“别担心，格雷，”山姆回答说，“你完全可以用有线电视公司的那一套东西来收看有线电视。”

“怎么弄呢？”农夫格雷问道。

“他们用的是圆形卫星电视接收器，你也可以用。”

“真的？”

“真的。”

“接收器那个玩意要多少钱？”

“我可以帮你找一个，大概4万美元。”

“好的，山姆，凑巧我裤子口袋里正好有4万美元。成交。”

于是，农夫格雷回家告诉夫人这个好消息。而格雷夫人直接就在他挚爱的麦田里将他埋了，她认为农夫格雷浪费了 4 万美元来购买一个被吹嘘过度的大锅，却没拿钱去修理屋顶，购买来年要用的种子，留点儿钱给孩子上大学，或者是购买一辆新拖拉机。多亏了格雷夫人，农夫格雷没有能活着看到他那“小小的放纵”，走在了潮流之前。在他之后，这股潮流才慢慢地形成。

在 HBO 上星后第二年，名为泰勒·霍华德（H. Taylor Howard）的美国国家航空航天局（NASA）前科学家分析了一番 HBO 的操作方法：遥望天空，那里有一个肉眼不可及的小点儿正在向美国各地的观众转播未曾删减过的电影和拳击比赛。他心想：“我也可以那样做！”霍华德先生搬出自己在美国国家航空航天局所掌握到的知识，开始为自己建设第一个私人卫星电视接收器。

但霍华德先生是个好人，他并没有打算盗取信号。他知道，自己接收到的信号本应该付费的，于是本分地给 HBO 寄去 100 美元的支票。

HBO 却将支票退回了。

HBO 向本分的霍华德先生解释说，公司不是零售商，而且公司只和有线电视系统运营商打交道。

霍华德先生自己动手搭建的有线电视系统仅供个人使用，没有什么值得 HBO 去大费力气的。当时在美国有 7 100 多万家庭，其中一位勤快的技术专家在自家后院自己动手搭建了一个卫星电视接收器，这有什么值得担心的？

问题是，到了 1978 年，霍华德先生并不是唯一一个这样做的人了。

尽管家用电视接收专用系统成本高昂，但拥有该系统的人觉得在家庭娱乐上花这番钱还是值得的，尤其是那些生活在偏远郊区的人，也就是用农夫格雷的话来说，那些永远不可能得到有线电视公司服务的人。花上 4 万美元，他们就可以收看到卫星转播的所有节目，不用和那些脾气暴躁的有线电视公司打交道，也不用每月处理烦人的账单。理论上来说，HBO、Showtime 频道和所有有线电视基本频道，以及计次付费点播的节目都可以从天空降落到他们的后院里，被那些庞大的水盆接收到，然后又从水盆来到他们的电视机里。许多卫星电视接收器的所有者、零售商和制造商都没有意识到，或者说不是特别在意，他们所支付的那 4 万美元中，没有一分钱进了电视台的口袋。

上星的无线电视台并不介意。如果你是 NBC，就算美国怀俄明州中部的荒地有人在盗取你的节目，你也不会因此烦心。流失的钱又不是从你的口袋出去的。

广播电视公司可能并不介意，但全国性广告商或地方附属电视台就不一定高兴了，因为拥有自己的电视信号接收器也就意味着收看的电视没有了广告。电视信号接收器接收到的是原始的电视网信号，也就是所谓的回传信号输入。这些信号中不包括全国性或地方性的广告。有线电视订阅用户和观众们在收看电视时不得不观看广告中惠普尔先生（Mr. Whipple）挤魅力牌（Charmin）卫生纸，或者是本地汽车销售中心大声地打着广告，让人生厌。而在这个时候，电视信号接收器的所有者正看着自己喜欢的新闻主播们，一边剔着牙齿，一边等着回传的信号。

在家用卫星电视接收器使用的早期，有线电视台也不是太在意。当时，家用卫星电视接收器的数量非常少，能产生什么影响呢？此外，你又不太可能阻止家用电视接收专用设备的所有者接收卫星传输的节目。1984 年颁布的《有线通信政策法》（*Cable Communications Act*）甚至表示，自身拥有卫星电视接收器的人可以接收未经过加密保护的信号。

最终，家用卫星电视接收器因为产品的日渐普及而价格大幅下降。相比于最初的4万美元，1万美元的价格看上去实在便宜得很。到1985年，家用卫星电视接收器的价格普遍降至3 000美元，而且这个价格后来还一直在下跌，低端的C波段接收器的价格一度跌至1 000美元。这些接收器的安装难度也在降低，它们的直径从9米缩短至3.04米，后来又缩短到1.82米。因为价格下跌，外加尺寸减小，到20世纪80年代中期，家用卫星电视接收器每个月的销量达到了7.5万台。据估计，截至1986年，拥有家用卫星电视接收器的家庭达到了300万户，而且他们并不全是看不到有线电视的农村居民。因为只要拥有了家用卫星电视接收器，就不需要每个月再支付收看电视的钱，这也就意味着不用再和傲慢的客服人员打交道，不用整天等着修理人员却最终没等到人露面，也不会出现服务中断的问题，就算是在有线电视经营的区域内，这几点也相当具有吸引力。现在的这种情况有点儿让有线电视运营商着急了。

但相比于那些私人拥有电视接收专用设备的情况而言，更让HBO和其他付费电视恼火的是酒吧、餐厅、酒店和汽车旅馆也安装了接收器，来吸引顾客光临。“走过路过不要错过，喝上几杯，看看HBO！”他们窃取了HBO、Showtime频道或者是其他任何有线电视频道所提供的信号，却不用给这些频道一分钱。

这种情况也同样让有线电视运营商抓狂。因为他们看上去就像是拦路抢劫的强盗，要求人们每月支付费用，而城外的人却可以靠着一个家用卫星电视接收器免费收看有线电视系统上的所有节目。运营商们也担心自己的市场内究竟会有多少人会购买卫星电视接收器。1985年左右的一份研究报告告诉他们，所售出的卫星电视接收器中，约有1/3是安装在有线电视特许运营区域内的。事情变得糟糕了。

那些老老实实订购付费电视服务的酒店和汽车旅馆也一样抓狂，因为他们的竞争对手在提供同样的电视服务，却无须承担同样的成本。

电影发行商和拳击赛推广商也在抓狂，因为他们在向付费电视台销售自己的产品时，是按照该台的订阅量来计算收入的。而因为有了家用卫星电视接收器，那些收看节目的人都无法被算到他们的收费基数中去。

抓狂的人太多了。

不过这种情况并没有让 HBO 抓狂，而是让他们变得野心勃勃。公司要同所有那些为之抓狂并感觉被欺骗的运营商、发行商、推广商和合法订阅用户建立良好的业务关系。除此之外，公司意识到随着家用卫星电视接收器市场的增大，在那些充斥着电视接收专用设备的偏远山区里，有大把的赚钱机会。

问题在于，要想让卫星电视接收器的所有者为电视节目支付费用，唯一的办法就是让他们无法免费接收到节目，而且同时你不能让正规订阅用户收看节目受到影响，不能让节目信号质量降低。

所以，我们不得不加密、编码，以及进行扰频处理。不管是哪种方式，其实质都是一回事。

早在 1983 年，HBO 就一直在讨论对卫星信号进行扰频处理，然后再将它们卖给那些家用卫星电视接收器的所有者。但开发可行的加密系统需要时间，最终 HBO 选择了通用仪器公司的视频加密系统二代（VideoCipher II），而所使用的设备由名为 M/A-Com 的公司设计。视频加密系统二代的原理就是在上行链路将视频和音频信号分解为数字元件，接收器上的解码器再将分解过的图像和声音还原。每个解码器都拥有自己的电子身份。HBO 同时在芝加哥成立了中央计算器中心，对每个账户进行追踪，并且能够对数十万解码器中的任何一台设备（或这些解码器上的任何一个频道）进行激活或冻结。

1986 年 1 月份，HBO 对其信号进行了 24 小时的扰频处理，也成了第一家进行这种处理的电视台。同时，HBO 开始向在后院安装了卫星电视接收天线的居民们提供服务。在 HBO 20 周年纪念手册中，HBO 高级技术运营副总裁鲍勃·齐特（Bob Zitter）简要地介绍了扰频处理后巨大的模式改变："我们发明了卫星扰频处理，而通过发明卫星扰频处理，我们又创造了 C 频段卫星直播业务。"

相比之下，卫星电视接收器的所有者对加密技术的发展热情不高。他们也不只是心烦意乱，或者仅仅只是抓狂。他们为之义愤填膺，火冒三丈。在他们看来，那种行为不仅仅是不公平，甚至是犯罪。他们花了大价钱购买了卫星电视接收器，现在他们又被告之还要买一个数百美元的解码器，才能收看到节目。此外，他们每个月还要为节目支付费用，可能一年的总费用达到数百美元。要知道，这些人中有些已经免费收看有线电视数年之久，现在突然就不让他们看了，这件事情是不会那么容易被接受。

一名 HBO 的员工介绍了当时卫星电视接收器所有者给公司施加的巨大压力：

在进行扰频处理 3 ~ 4 周之后，我接到一个电话，收到了有生以来第一个炸弹恐吓。我打电话给安保部门，他们安慰我不要担心。自从我们开始进行扰频处理以来，公司每周都会收到数次炸弹恐吓。

骂我们的话那是五花八门。无赖、小偷、撒旦的走狗，等等。这不是开玩笑！扰频处理就是魔鬼的把戏！

你会向他们解释，不管他们为卫星电视接收器花了多少钱，那都与节目费用无关。但他们根本就听不进去。

他们会嚷嚷自己是纳税人，将卫星送上天花的就是纳税人的钱。这时，你会解释给他们听，我们所使用的卫星属于一家私营企业，而且他们向我们收取了高昂的卫星转播器使用费，这些都和纳税人没有什么关系。但他们根本听不进去。

你会告诉他们，如果不进行扰频处理，那样对有线电视订阅用户非常不公平，相当于有线电视的订阅用户们在补贴那些卫星电视接收器的所有者，因为他们没有付费。但他们根本听不进去。他们只知道自己过去什么钱都不用出，而现在不能这样了。

公司的部分销售代表们有一段时间相当恐慌。去参加卫星行业展时，他们在入住酒店时都是使用的假名字。

尽管人们义愤填膺，尽管有人怂恿大家拿着铁叉和火把去HBO的总部，但其他大型有线电视台也迅速跟进。就在HBO开始扰频处理的第二年里，Showtime频道、TMC频道、CNN和CNN头条新闻频道、ESPN、美国电视网，以及包括WTBS在内的部分超级电视台都开始对节目进行加密。

一个频道接一个频道地减少，家用卫星电视接收器的所有者能接收到的未加密的节目正在慢慢消失。但这并没有能激励他们中的大多数人拿起电话订购付费电视。到1987年年中，只有18万家用卫星电视接收器的所有者选择付费购买加密的节目。

不过，扰频处理的确也促使许多人去寻找绕开加密系统的方法。普通人一般是破解不了扰码的。通用仪器公司的加密技术与军用加密系统类似，或许克格勃能够破解，但美国无线电器材公司（Radio Shack）这种水平或许做不到。一些付费电视盗播者非法进口国外制造的"盗播芯片"，即在黑市上出售的解码计算机芯片，可以装入解码器中对加密的信号进行解码。而更卑劣的做法则是对解码器中用于解码加密信号的芯片下手。

INSIDE THE RISE OF HBO 小剧场

当时有一种流行的骗局，骗子先生给自己买了一大堆解码器，然后以假名字打电话正儿八经地订购节目。此后，他会到处转悠，向卫星电视接收器的所有者兜售未经授权的解码器："看看，这个盒子不简单。你只要将它接到接收器上，就能收看到所有想看的节目。不用向其他任何人付钱。你只要给我几百美元，就能买到这个盒子，不用操心什么每月的电视账单，什么都不用管。”卫星电视接收器所有者如果买下那个盒子，拿回家将它接到自己的接收器上，第一个月里，他会非常高兴。因为这个月结束时，账单就会寄到骗子先生此前留给电视订购中心的假地址。如果没人支付那些账单，那么卫星电视接收器所有者所买下的那个盒子的信号也就会被切断。与此同时，骗子先生正在拉丁美洲的巴巴多斯岛喝着果汁朗姆酒，给服务生小费时颇为大方，因为花的都是骗来的钱。

多年后，家用卫星电视接收器行业彻底失去了希望。首先，加密信号变得更加安全。美国海关的数次出手让人们懂得走私盗播芯片不是什么好生意。此外，公司也在力争提高解码器本身的安全性，避免被人动手脚。

还有一种方法就是在解码芯片外罩了一层牢不可破的塑料壳子。这种方法效果太好，不仅仅让野心勃勃的付费电视盗播者无法接触到罩子里面的芯片，同时芯片在运行过程中产生的热量也无法散发出来。使用一段时间后，芯片就会被烧坏。

相比之下，改进加密系统的方式效果更好。HBO和其他对节目加密的电视台更新了自己的加密系统，采用了通用仪器公司的视频加密系统二代+（VideoCipher II+）。该套保护措施采用了新技术，电视台开始定期更改自己的扰码，让盗播芯片和盗版解码器被人们冷落。广播电视业内没人认为盗播的行为能彻底杜绝。但随着程序和硬件的改进，人们希望能够让盗播行为的代价变得高昂，耗时耗力，从而越来越多的人认为不值得去盗播。

在对节目进行加密的最初数年里，提供加密节目的电视台同家用卫星电视接收器的制造商、零售商和拥有者之间的关系相当紧张。在那些人看来，这些制造和销售家用卫星电视接收器的人有充分的理由生气。因为他们的生意一下子就完蛋了。的确，在早期，还有许多频道仍然未对节目进行加密，所以拥有家用卫星电视接收器的家庭仍然可以收看到许多节目。但当他们听说，随着加密节目的增多，他们最终能收看的有线电视节目可能只剩下天气频道了，这时，没有什么人愿意拿出数千美元来购买电视接收专用设备了。

在当时，向家用卫星电视接收器的所有者销售节目的人实际上就是电视台。但这一点对接收器的所有者来说也没有什么用。电视台提供给卫星电视接收器所有者的价格与有线电视系统的收费价格并没有太大的差别。而且在普通的有线电视节目零售中，有线电视运营商和电视台还要六四分成，但现在，电视台向卫星电视接收器的所有者收取的每一分钱都是纯利润。对许多卫星电视接收器的所有者来说，他们看到的就是坏心的大企业从他们手中抢走了免费的东西，然后又将那些东西以高价卖给他们。

对于电视台来说，他们不愿意让第三方零售商来销售自己的频道节目。他们觉得没有什么必要花钱让其他人来销售自己本身就可以销售的东西。

电视台也非常在乎有线电视系统运营商所担心的问题。运营商认为家用卫星电视接收器行业和自己形成了直接竞争。有线电视运营商是多数电视台的大客户，所以电视台也很谨慎，不希望自己看上去像是在开拓业务，和有线电视运营商抢地盘。

这种种关系随着时间的流逝逐渐缓和下来。电视台和家用卫星电视接收器的零售商们意识到，要在新环境下获得发展，就必须在一定程度上相互依赖。简单一点来说，如果你想要获得发展，就必须和谐相处，彼此斗争肯定不如相互合作的结果美好。

因此，电视台开始针对零售商制订一定的激励举措，将节目包和卫星电视接收器捆绑在一起销售，同时为零售商提供市场营销支持。随着越来越多的频道对节目进行加密，也就越来越便于众多第三方零售商参与到销售中来。竞争的加剧拉低了节目包的价格。有线电视公司甚至被邀请向自己特许经营范围内和周边市场内的家用卫星电视接收器所有者销售节目。

说到这些节目包，它们充分代表了 C 波段卫星电视业务奇怪的发展路线，体现了消费者行为的自相矛盾，即消费者对自身需求的阐述和客观存在的需求存在差异。

长期以来，有线电视服务常常遭人指责的问题之一就是频道的购买是阶梯式的，而且每个阶梯通常会包括一些订阅用户并不想要的频道。“我只想看那些男人们互相伤害的频道！我要看 ESPN！我要看更多的摔跤格斗节目！我要看美国全国运动汽车竞赛协会（NASCAR）的比赛！凭什么要我同时订购 Lifetime 频道？”拥有了加密节目和家用卫星电视接收器之后，消费者就能订购单独的频道。想看 HBO？那就直接打电话给 HBO 订购节目。想看 ESPN？打电话给 ESPN 订购吧。

但后面的事实证明，这种操作方式相当麻烦，而且成本比较高昂。

这种环境相应的也为家用卫星电视接收器的零售商们创建了一个市场，他们也可以将频道打包在一起，然后以更具吸引力的价格将这些频道同时出售。这种方式和有线电视运营商过去数年里的操作方式非常类似。

加密电视台和卫星电视接收器零售商们之间的关系究竟有多深，从零售商和加密电视节目领头羊 HBO 之间的关系变化就可以一窥究竟。1986 年 1 月份，HBO 首席执行官迈克尔·富克斯是零售商们的敌人，套用他自己的话来说，因为对节目加密让卫星电视接收器所有者接收不到节目而被田纳西州参议员阿尔·戈尔（Al Gore）送到“烤肉架上炙烤”。但到 1993 年 1 月份，卫星电视接收器硬件行业组织美国卫星广播和通信协会（Satellite Broadcasting and Communications

Association，SBCA）邀请富克斯在他们的冬季展览会上发表主旨演讲。富克斯发表了大意是“我们永远是朋友”的讲话。同时，他也努力安抚有线电视运营商，告诉他们卫星电视接收器行业的繁荣发展，并不意味着有线电视运营商就会被挤出市场：

> 新技术让我们有机会去争取数百万收入稳步增长的新家庭……我们认为两者的关系……不是取代，而是对现有技术的补充，非常有利可图。这一点相当重要，必须加以强调，因为现有的节目传播系统为自己在技术领域内的地位而担忧，但这种担忧是没有意义的。新时代的出现并不会让过去的技术就此烟消云散，而是在过去的基础上加以补充。调频广播并没有扼杀调幅广播，电视并没有扼杀广播，有线电视没有扼杀无线广播电视，录像也没有让付费电视走上末路。蛋糕正变得越来越大。

不管是美国卫星广播和通信协会还是HBO，他们都有充分的理由去感谢对方给自己创造的价值。1992年年底，HBO宣布其家用卫星电视业务的销售额在一年内的增长达到了公司在此前6年内的累积增长数。到1993年年底，公司卫星电视接收器业务的销售额相比1992年翻番，在1994年再度实现销售额翻番。在1994年的公司年报中，公司声称实现了自“录像前时代”以来最大的订阅量增长，而观察家们认为，家用卫星电视接收器市场是那股新客户增长趋势的主要贡献者。

尽管HBO的C波段卫星电视业务仍然在不断增长，但公司早已经放眼未来，寻找下一个伟大的事物。我记得大概是在进军C波段卫星电视业务一两年之后，我参加了一场由时任HBO卫星电视总裁的拉里·卡尔森（Larry Carlson）主持的情况发布会。会上，拉里·卡尔森向大家介绍了Ku波段（Ku-Band）。

C波段在当时是卫星电视业务的基础，是一种低功率的卫星传输技术。Ku

波段功率较高，被视为是下一代卫星传输技术。NBC从1983年年初就开始使用Ku波段来传输自己的频道。相比于C波段而言，Ku波段所传输的数字音频和视频的质量更高，同时还能传输高清电视，而那是C波段无法做到的。

卡尔森预测，接收Ku波段的卫星电视接收器“大小只相当于一个大比萨”。那么在Ku波段之后的发展方向呢？卡尔森在会议室的桌子上摆了一个概念性的实物模型，大概也就是笔记本电脑大小，可以像笔记本电脑一样打开，而笔记本电脑屏幕的位置是一个卫星接收器。卡尔森说，那就是未来的发展方向。

在C波段上，HBO曾经不得不努力去追赶该发展方向，在成千上万人早已经购买电视接收专用设备并免费收看电视多年之后才进入该领域，并对电视信号进行加密。而这一次，公司决定要走在潮流之前，率先对正在建设的Ku波段卫星加以投资。这也是公司除自身的上行链路设施之外首次对传输硬件进行投资。

公司通常都具有敏锐的目光和远见卓识，但事实证明，这一次出现了重大的判断失误。

公司对形势的判断没有错，Ku波段的确是下一代伟大的事物，而且人们房子屋顶上和公寓楼窗户外安装的那些小型卫星电视接收器就是很好的证明。但是，公司对时机的判断出现了失误。有线电视系统已经对C波段基础设施投资了数百万美元，这些设施现在仍然能很好地发挥作用。他们没有必要对自己还不需要的新技术大量投资。

最终，由于有线电视运营商缺乏兴趣，HBO将自己对未发射的卫星所持有的股份出售。此后，公司有了一条不成文的规定，不得再涉足该行业的硬件业务。因为硬件会过时，硬件会需要升级换代，硬件会……好吧，硬件不是HBO的业务。

随着 Ku 波段的到来，越来越多 C 波段家用卫星电视业务的订阅用户开始改用尺寸更小的 Ku 波段卫星电视接收器。C 波段卫星电视业务的订阅用户数量逐渐减少，可推销 C 波段卫星电视接收器的潜在客户数也日渐减少，因此，HBO 将这些客户的维护和零售工作外包给了其他公司。零售曾经获利颇丰，但也带来了一些让人头疼的问题，例如市场营销、客户监测、账单、费用收取，等等。HBO 慢慢认识到，公司没有零售也能生存下去，零售也不是 HBO 的业务。

关于 HBO 的 C 波段卫星电视业务的订阅用户，有件事情实在让人感觉奇怪。C 波段卫星电视业务的客户保留率要高于其他有线电视市场。当然，部分原因在于 C 波段卫星电视业务的订阅用户们迫切需要各种娱乐内容，所以即使该频道依然在播放波尔卡舞节和游泳比赛，他们仍然会坚持订购该频道。但也有其他方面的原因，他们之所以坚持订购 HBO/ Cinemax 频道，原因之一在于他们从中获得了更多的意义。

在 HBO 上星之后，随着该频道在美国的观众数量逐渐增长，公司像数十年前的无线电视网一样，认为有必要为美国东部和西部的附属电视台分别提供不同的信号馈入。不同的信号馈入提供完全一样的节目，但对时间进行了调整，从而晚上 8 点在纽约播出的节目也会在洛杉矶当地时间晚上 8 点时播出。

通常情况下，中部和东部时区的有线电视附属电视台会选择 HBO/ Cinemax 的东部节目，而太平洋和落基山时区的附属电视台则选择 HBO/ Cinemax 的西部节目。但这并非硬性要求。有线电视系统可以根据自身意愿选择任何一种节目。例如，落基山时区的少量有线电视系统认为如果选择西部节目，则意味着他们的节目要比东部时区晚一个小时，这点让人实在是不满意。于是，他们选择采用东部节目，也就是说可以提前两个小时接收到节目信号。由此，也可以解释为什么纽约办公室会接到订阅用户们的投诉，称家里的电视在晚上 9 点就开始播出午夜固定节目《真爱至上》(*Real Sex*)，为此他们不得不将自己的孩子早早赶出客厅。

但人们在有了自己的电视接收专用设备之后，可以接收到卫星传输的所有节目。就算是在 HBO 对节目进行加密之后，正规的订阅用户也能同时接收到东部和西部的节目馈入，这也意味着在每天的任何时间点，他们都可以在 HBO/Cinemax 频道上接收到有线电视订阅用户所没有的节目。

而这也就导致了“多路复用”（multiplexing）的发展。这是一个相当简单的概念：HBO 开始利用其内容库，增加一系列频道。HBO 2 台（后更名为 HBO Plus 频道）就是 1991 年推出的第一个综合频道。它是另一个版本的“母频道”，只是两者节目安排有所区别。随后，HBO 推出的频道主题则更为明确，比如喜剧、家庭、HBO 拉丁语频道等。Cinemax 则是简单地推出一系列频道，一个频道专注于动作片，另一个频道专攻科幻和恐怖片等。

最初，有线电视运营商对这种做法并不太感兴趣，因为这意味着要将宝贵的频道空间都给予某一家电视台。在有线电视运营商们看来，相比于提供某家电视台的众多不同版本，如果能够提供更多不同的频道供人们选择，或许能吸引更多的订阅用户和潜在订阅用户。

此外，“信号压缩”技术让电视台能够一改过去一次只能传送一个频道的情况，充分利用同一个传输渠道同时传送多个频道的信号。有线电视运营商在自己的系统上也能同样实现这点。有线电视运营商放弃了他们老化的铜线基础设施，改用光纤电缆，大幅提高了频道容量，对频道空间的担心也因而没有了意义。20 世纪 80 年代，如果某个有线电视系统能够提供数十个频道，那就相当不错了。但当有了信号压缩和光纤电缆之后，有线电视系统能够提供数百个电视和广播频道，而且常常会提供各种电视台的多个频道。

策略六：拓展国际市场并本土化运营

1984 年的发展撞墙经历证实了一条简单的真理，即有线电视是一个有限的世界。激进的市场营销工作和扩张进入家用电视接收专用设备市场，这些都曾为公司创造发展动力，但不能被视为是长久之计。它只是提高了HBO的市场饱和度，而这种市场饱和度是不可避免的。

如果说美国国内市场已经快要开采完毕，那么还有另一个世界尚未得到开发，也就是美国边境之外的那个世界了。

进军海外似乎是必然的举措，但进军海外不是简单地在波兰某市区的某个门面上方挂上一个招牌，上面写着："此处可订购 HBO！" 进军海外要复杂得多。

HBO 原创节目的版权属于 HBO，公司想怎么样处理就怎么处理。但 HBO 的节目中大部分是电影，而 HBO 只是被授权播出这些电影，而且电影的许可规定了公司可以做什么和不可以做什么，比如，这些电影在多长的时间内可以播出多少次，是否可以在黄金档播出。此外，最重要的一点在于，HBO 只有权在美国和美洲范围内播出这些电影（在美属波多黎各、关岛和维尔京群岛都可以收看到 HBO。

提到进军海外，我们首先就会想到欧洲市场。欧洲市场在面积和人口上规模都与美国市场相差不多，政治稳定，而且经济实力或多或少与美国相当。此外，美国电视节目长期以来在欧洲市场都颇受欢迎。

但欧洲不是一个统一的整体，是由众多小国组成，每个国家都有自己的语言、文化、经济和政治体系。此外，HBO 在这个市场已经迟到。

法国的付费电视频道 Canal+ 在 1984 年成立，已经迅速扩张进入并锁定利润最为丰厚的西欧市场。到 20 世纪 90 年代初，Canal+ 频道已经在比利时、德国、瑞士、芬兰、西班牙和北非部分市场拥有自己的兄弟频道，并且也已经进军国际电影和电视制作市场。留给 HBO 的只有东欧国家。

在这些欧洲市场内，卫星传输并不实际，因为每个市场的规模有限，而且卫星时间的成本高得惊人。当时在美国，电视台租用卫星转播器的价格可以低至每年 80 万美元。在全球大多数地方，租用卫星转播器的价格通常在每年 100 万美元到 250 万美元之间。而在欧洲，这个成本高达每年 500 万美元到 800 万美元。

在美国建设和发射卫星的成本与在欧洲建设和发射卫星的成本相当，那为什么欧洲的卫星转播器租赁费用会高出那么多呢？美国一些非官方的渠道会告诉你，这样做的目的就是为了让美国人远离卫星。欧洲人担心美国那些上星的电视台最终会垄断欧洲的卫星电视市场，就像他们最终垄断了国际电影和电视的制作和发行一样。

HBO 将进军欧洲市场的第一站选在了匈牙利，其举措充分诠释了如何解决欧洲市场特有的问题。HBO 通过匈牙利有线电视公司 KábelKom 公司来播出节目。KábelKom 是时代华纳公司的子公司与国际联合公司（United Communications International）在 1991 年合资成立的，在匈牙利提供有线电视服务和付费电视服务。HBO 匈牙利台（HBO Hungary）事实上是 KábelKom 公司播出的第一个频道。但 HBO 匈牙利台并没有为了一个小市场（在当时，匈牙利的总人口只有新泽西和曼哈顿两个地方的人口之和那么多）花费大笔费用来租用卫星，而是通过地面系统（即微波）将信号传输给 KábelKom 的有线电视系统。整个操作方式类似于 HBO 过去在美国的操作方式。这种传播方式的效率比卫星的低，但就匈牙利的市场规模而言，这种方式的效益更高。到 1994 年年底，匈牙利有线电视订阅用户每月花费 5 美元可订购 20 个频道。HBO 匈牙利台进入了 16 万户家庭，合作各方均认为这家企业取得了可观的成功。自进入匈牙利市场起到现在，HBO 已经进入了 15 个欧洲市场。

拉丁美洲市场的情况则完全相反。多数中美和南美国家使用同样的语言，文化价值观也相似，卫星转播器的成本相当合理，所以 HBO 通过卫星在整个美洲大陆传播电视信号要更加可行。同在东欧市场时一样，HBO 是第一个进入拉丁美洲市场的美国电视台。1991 年，HBO 推出了西班牙语的 HBO Ole 频道。Ole 公司由 HBO 和委内瑞拉的豪威拉丁美洲娱乐公司（Omnivision Latinamerican Entertainment, Inc.）合资成立，中美和南美及加勒比海地区的有线电视系统和个人卫星电视接收器所有者都能够收看到 Ole 频道。该公司在 1993 年实现了收支平衡，1994 年的订阅量数达到了 50 万。同年，公司推出了第二个频道，并且针对巴西市场推出了葡萄牙语频道。在推出的头三个月内，HBO 巴西频道争取到了 15 万订阅量，并且预计在两年内订阅量将达到 50 万。

在太平洋市场，这里大大小小的国家散布在数千公里的东南亚和太平洋南部地区。在这个地域广阔的市场里，泛亚洲卫星传播似乎是最切实可行的节目传输方式。HBO 亚洲频道总部设于新加坡，于 1993 年开播，最初覆盖了菲律宾和泰国。现在，从蒙古到越南，从尼泊尔到巴布亚新几内亚，在 23 个亚洲国家都可以收看到多路复用的多语言频道。HBO 亚洲频道的节目拥有中文普通话、泰语和印度尼西亚语频道。

HBO 的国际扩张之路中，最值得一提的是它充分验证了 HBO 的品牌价值。要知道，这些市场的 HBO 频道均不同于美国的 HBO 频道。出于各种目的，这些频道都是土生土长的本地频道，虽然和美国的母频道有点类似，但节目选择和节目时间安排都是完全独立的。换而言之，HBO 所做的只是销售自己的品牌。在 HBO 进军的多数海外市场里，HBO 的品牌显然是电视节目中通用的黄金标准。

到 20 世纪末，也是公司成立 30 周年的时候，HBO 的品牌价值正呈上升趋势。

INSIDE
THE
RISE OF
HBO

11

原创自制剧，开启精品内容的差异化竞争

所有连胜都会有终止的时候。

——贾汗季·可汗（Jahinger Khan）

HBO时刻

HBO 如何开启原创自制剧的精品时代

1. 新任首席执行官杰夫·比克斯微调公司战略，将公司的创作从原创节目转向有剧本的电视剧。
2. HBO 用 10 年时间创造了有线电视创作的黄金标准。
3. HBO 选择播出内容的标准是，它是否值得。
4. 在创作上，管理层采取不干涉的政策。
5.《欲望都市》《黑道家族》《六尺之下》三大爆款剧为 HBO 带来了品牌辨识度，使 HBO 成为最出色的电视台。

HBO 首席执行官迈克尔·富克斯在 HBO 的发展和业务多元化上取得了杰出的成就，因此在 1995 年升任华纳音乐的掌舵人，掌管更大的新世界，但 HBO 仍然在其掌管范围之内，接替富克斯担任 HBO 首席执行官的是杰夫·比克斯。

1984 年，在弗兰克·比昂迪被罢黜之后，富克斯接管 HBO。此后不久，情况开始明朗，富克斯在节目制作和长期战略愿景方面有过人之处，但并非无所不能。富克斯比较专横，有点目空一切，所以有些日常的工作对他而言具有难度，例如搞好和大型有线电视系统运营商之间的关系。于是，公司设立了总裁这个职务以便解决这个问题，将那些非常重要、但又不适合于富克斯的公司管理工作交给总裁去做。

乔·柯林斯（Joe Collins）是和富克斯搭档的第一任总裁，他的体形看上去像个橄榄球运动员，实际上性格相当温和，不太喜欢曝光。HBO 的宣传人员发现自己的处境相当滑稽，一方面要想方设法让态度粗鲁的首席执行官远离媒体舞台，另一方面又要竭力把总裁推上媒体舞台。柯林斯此前在有线电视公司工作，因此在 HBO 担任总裁后，他在 HBO 和其附属电视台之间起到了很好的牵线搭桥的作用。出色的表现让他在 4 年之后被时代公司提拔成为美国电视通信公司（American Television and Communications，ATC）的掌舵人。该公司是时代公司旗下的有线电视公司，在当时是美国最大的多系统运营商之一。1989年，时代公司与华纳传播公司合并。1992年，两家公司旗下的有线电视公司也进行了合并，成立了时代华纳有线电视公司（Time Warner Cable）。

接替柯林斯的是时代公司的资深财务人员赛耶·比奇洛（Thayer Bigelow）。比奇洛同样思维敏锐、能言善辩，三年后也被提拔，重回总公司。

比奇洛之后，担任总裁的是杰夫·比克斯。无论是在技能还是气质上，比克斯都是富克斯的完美搭档。比克斯在HBO的资历不浅，他在20世纪80年代初就加入了公司，一步一步地成长，1986年，他成了公司的首席财务官。比克斯的这种背景让他和富克斯能相处融洽，配合默契。富克斯主管节目制作，比克斯主抓业务，两人各管半边天，强强联合。不过，让人颇感好奇的是，两人的个性有着天壤之别。

HBO的高管们通常会去公司的私人餐厅就餐，但大家常常会看到比克斯在自助餐厅里随便吃顿午餐，或者是在公司健身房里锻炼得大汗淋漓，和普通员工们挤在一起，聊着自己年轻时很是糟糕的第一份工作。

INSIDE THE RISE OF
HBO 小剧场

有件事情让我记忆特别深刻。比克斯曾将自己的公文包落在了出租车里，下一位乘客凑巧是HBO某位行政助理的朋友，于是她将公文包交给了那位助理。

几天后，这位助理将公文包转交给比克斯，比克斯想起自己还没有好好地感谢对方。他让人送花到对方的办公室，并且附上一张纸条，不仅向对方表示感谢，同时因为自己没能及时道谢而深表歉意。

在富克斯高升去掌管华纳音乐之后，比克斯开始独掌公司这艘大船。我不知道高管层对此有何看法，但我很清楚，我们有些员工非常好奇这种改变会给

HBO 的创作方向带来何种影响。富克斯曾经是一位节目制作人，是从公司的节目制作领域成长起来的，他早早的就看出大力支持公司原创节目力量的战略意义。

但比克斯也是个商人，他能“领悟”到富克斯为公司制定的节目愿景吗？

在 HBO 的节目发展历程中，最具讽刺意味的是富克斯为公司指出了正确的方向，却是在比克斯这位商人的领导下，HBO 这个创作主体才进入它的第一个黄金期。

原创自制剧才是塑造品牌的利器

富克斯为 HBO 指明了方向，而比克斯对这个方向稍加调整。比克斯认为原创节目中，对公司而言最有价值的当属有剧本的电视剧。红火的电影和纪录片似乎可以创造许多话题，但只能在某个月内吸引到大量的观众，不能保证在下一次播出时也能吸引到数量可观的观众。因此，电影和纪录片并不能培养持续的品牌忠诚度。

但当电视剧开播后，也就意味着会有一群观众周复一周前来观看。这也就是说，在“固定的”时间段里可以不断地吸引可加以预料的观众数，也就是忠诚度。

比克斯要微调 HBO 的节目方向舵，难点就在于即便是在他接任首席执行官的时候，HBO 在电视剧剧本方面的成绩也只是处于“令人失望”和“糟糕透顶”之间，其间还有“廉价”、“低俗”和“垃圾”之类的标签。

HBO 在原创自制剧方面遇到的问题与它刚涉足电影节目时遇到的问题类似。在电视创作领域，公司不是那些大人物们的首选。公司必须凑合使用自己能够拿到的电视节目，而公司拿到的电视节目基本上不会给人留下深刻的印象。

同年，也就是1983年，HBO的儿童节目组推出了电视剧《布偶奇遇记》，赢得了成功。而公司成人节目组则拿出了相比而言人气没那么高的《新闻恶搞》（*Not Necessarily the News*）。《新闻恶搞》是从1982年的一档特别节目中衍生出来的，是对英国电视喜剧《恶搞整九新闻》（*Not the Nine O'Clock News*）进行了拙劣的模仿。该节目时长为半个小时，核心内容是虚假的新闻播报，和《周六夜现场》中的“周末新鲜看”（Weekend Update）环节区别不大，其余的时间则是模仿广告和小品。这档节目的话题选择从未能像《周六夜现场》那么激进（《周六夜现场》隶属于广播电视公司NBC。最具讽刺意味的是，相比于付费电视频道HBO的《新闻恶搞》，《周六夜现场》更敢于挑战极限，也没有《城市第二电视台》（*SCTV*）那样机智巧妙。不过，其编剧队伍中有柯南·奥布莱恩（Conan O'Brien）和格雷格·丹尼尔斯（Greg Daniels）。柯南·奥布莱恩当时刚刚进入电视编剧行业，而格雷格·丹尼尔斯是后来《办公室》（*The Office*）的制片人。尽管《新闻恶搞》这部电视剧有点儿无聊，但还是成功地培养了一群追剧人，使得这部电视剧直到1990年才停播。

早期的作品中，让人难以忘怀的是情景喜剧《球队风云》（*1st & 10*）。这部喜剧于1984年首播，由德尔塔·伯克（Delta Burke）担纲出演，每集半个小时。德尔塔·伯克扮演一位离婚女性，在同前夫协议离婚时得到了虚构的加州公牛橄榄球队（California Bulls）的所有权。在第三季的时候，德尔塔·伯克离开剧组，加入了CBS的热门剧《女性设计师》（*Designing Women*）。在第二季中，O. J. 辛普森（O. J. Simpson）加入了演员阵容，进一步提升了该剧在体育运动上的专业性。许多剧评人士表示，该剧最富有想象力的地方就是编剧让剧中的拉拉队成员或其他可能出现的女性都赤身裸体上阵。橄榄球和莫名其妙的裸体让这部剧撑过了7季，只是这么多季节目中并没有什么值得让人吹嘘的内容。

《惊世启示录》（*The Hitchhiker*）中没有所谓的体育运动，而是将其换成了大量血肉横飞的场面，同样成功地培养了自己的观众群。这部剧就是穷人版本的

《迷离时空》。这部惊悚剧每集的开头都是一名旅人在高速公路旁竖起大拇指想要搭车，当这一集的客串明星们驾车呼啸而过后，他就会进行诅咒。大多数情节中都包含了完全不必要的色情画面和因果报应的内容，显得非常荒谬、可笑。但是，这部剧的故事套路还是奏效了，它从 1983 年起连续播出到 1987 年。1989 年，美国电视网买下了该剧，并在 1991 年期间还制作了新的剧集。不过同《球队风云》一样，这部剧并不能在多年后让人们提到时还会说："嘿，还记得那部电视剧里面有一集……"

HBO 的节目可以脏话连篇，可以血肉横飞，可以有女性一丝不挂，甚至还可以对这些内容进行各种各样的综合，无线电视网就无法做到这一点。尽管 HBO 也的确努力给大家提供更多其他的内容，但在大家的印象中似乎并没有。

1983—1986 年，HBO 制作了 11 集的《私人侦探菲利浦·马洛》（*Philip Marlowe, Private Eye*），每集时长 1 个小时，由鲍沃斯·布斯（Powers Boothe）担纲主演。该剧改编自雷蒙德·钱德勒（Raymond Chandler）关于同名侦探的短片小说。这些剧集更像是限定剧，而不是真正的电视剧。该剧在英国拍摄，其制作相当精良，因为在英国更容易找到看上去像 20 世纪 30 年代的洛杉矶的地方。这部电视剧的评价也非常好，可是并没有取得突破性的成功。

此外，还有《越战故事》（*Vietnam War Story*，1987—1988 年），该剧只有短短两季，评价不错，但同样没有取得突破性的成功。越战是当时美国最具争议性的战争，而该剧抓住了《野战排》后那波对越战的反省潮，同时也借助了 HBO《越南家书》和《隐藏的士兵》这两部获奖纪录片的东风。《越战故事》真实性强，制作精良，而且充分利用了付费电视台的创作空间。相比于 ABC 的《中国海滩》（*China Beach*，1988—1991 年）和 CBS 的《突击越南》（*Tour of Duty*，1987—1990 年）这些无线电视网的著名越战题材剧而言，人们通常认为《越战故事》更胜一筹。

此后，HBO希望能借助原创剧作《雷·布莱德伯里剧场》（*The Ray Bradbury Theatre*）超越《惊世启示录》，创造更为优质的科幻/奇幻剧。雷·布莱德伯里这位科幻大师本人主持该剧场，他同时也为该剧改编了自己撰写的科幻故事。《雷·布莱德伯里剧场》不像《惊世启示录》那样在每集都掺入性和暴力，所以该剧在1984年到1985年期间只播出了6集。后来，美国电视网又接过了该剧，在1988—1992年期间制作了新的剧集。

《案中案》（*Maximum Security*）在1984年首播，是HBO后来的热门剧《监狱风云》（*Oz*）的前辈。该剧也将场景设定在了监狱内，每集一个小时。但《案中案》没有《监狱风云》那样的硬气，情节展开也不如后者紧凑，所以同之前那些剧集一样，并没有给人们留下太多印象，在短短6集之后就告别了观众。

与此同时，HBO发现自己制作的电视剧既有《新闻恶搞》这种算是成功但未能造成轰动的节目，同时也有《雷·布莱德伯里剧场》这种失败之作，可是订阅用户们并不满意这种情况。

人们常常会抱怨："我花钱是为了看电影！"当每月播出的故事片不得力时，一些HBO的订阅用户会说，这是因为HBO将钱花在了原创剧上面，而不是投到电影上。可事实是太多电影本身就相当糟糕。很多人都有着同样的执念，认为HBO似乎已经在转型上迈出了第一步，正把自己变成人们之前订购HBO时所想远离的那类电视。

但公司的计划根本就不是这样，公司希望的是建立一个HBO独有的电视品牌，尽管在这方面并没有取得什么成功，至少在原创自制剧方面是如此。没人清楚那个品牌究竟是什么样的。

此后到1988年，《唐纳1988》（*Tanner'88*）终于让公司有了头绪，明白HBO可以靠哪类节目来打造品牌。《唐纳1988》采用的是仿纪录片的形式，讲述的是曾经的众议院议员杰克·唐纳（Jack Tanner，迈克尔·墨菲 [Michael Murphy] 饰）如何争取民主党总统候选人资格的故事。该剧共 11 集，以 1988 年真实的美国总统竞选为背景，有着当时 HBO 其他原创剧无法比拟的创造力。该剧的创剧人兼编剧是加里·特鲁多（Garry Trudeau），他也是政治气氛浓厚的连环漫画《杜恩斯比利》（*Doonesbury*）的作者。该剧的导演是罗伯特·奥特曼（Robert Altman），他当时的作品还包括 1970 年的《陆军野战医院》和曾获格莱美最佳影片奖提名的《纳什维尔》（*Nashville*，1975 年）。他也曾被提名最佳导演。

从统计数据来看，《唐纳 1988》算是失败之作。该剧对美国政坛的辛辣嘲讽并不适合于大众观众，所以收视率从未能爬升到 6 个点。但时任 HBO 原创节目负责人的布丽奇特·波特后来回顾当时的情况时认为，该剧是公司创作发展的转折点。《唐纳 1988》是一部非常聪明的作品，其仿纪录片的风格打破了常规的电视剧形式，而且波特认为，最为重要的一点在于，它“为 HBO 吸引了新的、至关重要的关注者”。

这也就是说，作为电视剧的制作者，HBO 终于得到了那些电视评论员和编剧们的认真对待。

与前沿创作者合作，在题材上大胆创新

最初，观众们看到 HBO 的原创节目，整个感觉就是：“你们花我订购节目的钱来制作这种垃圾？”后来，HBO 成了有线电视的创作黄金标准。这中间的崛起之路走了大概 10 年，其间有几个重要的原创节目取得了关键性的成功。

到 20 世纪 80 年代末，垄断电影票房的是面向年轻人的科幻和奇幻冒险片、夸张的动作大片。1989—1990 年间，票房收入榜上前十名的有《蝙蝠侠》（*Batman*，

1989年)、《捉鬼敢死队2》(*Ghostbusters 2*,1989年)、《夺宝奇兵》(1989年)、《小鬼当家》(*Home Alone*,1990年)、《全面回忆》(*Total Recall*,1990年)和《虎胆龙威2》(*Die Hard 2: Die Harder*,1990年)。在小屏幕上,大家对那些美好甜蜜、人畜无害的节目情有独钟。同期收视率最高的电视剧有《考斯比一家》、《黄金女郎》(*Golden Girls*)、《纯真年代》(*Wonder Years*)、《成长没烦恼》(*Who's the Boss?*)和《女作家与谋杀案》(*Murder, She Wrote*)。

好莱坞有些编剧、导演和制片人一心想做点与众不同的事情,一些突破常规的事情,或者套用一句用烂了的词来说,做一些前沿的事情。《唐纳1988》已经发出信号,让他们看到有地方可以制作那类作品。这部奥特曼和特鲁多联手的电视剧已经向好莱坞著名的创作人才们证实,HBO并不仅仅只有色情画面,它也可以为真正有创意的雄心壮志的人提供一个舞台。

1988年,HBO推出了小品喜剧《青年喜剧团》(*The Kids in the Hall*,1988—1994年),主角是由几个才华横溢的加拿大小伙子组成的喜剧团体,类似于英国的喜剧团体巨蟒剧团(Monty Python)。这几个小伙子分别是戴夫·福利(Dave Foley)、凯文·麦克唐纳(Kevin McDonald)、布鲁斯·麦克洛克(Bruce McCulloch)、马克·麦金尼(Mark McKinney)和斯科特·汤普森(Scott Thompson)。《青年喜剧团》幽默、辛辣、荒唐,而且大胆,相比之下,《新闻恶搞》让人感觉太小儿科了。两部喜剧之间的差距也让我们看到HBO在这中间究竟迈出了多大一步。尽管《青年喜剧团》未能让公司如愿地创造轰动、创立类似于巨蟒剧团般的品牌,但这是HBO首部同时获得观众和评论家肯定的电视剧,让我们在《唐纳1988》的基础上进一步看到HBO的艺术空间能够创造何种成就。

次年,《魔界奇谭》(1989—1996年)又是另一种风格,但同样取得了成功。这部剧的灵感来自恐怖漫画《恐怖墓穴》(*The Crypt of Terror*)、《恐惧之巅》

（*Vaultof Horror*）和《魔界奇谭》，幕后队伍中拥有一些好莱坞大腕级人物。该剧的执行制片人包括乔·西佛（Joel Silver）、理查德·唐纳（Richard Donner）和《异形》（*Alien*，1986 年）的执行制片人大卫·贾尔（David Giler）。乔·西佛在当时已经成为票房保证，他的作品有《致命武器》（*Lethal Weapon*）和《虎胆龙威》系列，以及电影《48 小时》（*48 Hours*，1982 年）与《铁血战士》（*Predator*，1987 年）。理查德·唐纳不仅导演了西佛的枪战故事《致命武器》，其作品中也包括了票房力作《凶兆》（*The Omen*，1976 年）和《超人》（*Superman: The Movie*，1978 年）。

有了这些精力充沛、能言善辩的“守卫者”，《魔界奇谭》就是升级版的《惊世启示录》，讲述的道理更深刻，制作也更精良。该诗选类剧集每集都类似于寓言剧，结局总是善恶终有报，只是采用的是恐怖片的血腥方式，有稀奇古怪的怪物，也有五花八门的杀戮。例如有一集里，斯蒂芬·韦伯（Stephen Weber）出演好运耗尽的记者，突然发现自己是食尸鬼晚宴上的主菜。我个人最喜欢的故事情节是阴险的大卫·赫明斯（David Hemmings）向春心荡漾的凯文·麦卡锡（Kevin McCarthy）建议说：“女人呀，没法跟她们在一起生活，她去棕榈泉时还不能告诉邻居她只是去看望母亲。”

这部电视剧背后有一群票房保证者，由此也给 HBO 带来了前所未有的东西，即源源不断的好莱坞大腕明星们。《魔界奇谭》成了好莱坞的经典之作，剧中演员阵容非常强大，从柯克·道格拉斯这些旧好莱坞贵族到乌比·戈德堡（Whoopi Goldberg）、乔·佩西（Joe Pesci）和布拉德·皮特等人，还有很多很多。同样让人惊奇的还有那些为《魔界奇谭》剧集掌舵的大牌导演们，例如罗伯特·泽米吉斯（Robert Zemeckis）、约翰·弗兰肯海默、托比·霍珀（Tobe Hooper），以及《魔界奇谭》执行制片人唐纳和沃尔特·希尔（Walter Hill）。这部电视剧也为业内大腕们提供了试水导演的机会，而首次担任导演的有迈克尔·福克斯（Michael J. Fox）、汤姆·汉克斯和阿诺德·施瓦辛格（Arnold Schwarzenegger）。

"HBO 的电视剧中，第一部让我感觉有意思的是《美梦不断》(1990—1996 年)，" AMC 娱乐公司首席执行官乔希·塞班说。凭借这部电视剧，约翰·兰迪斯(John Landis)跻身好莱坞大腕之列。

自 1978 年借助《动物屋》(*Animal House*)崭露头角以来，他已经成了喜剧界的热门人物之一，他的作品包括《美国狼人在伦敦》(*An American Werewolf in London*，1981 年)、《福禄双霸天》(*The Blues Brothers*，1980 年)、《颠倒乾坤》(*Trading Places*，1988 年)和《来到美国》(*Coming to America*，1988 年)等票房赢家。兰迪斯所导演的《动物屋》和《福禄双霸天》均出自环球影视公司(Universal Studios)。后者一直在想方设法榨取自身影片库的剩余价值。这个庞大的影片库中有大量陈旧的电视节目，它们没有出售给地方电视台播出的价值。环球影视和兰迪斯达成交易，允许兰迪斯访问自己的影片库，然后挑选了玛尔塔·考夫曼(Marta Kauffman)和大卫·克兰(David Crane)这两位没有任何电视从业经验的音乐剧编剧与兰迪斯合作，提出可行的方案，而他们合作的结果就是《美梦不断》。1994 年，玛尔塔·考夫曼和大卫·克兰共同为 NBC 创造了经典喜剧《老友记》。

布莱恩·本本(Brian Benben)出演《美梦不断》中的马丁·塔珀(Martin Tupper)。离异的塔珀是个单亲爸爸，儿子正值青春期。他在纽约一家小型出版社从事编辑工作，事业道路走得磕磕绊绊，感情路上也是颇不顺畅。银幕上的塔珀出生于婴儿潮时期。在该剧进入高潮后，塔珀脑中会闪现出老电视节目的片段。这些片段会以符号、思想泡泡、旁白、希腊合唱队、画外音组成的小笑话等形式出现。

最初，这部电视剧难以站稳脚跟。因为这是 HBO，人们仍然认为应该尽可能在节目中硬塞进去一些裸体镜头。2010 年，在接受美国电视档案馆(Archiveat American Television)的采访时，考夫曼和克兰回忆说，兰迪斯常常建议他们应该让这档节目“更加有趣、更黄”。该剧的幽默元素似乎有点儿参差不齐，老电视节目片段的使用似乎也有点儿哗众取宠。但久而久之，这个节目找到了自己的方式，并且成了一部让人难忘的经典剧集。

有一集很搞笑。塔珀兼职做色情电影的编剧，想赚点外快。后来，在他的创意没有得到他人尊重之后，他就和人吵了起来。这一段很好地讽刺了所有认为自己怀才不遇的艺术家。这一集虽然看上去很傻，但让人开怀大笑。还有一集里，塔珀和一位身患艾滋病的作家合作，故事温馨，打动人心。大卫·科莱龙（David Clennon）客串该位作家，并凭借该角色斩获艾美奖。

从《魔界奇谭》到《美梦不断》，它们不是让 HBO 重拾在《球队风云》和《惊世启示录》时期的远大抱负，更多的是给予 HBO 新的希望。它们让 HBO 有了接踵而来的成功，而且是爆款之作。一部电视剧获得成功，那可能是运气好，而两部都获得成功，那可能就标志着未来的发展趋势。1991 年，在接受《纽约时报》电视评论员比尔·卡特（Bill Carter）的采访时，HBO 原创节目负责人布丽奇特·波特称那是一个“非同寻常的时刻”。当然，当时的 HBO 是一个由 1 750 万订阅用户组成的小宇宙。波特表示，在这个小宇宙内，“付费频道首次拥有了一部爆款电视剧，或许说是两部”。

此后，两部变成了三部。第三部就是《拉里·桑德斯秀》（*The Larry Sanders Show*，1992—1998 年）。这部电视剧基调忧郁、愤世嫉俗、尖刻痛苦，时不时怨气十足，而且常常是焦躁不安……但这是一部喜剧。

《拉里·桑德斯秀》的幕后灵魂人物是盖瑞·山德林（Garry Shandling），在当时众所周知的身份是喜剧演员，多年的俱乐部和电视表演经历让他树立了焦虑不安、牢骚不断且常常没头没脑的幽默形象。20 世纪 80 年代，山德林在 Showtime 频道找到了自己的空间，参与了部分特别节目，后推出了一档相当杰出的电视喜剧《盖瑞·山德林秀》(*It's Garry Shandling's Show*，1985—1990年)。该剧对情景喜剧加以幽默诙谐的效仿，向它们致敬。山德林在剧中本色出演，就直接生活在情景喜剧中或在其中扮演角色，时不时地同现场观众进行互动，还常常直接对着摄像机说话。该剧是一部极具创造性的颠覆之作，利用、讽刺或者说解构了数十年来情景喜剧的常规做法，然而却不激进，甚至是流露出了一种对情景喜剧的喜爱之情。

1986年，山德林拍摄了《盖瑞·山德林秀25周年特别节目》(*The Garry Shandling Show's 25th Anniversary Special*)。这是一档模仿和致敬的节目，围绕山德林主持午夜脱口秀节目25年的主题来打造。山德林在那个主题的基础上有了更大的突破，跳槽来到了HBO，由此诞生了《拉里·桑德斯秀》。

《盖瑞·山德林秀》气氛轻松，言辞温和，开心有趣，但《拉里·桑德斯秀》则是走的截然不同的道路。该节目对好莱坞上层人士的虚荣、褊狭、脆弱、傲慢、自大、妄想和偏执进行了犀利辛辣的嘲讽。山德林出演拉里·桑德斯，是一个自负却又缺少安全感的明星，参与了一档长期播出的午夜谈话节目。围绕在他身边的是一群聪明但同样可怕的人，其中包括里普·托恩(Rip Torn)出演的酗酒成性、脾气暴躁但兢兢业业的制片人，以及杰弗利·坦鲍(Jeffrey Tambor)出演的性格懦弱、喜欢阿谀奉承和投机取巧的密友。

尽管《拉里·桑德斯秀》的基调比较灰暗，但它完全有别于电视上的其他所有节目，让人眼前一亮，成了HBO最著名的原创自制剧之一，而且现在依然保持着这种地位。多年来，人们都是以它为例，来说明付费电视过去和现在能够做到哪些无线电视网所不能做到的事情。

HBO喜欢安排在周三晚上接连播出《美梦不断》《拉里·桑德斯秀》《魔界奇谭》。在HBO这个小宇宙中，这三部电视剧打败了无线电视网，周三属于HBO。

加上当时 HBO 的原创电影正处巅峰期，首映式通常可以吸引众多的订阅用户收看，让他们又把一个晚上都交给 HBO。我还记得公司高管们曾经在那儿幻想，只要再创造出一到两部热门电视剧，HBO 就可以尝试再从无线电视网那儿抢走第三个晚上。

《监狱风云》的创剧人是汤姆·方塔纳（Tom Fontana）。这部剧虽然没有能帮助 HBO 再攻下一个晚上，但它依然代表着 HBO 原创自制剧向前迈出了重要的一步，成为该台第一部每集长达一个小时的电视剧。当时，方塔纳最著名的作品就是颇受欢迎的无线电视网电视剧《情理法的春天》（*Homicide: Life on the Street*）。这是一部冷酷、现实的警匪剧，灵感来自记者大卫·西蒙（David Simon）的作品。这部作品详细记录了他在巴尔的摩警察局的凶杀案部门一年的生活经历。《监狱风云》的场地选择在一间戒备最为森严的监狱的特别侧厅，相比于《情理法的春天》而言更为残酷和写实。其剧情里一如往常地融入了种族问题、暴力，以及同性强奸的内容。主角们都是在奥斯瓦德州立监狱（Oswald State Correctional Facility，简称 Oz）服刑的重刑犯，他们为了争夺势力而不择手段，有时候也仅仅只是为了生存。

《监狱风云》经常会出现野蛮残忍的画面，让人深感残酷无情，但这部只在晚上 10 点，或是更晚时间段里播出的电视剧，却意外地吸引了众多的女性观众。HBO 的首席节目排期人员戴夫·鲍德温曾风轻云淡地对我说："男人只想看这里爆炸那里爆炸。女人会爱上角色和剧情，而《监狱风云》强调的就是角色和剧情。"鲍德温也告诉我，女性喜欢剧情有连贯性的肥皂剧，《监狱风云》的故事线会串起整整一季，让女性观众深陷其中不能自拔。这种剧情展开方式现在已经成了有线和无线电视台电视剧节目的常态。但在《监狱风云》开播之际，它仍然是一种创新之举，因为当时多数无线电视网的电视剧每一集都是独立的。

《监狱风云》大部分剧集都在非黄金时间段内播出，不是什么大众剧，更像是粉丝剧，但 HBO 从中看到了在原创节目中纳入“小众”剧的价值。20 世纪 90 年代时，在《美梦不断》《魔界奇谭》《拉里·桑德斯秀》这些著名的电视剧背后，HBO 也常常会推出一系列针对“小众”观众的好剧。大型无线电视网不愿意费事去迎合这些“小众”观众，而那些观众希望在选择中间道路的主流电视节目之外还能有别的节目可观看。例如：

> 此类节目就包括了 HBO 的脱口秀节目《丹尼斯·米勒现场秀》（*Dennis Miller Live*，1994—2002 年）和《克里斯洛克脱口秀》（*The Chris Rock Show*，1997—2002 年）、怪人为主题的小品喜剧《鲍勃大卫二人秀》（*Mr. Show*，1995—1998 年）、《执着的 D》（*Tenacious D*，主角为一支类似于重金属乐队 Spinal Tap 的虚构的两人摇滚乐队，1997—2000 年）、午夜播出的成人动画片《热辣都市》（*Spicy City*，1997 年，出自《怪猫菲力兹》[*Fritzthe Cat*，1972 年] 的导演拉尔夫·巴克什 [Ralph Bakshi] 之手），以及根据粉丝漫画书改编的《麦克法兰之再生侠》（*Todd Mc Farlane's Spawn*，1997—1999 年）。

不是每部电视剧都能吸引到大量的观众，或者说创意十足，但这些节目出现的频率越来越高，他们的创作目标也变得越来越大胆。总体而言，HBO 频道似乎散发出一种自信，相信自己未来的原创节目质量会越来越高，影响会越来越大。

更热门、更精彩就在下一个转角处等着，而公司的节目标志仍然是那三部最著名的电视剧。

什么样的内容才值得制作

是否符合 HBO 的风格

HBO 的战略不再是有什么节目就抓住什么节目，这也充分体现了这家电视台的声望在逐渐攀升。HBO现在处于一个让人羡慕的位置，有能力判断一个节目是不是“HBO风格的节目”（我后来越来越经常地听到这句话），并据此来加以否决。就像是关于艺术的那句老话所说的，没有人能明确定义“HBO风格的节目”究竟是什么意思，但只要一看到就心里有数。

让我举个最好的例子。

1996年，HBO推出了《牛人阿利斯》（*Arli$$*，1996—2002年）。同《拉里·桑德斯秀》一样，《牛人阿利斯》也是源自喜剧演员罗伯特·乌尔（Robert Wuhl）的想象力，他也担纲出演了该电视剧。《牛人阿利斯》的故事大纲听起来就像是体育版本的《拉里·桑德斯秀》，这也难怪HBO会感兴趣。乌尔扮演的是一位一流的体育经纪人，名叫阿利斯·迈克尔斯（Arliss Michaels）。他在著名运动员圈里追逐着金钱，就像拉里·桑德斯在星光闪闪的娱乐业里周旋一样。《拉里·桑德斯秀》里常常会出现真实的电影和电视明星，他们会客串出演，参加拉里的脱口秀节目。而《牛人阿利斯》里也同样会出现体育界和体育广播界的名人们，例如鲍伯·科斯塔斯（Bob Costas）、贝瑞·邦兹（Barry Bonds）和科比·布莱恩特（Kobe Bryant）等人。

这两档节目最大的区别在于剧评人一致认为《牛人阿利斯》糟透了，根本没有《拉里·桑德斯秀》好。《娱乐周刊》（*Entertainment Weekly*，HBO的兄弟公司）常常抨击该节目是最糟糕的电视节目之一，根本没有人看。

基于这个原因，公司节目部的人希望能取消该节目，因为它不是“HBO风格的节目”。很大一部分原因在于那家电视刊物认为该节目糟糕透顶，公司内部也有不少人认为该节目糟糕透顶，不是什么犀利、巧妙的节目，不会让公司觉得值得去加以宣传，去吹嘘它“不是普通电视节目，是HBO风格的节目”。

另一方面，尽管该节目被剧评人和公司节目部所唾弃，但节目的收视率却要

比《拉里·桑德斯秀》的好。

这不是没有道理。《拉里·桑德斯秀》吸引的观众普遍对机智、时髦的节目感兴趣。节目中的幽默元素也非常微妙，很少直接出现笑料和笑点，需要那些熟知娱乐圈名人大事的人去细细领悟。而《牛人阿利斯》吸引的是喜欢体育的观众。这就不难理解了。剧中的幽默元素相对更显而易见，范围更广，也更加搞笑。《牛人阿利斯》的粉丝们喜欢看到著名的体育明星，不管他们说话是否幽默、有趣。

听说 HBO 正考虑停播该节目，乌尔在一次参加广播节目时邀请粉丝们共同来支持该剧，而且他得偿所愿。电话和信件潮水般涌入公司，这些打电话和写信的人对这部剧的狂热支持不亚于他们对最钟爱的运动队的支持。

公司因此进退两难，究竟是留下该节目，在品牌的艺术完整性上做出让步，还是停播这部人气更高的节目，惹恼那些声称《牛人阿利斯》是自己订购 HBO 的唯一理由的狂热粉丝呢?

不管喜欢与否，HBO 留下了该档节目，这部电视剧最终坚持了 7 季。对于公司而言，这种选择可能并不是最高尚的决定，却是最容易也最务实的选择。但能进行这种讨论，从这件事本身就可以看出公司对其品牌的理解，同时也看出这种理解是值得培养和保护的。

它的价值在哪里

这时，我们该讨论一下 HBO 与收视率之间的敏感关系了。公司一直在吹嘘“收视率不重要”，这点也是 HBO 和无线电视网之间的区别所在。当无线电视台播出一部好剧，但收视率数字很差，那么电视台就会停播该节目。不过人们一般认为 HBO 不会如此。

总的来说，这点没错，收视率对 HBO 来说并不重要。在无线电视台，节目必须达到一定的收视率才能获得续约机会，但在 HBO，即使收视率远低于那个数字，也依然能够生存下去。因为 HBO 不出售广告时间，所以任何一档节目都不用单靠吸引的观众数量来决定自己的存亡。他们不用面对失望的广告商。HBO 也不会去计算节目成本是 X，广告收入为 Y，X 和 Y 是否相当。公司希望订阅用户能对 HBO 频道感到满意，而节目的唯一目标就是要针对订阅用户的整体满意度做出自己的贡献。

所以收视率不重要，但它们也有一定的意义。可以说这比较复杂。

让我们以 HBO 的纪录片为例。纪录片的收视率通常会因为其主题不同而上下浮动，就算是收视率较高的一天里，纪录片通常也不会吸引太多观众收看。但那没有问题，多数纪录片的成本也不会太高，预算通常在 6 位数左右。就成本而言，不考虑有限的观众数量，这些纪录片还是物有所值。

纪录片能够吸引的是关注度。有关流浪人士、退伍军人的惨淡生活，艾滋病、持枪暴力等热点话题的纪录片，可能会在电视通常并不被讨论的论坛上引发讨论，例如《纽约时报》和《华尔街日报》的社论版面。这种新闻界的关注变成了一种免费的营销，而 HBO 的确会评估这种曝光率的价值，并且让由白领阶层组成的、挑剔的高端消费者市场看到 HBO 的高质量。他们会阅读《纽约时报》和《华尔街日报》，但不会从其他渠道对 HBO 稍加考虑。他们或许会高傲地不屑一顾："我们从不在家里看电视！"

纪录片也可能获得各种奖项。纪录片系列《隐藏的士兵》关注的是无家可归的越战老兵，正是它为 HBO 赢得了首个小金人。想想看，这是一个小小的电视台，至少在当时和无线电视网与电影公司相比如此，只有一部分美国家庭能收看到，却能够制作出一部切合现实、让人们内心激动的影片，凭借高质量赢得奥斯卡奖。要证明 HBO 不同于其他电视台、比其他电视台更为出色，除此之外还能有什么更好的方式？

面对一些项目的推销，在考虑是否给它们开绿灯时，HBO 的部分决策因素在于它们是否能冲击一些知名奖项。这或许是为了证明自己，但这更是一种营销方式。艾美奖、奥斯卡和皮博迪广播奖等大型奖项都算是第三方公开的支持，认可 HBO 正在制作高质量的节目，是强中之强。没人会仅仅因为纪录片节目来订购 HBO，或者说没有人会仅仅因为一类节目来订购 HBO，但要这样想，那些获奖的热门节目会让潜在订阅用户感觉他们购买的东西物有所值，即使他们只会使用这东西的一部分。

所以，HBO 在考虑是否要坚持播出某节目时会分析收视率，但这仅仅只是其中一个方面。我们还会考虑是否有许多人在收看该节目？这个节目的成本是多少？它能给我们创造好的口碑吗？还是留下糟糕的印象？它能为我们赢得摆在橱窗里的小金人吗？

换而言之，所有考虑的问题用一句话来概括就是：它值得吗？

《牛人阿利斯》就是一个好例子。口碑不好，肯定不能赢得奖项，但观众数量多，成本低。

另一方面，公司也有一些节目赢得了传媒的好评，但收视率数字难看，而且成本高昂（我们将在后面进行讨论）。是否停播，这个决定很难做，也让人难受，不过不可避免。

拿收视率与成本进行对比，这点很重要，至少在特定时期里如此。同其他任何无线电视网一样，HBO 花在节目制作上的资金也是有限的。有时候问题非常直接：我们是否应该花这么多钱来制作没人收看的节目呢？不管怎样，我们可以将这些钱花在一个质量同样出色但观众数量会更高的项目上，甚至是两个或以上的项目。

牛顿·米诺在 1961 年时曾经就“一大片荒漠”发表长篇演说进行批判。但如果某个频道充斥着大量各种类型的优秀节目，却无人收看，这就像是停在车库里从未使用过的劳斯莱斯一样——有什么意义呢?

《欲望都市》《黑道家族》《六尺之下》带来品牌辨识度

1998 年，HBO 的节目开始呈现一定的特色，现在的多数人都认为那是 HBO 所独有的。在短短几年里，这个特色给了 HBO 一样东西，一样他们自开始宣传自己播放无删减版电影时就缺少的东西，即品牌辨识度。

1995 年，汤姆·汉克斯参演了热门影片《阿波罗 13 号》(*Apollo 13*)，该片获得了奥斯卡奖提名。此后，汤姆·汉克斯的人气不减。他非常喜爱那个美国 20 世纪 60 年代的太空项目，并将自己的一腔热忱变成了一部投资 6 800 万美元、12 集的电视短剧《从地球到月球》(*From the Earth to the Moon*)。和他合作的是《阿波罗 13 号》的导演罗恩·霍华德（Ron Howard）和霍华德的制片搭档布莱恩·格雷泽（Brian Grazer）。

这不是 HBO 的第一部电视短剧，HBO 在推出原创节目的早期就曾经对这种形式的节目有过多次尝试。1984 年，HBO 曾耗资 1 200 万美元，在印度外景地拍摄了三集《异国情天》(*The Far Pavilions*，1984 年)。这是 HBO 首次大手笔投资历史剧，由本·克劳斯（Ben Cross）和艾米·欧文（Amy Irving）联袂主演。但是，这部剧最终的收视情况也只相当于一部故事平淡无奇的肥皂剧。相比之下，四集的《大河奔流》(*All the Rivers Run*，1983 年）人气更高，可惜也没有给大家留下更多的印象。这部电视剧从澳大利亚电视台引入，成本更低，宣传攻势也更弱。

14 年之后，HBO 才再次对该类型的节目进行大手笔的投资。这不仅仅是因为《从地球到月球》与《异国情天》及《大河奔流》有着天壤之别，而是在于 20 世纪 70 年代初期的电视迷你剧 *QBVII* 让电视观众们对这种类型的电视剧有了更多期望。《从地球到月球》没有连续的剧情线索，也没有人物重复登场，甚至也没有客串大明星加以点缀的演员阵容，只有一群陌生面孔组成的人才队伍。这个节目的工作人员中，最著名的人物都在幕后：汉克斯、霍华德和格雷泽。

这部电视短剧根据安德鲁·柴金（Andrew Chaikin）的书《人在月球》（*A Man on the Moon*）改编，而且同柴金的书中一样，讲述了整个美国太空计划的发展历程，即从美国与苏联进行太空竞赛的早期一直到最后一次登月任务，阿波罗 17 号。该剧没有将 6 800 万美元的预算花去组建全明星的演员阵容，而是用来完美重现那段历史，制作现在仍然让人感到震撼的太空任务特效。该剧的戏剧元素同样强大，赢得了大家的交口称赞，并且最终摘下艾美奖最佳迷你剧奖。

这部剧也成了模本。此后，HBO 以此为基础推出了一系列制作精良、知名度高的历史迷你剧，例如《兄弟连》、《约翰·亚当斯》（*John Adams*，2008 年）、《杀戮一代》（*Generation Kill*，2008 年）和《太平洋战争》（*The Pacific*，2010 年）。对日渐成熟的 HBO 而言，这些作品都已经成了标志性节目。

同一年里，HBO 还推出了《欲望都市》（1998—2004 年）。这是 HBO 最为成功的电视剧之一，出自制片人达伦·斯塔尔（Darren Star）之手。斯塔尔此前的作品包括《飞越比佛利》和《飞越情海》。坎迪斯·布什奈尔（Candace Bushnell）曾根据为《纽约观察家报》（*The New York Observer*）撰写的专栏编写过一本书，该剧就是根据这本书改编的。《欲望都市》由莎拉·杰茜卡·帕克（Sarah Jessica Parker）、金·凯特罗尔（Kim Cattrall）、克里斯汀·戴维斯（Kristin Davis）

和辛西娅·尼克松（Cynthia Nixon）联袂出演，展现了四位女性在时髦浮华的纽约市的爱情和生活。

该剧最终赢得了50项艾美奖提名，其中包括在2001年赢得艾美奖喜剧类最佳剧集奖，并且衍生出两部故事片，成了流行文化的试金石。不过，它并不是一部人人都爱的电视剧，尤其是在最初几年里。剧评家们抨击剧中人物似乎一心只想着鱼水之欢、花天酒地和时髦奢侈品。一些女性权威人士尤其讨厌该剧，认为剧中人物对浪漫和时尚的追求，与几十年来女权主义者们为之奋斗的目标相去甚远。

但在从第一季到第六季的过程中，该剧就同其主角人物们一样，慢慢成熟起来，这里有年轻梦想的实现，也有对女性友情的赞歌。在“9·11”后播出的数季里，该剧也向遭受重创但又迅速恢复，并且仍然魅力四射的纽约市致敬。

不过，就在《欲望都市》慢慢成长的过程中，其成就很快就被《黑道家族》所超越。《黑道家族》不仅仅是HBO有史以来最出色的剧集，同时也常常被列为电视诞生以来最伟大的电视剧之一。

这部剧的构思来自大卫·蔡斯（David Chase）。他是一位经验丰富的制片人，早已凭借轻松幽默的私家侦探剧《破茧飞龙》（*The Rock Ford Files*）获得过艾美奖。蔡斯曾经向无线电视网介绍过这个项目，但这部电视剧里几乎所有人物都是冷酷无情的黑道人物，无线电视网对这种电视剧没有兴趣。很显然，只有付费电视频道可以为蔡斯提供创作空间，让他能按照自己的思路来讲述这个故事。于是，这个项目在HBO找到了落脚之地。

《黑道家族》后来成了HBO的第一部爆红电视剧，其在HBO订阅用户这个小宇宙中创造的收视率足以媲美许多无线电视网的节目在全美范围内的收视率。到第二季时，剧评家们认为它是莎士比亚级的悲剧，该节目成了流行文化天际线中高耸入云的尖峰。

对于一部公司最初所抱希望不大的影片来说，这种结果还算不错。

公司里的一位高管曾经对我说：“（HBO）公司里任何人只要说他们早知道《黑道家族》会爆红，那绝对是撒谎！我知道情况！我当时参加了那些会议！他们甚至连片名都不喜欢！”那位高管表示，当时因为该剧的黑道主题，公司对该剧的期望可能只是“一般就行”，没有太多的想法。让我们跳上时光机器，回到过去去看看该剧第一季的宣传活动。《黑道家族》的宣传力度和普通的HBO原创剧一样，不多也不少。《黑道家族》的宣传主题就是神经过敏的黑手党成员因为成为黑道老大所承受的压力过大而去看精神病医生。这个主题和当年早期发行的喜剧电影《老大靠边闪》（*Analyze This*）有异曲同工之妙，因此有人担心该剧会被人认为是在抄袭那部依稀有些类似的电影。

但在第一季播完之前，公司发现自己手中有个能量巨大的引擎，于是该剧的宣传力度一季比一季大，增幅可观。《黑道家族》广受赞誉，在符合参评资格的每一年都会获得艾美奖剧情类最佳剧集的提名，并且在2004年和2007年都荣获了该奖项。

这部电视剧也充分体现了让创作型艺术家在大众传媒中拥有追求自身梦想的空间是何其艰难。而且一季又一季，事实证明了大众传媒对艺术梦想的容忍度非常有限。HBO之所以对大卫·蔡斯、达伦·斯塔尔和盖瑞·山德林等人有吸引力，部分原因在于HBO不看重节目创意的最终结果。如果HBO相信某档节目，而且节目的幕后人员足够投入，那么公司就会放手让创作队伍去追逐自己的创意。在相当暴力的第一季之后，《黑道家族》更多地去关注剧中人物的内心戏，而不是暴力打斗。可粉丝们并不一定买账。在后续数季里，我办公桌上常常出现的投诉内容就是：“被暴打的人不够多。”（相信我，观众真是这么说的。）

蔡斯固执地拒绝满足观众们的宣泄需求，坚持他所认为真实的戏剧发展线，这点让粉丝们非常失望，而最让他们失望的莫过于该剧的大结局。

INSIDE THE RISE OF
HBO 小剧场

《黑道家族》的大结局引发了许多争议，给人们留下无限的想象空间。守着该剧看的观众希望能有个明确的结局。但最后一集即将结束时，黑帮老大托尼·瑟普拉诺（詹姆士·甘多菲尼饰）在新泽西一家餐厅等着家人们。一个男子走进餐厅，他难道是职业杀手，来让托尼得到应得的惩罚吗？接着，这个男子走进了洗手间，消失不见了。镜头闪过，托尼在自己的包间里，他的女儿在餐厅外笨拙地停车，家人们齐齐坐在了餐桌前，然后……屏幕上一片漆黑。是的，时间较长的一片漆黑。整整 10 秒钟，屏幕上什么都没有，接着，片尾字幕就开始滚动了。

次日，数百名订阅用户打电话给公司，因为他们以为有线电视的信号中断了，导致他们在片尾字幕出现前就关掉了电视。他们打电话过来想问问该剧的结局是怎么样的。听到答案后，他们并没有比那些当时多坚持了 10 秒钟的观众高兴多少。

大卫·蔡斯坚决拒绝对结局进行解释。久而久之，人们逐渐领悟到这个结局的艺术效果，而且该剧的结局当选为最佳电视结局之一，尽管这个结局可能并非是最令人满意的。但蔡斯大胆的故事阐述方式激怒了粉丝们，这是 HBO 第一次因为在创作上采取不干涉政策而承担的巨大代价，不过这并非最后一次。

2000 年，也就是在《黑道家族》首播的第二年，公司紧跟着又推出了第三部热门电视剧《六尺之下》（*Six Feet Under*）。这部电视剧的创意由来有争议，甚至还引起了一场官司，但我在公司内听到的版本是我们的原创节目部门找到了艾伦·鲍尔（Alan Ball），当时他刚刚凭借故事片《美国丽人》（*American Beauty*）获得 2000 年的奥斯卡最佳原创剧本奖。HBO 希望和艾伦·鲍尔合作拍摄一部关于家族殡仪馆的节目。鲍尔并不喜欢这个创意，但后来，他带着自己对那个创意的理解回头找到 HBO，于是就有了《六尺之下》。

《六尺之下》的收视率比不上《黑道家族》和《欲望都市》，但是它更好地证明了 HBO 的创作潜力。任何人如果试图去总结这部电视剧，或者说为它写概述，那就是在破坏该剧。它有时候是黑色幽默，有时候戏剧性很强，有时候就是肥皂剧，但有时候还在讨论哲学和存在主义，让人望而生畏。电视剧讲的就是性格迥异的兄弟俩在父亲过世后接手管理家族殡葬生意的故事。但当剧情围绕各主角人物分成多条线逐渐展开后，该剧的“主线”就变得越来越模糊，越来越无关痛痒。公司内部将《欲望都市》《黑道家族》和《六尺之下》合称为“三大剧”。而所有那些元素让《六尺之下》成了三大剧中最具创造力、最古怪的作品，不过这也让该剧显得与众不同。

在巅峰期时，这部电视剧曾经被视为是一档非常出色的电视节目，尤其是最后一集。它常常被称为是电视历史上最杰出的作品之一。在最后一集中，家族中最年轻的成员克莱尔（劳伦·艾波罗丝 [Lauren Ambrose] 饰）经历了 5 季的考验和难题之后，终于适应了新生活，为了一份摄影师助理的工作前往美国东部。当她驱车穿过美国西南部荒芜的平原时，心头一直萦绕着西亚（Sia）的那首《感受我》（*Breathe Me*）的旋律。这时，镜头快速闪过，出现了每位主角过世的画面，有些让人心碎，有些是满足地告别人间……直到最终克莱尔看到自己在临终时的最后一刻，身边围绕着家人和朋友们的照片，那些是她最重要的人。《六尺之下》的结局时刻是非常罕见的，整部电视剧变成了一部影像版的诗歌，不管是主题还是视觉上都让人感觉酣畅淋漓，达到了电视作品的巅峰。

一直到 2005 年左右，当三大电视剧开始慢慢地走向终结，HBO 成了最出色的电视台。在《欲望都市》《黑道家族》《六尺之下》之后，是《丹尼斯·米勒现场秀》、《火线》（*The Wire*）和《朽木》（*Deadwood*）等小众电视剧。《监狱风云》

仍然在播出，此外还有一流的拳击赛事报道、《国家橄榄球联盟大揭秘》、音乐和喜剧特别节目、纪录片和家庭节目，以及深夜色情节目。HBO 拥有了大量广受赞誉的、深受人们喜欢的获奖节目，电视编剧们通常以它们为例，来说明电视如果改变过去的常态就可以做到这种样子。

INSIDE
THE
RISE OF
HBO

12

内容创新，精准定位新一代消费者

失败无法避免，成功难以捉摸。

——史蒂文·斯皮尔伯格

HBO时刻

随着市场的变化，HBO如何延续内容创作上的成功

1. 从公司内部提拔、调整管理层。
2. 凭借《真爱如血》实现三大爆款剧之后的第一次全垒打。
3. 制作爆款剧之后的第二梯队节目，即对观众的吸引力相比逊色稍许，但能赢得剧评家们交相称赞的节目。
4. 与电影和电视界的大腕人物进行合作。
5. 调整方向，精准定位新的市场，重新拥有新的三大剧《真爱如血》《衰姐们》和《权力的游戏》。

不干涉创作的管理原则

HBO 曾经是一家电影频道，制作一些有趣的原创节目来填补时间空当。这家公司的首席执行官迈克尔·富克斯是从公司节目制作领域成长起来的领导人。他花了 11 年的时间让 HBO 转型成为一个真正的节目制作平台。饶具讽刺意味的是，富克斯在 1995 年 5 月份离开公司时，他的愿景尚未能变成现实，他离开之后，在一个完全没有节目制作方面经验的人的领导下，竟结出累累硕果，这个人就是杰夫·比克斯。在富克斯离开后，他接替了首席执行官的职位。

我有位朋友也在公司任职，曾经与比克斯共事过。一次，我们在讨论公司一些大制作的节目时，他向我们解释了比克斯的节目制作原则。比克斯并不会去干涉创作领域。“如果你能从商业的角度让他认同某个项目，杰夫就会说‘去做吧’，如果你能告诉他从哪里筹集资金、通过 DVD、海外销售和其他渠道可以赚取哪些收益，而他感觉有道理，他就会放手让你去做。”

这套管理战略显然相当有效，带领 HBO 拿出了一系列知名的得意之作：《从地球到月球》《欲望都市》《黑道家族》《六尺之下》《兄弟连》。这些都仅仅只是冲锋在前的“战车”。在它们后面还有众多同样广受赞誉的“后备部队”，只是这些后备力量的观众群没那么广泛，例如让人欲罢不能的监狱剧《监狱风云》、滑稽可笑的讽刺喜剧《消消气》(*Curb Your Enthusiasm*)、尖锐的警匪剧《火线》，以及刺激但最终让人心碎的迷你剧《角落人物》(*The Corner*)。《角落人物》改编自大卫·西蒙和埃德·伯恩斯（Ed Burns）撰写的真实故事《角落：内城社区的一年生活记》(*The Corner: A Year in the Life of an Inner-City Neighborhood*)。

HBO也不是没有失败之作，而最显而易见的就是《老公不出墙》(*The Mind of the Married Man*)。剧评家们称该剧就是男士版的《欲望都市》，而且是糟糕的男士版，尽管公司节目制作人员相当反对这种说法。

但成功之作在数量上超过了失败之作，而且HBO在原创电影、纪录片、儿童节目和体育节目上早已经树立了一定的声誉，此外还不断收获奖项和赞誉，所以，不管是消费者还是记者们都在很大程度上不再认为HBO只是一家电影频道，而是电视世界中重要的一份子，更是唯一一个可以让电视做到最好的地方。这是历史上第一次。

2002年，为了表彰比克斯在掌舵HBO期间所取得的出色成就，总公司将他升任时代华纳公司总裁兼首席运营官，成了时代华纳公司首席执行官理查德·帕森斯（Richard Parsons）的接班人。最终，比克斯在2008年成了时代华纳公司的一把手。接替比克斯成为HBO一把手的是克里斯·阿尔布雷克特（Chris Albrecht）。

阿尔布雷克特的接任似乎是自然而然的事情。如果说比克斯是个商人，那么阿尔布雷克特就是一个创作者，他在创作领域的历史可以追溯到年轻时在著名的即兴表演喜剧俱乐部（Improv）担任喜剧演员的时候，而阿尔布雷克特最终也成了即兴表演喜剧俱乐部的老板之一。1985年，在人才经纪公司ICM工作5年之后，他跳槽来到了HBO的节目制作部门。1990—1995年期间，他担任HBO独立制片公司负责人，推出了《人人都爱雷蒙德》和《马丁》等人气作品，充分证明了自己的节目制作专长。1995 年，迈克尔·富克斯升任华纳音乐负责人，离开了 HBO，此后原创节目部门进行了重组。布丽奇特·波特掌管 HBO 原创节目部多年，曾经多年坚持少投资多做事的原则，让公司在《球队风云》这类容易让人忘记的垃圾作品的基础之上获得发展，制作出了《从地球到月球》这类的作品。1996 年，波特被阿尔布雷克特取代。正是阿尔布雷克特见证了公司的节目从“有前途”到“没有比这更好的了”的崛起过程。

失败的内容选择令 HBO 陷入创作低潮期

阿尔布雷克特从比克斯手中接过公司时，公司正处于自成立之初以来最具挑战性的一个时期。在接下来的 5 年里，阿尔布雷克特会发现自己正在和时间赛跑，因为 HBO 的旗舰节目正在慢慢老去，而电影和电视产业正面临历史上代价最高昂的罢工，遭受到巨大的冲击。此外，他还要应对战术上的失误，以及他自身在节目制作上的狂妄自大带来的恶果。

“下一个《黑道家族》在哪儿？”

《欲望都市》《黑道家族》和《六尺之下》的接连成功让公司似乎难以再找到同样出色的节目制作方向。一年又一年，随着三大剧的岁数变得越来越大，有个问题在公司内外越来越多地被提起：“下一个《黑道家族》在哪儿？”而当每一年都没有等到同样成功的新剧时，问题就变成了：“HBO 的好运已经到头了吗？”

阿尔布雷克特在任期内竭尽所能地提升该电视台，让它达到了前所未有的高度。《明星伙伴》（*Entourage*，2004—2011 年）和颇具冒犯性的喜剧《Ali G 个人秀》（*Da Ali G Show*，2003—2005 年）直接针对的就是年轻观众群。公司此前针对该群体的节目播出时间很少，而阿尔布雷克特明白，他们将是下一代消费者群体。《弦乐航班》（*Flight of the Conchords*，2007年）、《夏日高中》（*Summer Heights High*，2007年）和《小不列颠大美利坚》（*Little Britain USA*，2008年）等这些疯狂的粉丝剧也都是针对那个群体。

他与第八区制作公司（Section Eight Productions）签署了一份备受吹捧的协议。该制作公司由乔治·克鲁尼（George Clooney）、史蒂文·索德伯格（Steven Soderbergh）和戈兰特·哈斯洛夫（Grant Heslov）联合创立。双方的合作给HBO带来了两部作品，分别是《白宫前街》（*KStreet*,2003年）和《没剧本》（*Unscripted*,2005年）。《白宫前街》是一部大胆的即兴表演的电视剧，将目光对准了华盛顿肮脏的说客公司。《没剧本》则是戏如其名，也是即兴表演的作品，主角人物是洛杉矶几位举步维艰的演员。

还有《幸运路易》（*Lucky Louie*，2006年），这是HBO首部采用三机位拍摄的喜剧，试图给情景喜剧注入新的活力，由路易斯·C. K.（Louis C K）担纲出演。《归来记》（*The Comeback*，2005年）则是由曾出演《老友记》的丽莎·库卓（Lisa Kudrow）出演女一号，扮演一位人气日渐衰落的电视明星，希望能重启事业发展之路。《临时演员》（*Extras*，2005—2007年）将目光对准了好莱坞的最底层。这部黑色喜剧是瑞奇·热维斯（Ricky Gervais）的作品，人们也希望他能够重现当年《办公室》所带来的热潮，在小众市场内创造成功。《说你爱我》（*Tell Me You Love Me*，2007年）描绘了几对因为感情或性生活存在问题而颇感绝望的夫妻。《扪心问诊》（*In Treatment*，2008—2010年）则让观众们以一种亲密而深入的视角审视病人和一位自身也面临种种问题的临床医师之间的关系。

不可否认，阿尔布雷克特和他的队伍在节目制作上相当大胆。但公司还是缺少大热门的电视剧。《明星伙伴》只是在小众市场内取得了一定的成功，《临时演员》和《扪心问诊》等这些节目在短期里也曾是剧评家们的心头之好，但阿尔布雷克特似乎无法创作出收视率足以匹敌三大剧的作品。《白宫前街》和《没剧本》是被剧评家们抨击的失败之作，而《归来记》似乎也只得到剧评家们的认可，《幸运路易》被批评为惨败。《说你爱我》则是让人失望透顶，没人愿意观看。

但还是有一些节目值得大家的尊重。《幸运路易》和《白宫前街》就算是失败之作，他们的努力也是值得人们尊重的。对于我们公司的内部人员来说，阿尔布雷克特和其队伍有时候在节目创作上似乎更注重其大胆性，而不是观赏度。《说你爱我》就是很好的例子，这部电视剧大胆无畏地将视角对准了现代人彼此之间的关系，却没有考虑到究竟有多少人愿意每周花一个小时，去观看6位主角在三段糟糕透顶的关系中如何痛苦不堪。

在阿尔布雷克特掌舵公司期间，部分投资最大、最野心勃勃的作品都有一个共同的特点。这些节目都给人留下了深刻的印象，甚至是让人由衷赞叹，或者甚至赢得了大家的交相喝彩，但就是没有观众收看。

这些作品中有一部就是《嘉年华》（*Carnivale*，2003—2005年）。该片讲述的是经济大萧条期间的善恶故事，寓意深刻，但其艺术境界常人难以领悟，因而在两季里观众慢慢流失。

还有一部是广受赞誉的西部片《朽木》（2004—2006年）。这部电视剧出自经验丰富的电视编剧大卫·米尔奇（David Milch）之手，他的作品还包括《山街蓝调》和《纽约重案组》等经典之作。该剧制作精良，视角宽广，显然是HBO眼中的下一部《黑道家族》。剧评家们几乎是清一色地赞不绝口，该电视剧常常被称为是最出色的电视剧之一。但西部片一般都倾向于针对年龄较长的男性观众，由此从一开始就限制了该剧的吸引力。制作再精良也无法阻止历史的发展趋势。20世纪60年代和70年代是西部片在大小屏幕上的巅峰期，在后面几十年里差点儿都要从屏幕上消失了。自克林特·伊斯特伍德在12年前推出奥斯卡获奖影片《不可饶恕》(*Unforgiven*)以来，到《朽木》首映之时，西部片再未获得过任何可观的成功。

《杀戮一代》是另一个罔顾流行趋势的例子。《杀戮一代》是一部7集的迷你剧，编剧为大卫·西蒙和埃德·伯恩斯，他们的作品还有《情理法的春天》和《火线》。该剧改编自记者埃文·赖特(Evan Wright)的书，记录了他在2003年伊拉克战争期间加入一支海军陆战队担任战地记者的经历。同《朽木》一样,《杀戮一代》的真实性和故事构造广受赞誉。这部迷你剧获得了多项艾美奖提名，其中包括最佳迷你剧的提名。尽管广受赞誉，但这部电视剧也是HBO收视率最低的迷你剧之一，而这并不让人意外。回看1999年由乔治·克鲁尼担纲主演的《夺金三王》(*Three Kings*)，不管是大制作的《锅盖头》(*Jarhead*，2005年)，还是艺术电影《决战以拉谷》(*In the Valley of Elah*，2007年)，任何关于美国中东征战的电影最多都只是取得普普通通的成绩，多数都以惨败而告终。

有关美国建国经历的电影和电视剧的最终成绩也同样漂浮不定，所以就像当初对《朽木》和《杀戮一代》一样，人们也好奇公司究竟认为谁会来收看《约翰·亚当斯》。这部电视剧同样制作精良，广受剧评家的赞誉。该剧改编自历史学家大卫·麦卡洛(David Mc Cullough)为那位美国第二任总统所撰写的传记。《约翰·亚当斯》的观众数几乎是《杀戮一代》的两倍，但仍然于事无补，其收视率不到《兄弟连》的一半。

公关失误

在阿尔布雷克特掌舵HBO的那几年里，公司的原创节目接连遭遇失败。而几次糟糕的公关失误更是雪上加霜。长期以来，HBO一直被公认为公关宣传大师，竟然还会犯那些错误，真是让人吃惊。

《朽木》这部电视剧对剧务要求很高，必须重新搭建一个历史上的边陲小镇的场景。该电视剧的剧情发展视角宽广，为此演员阵容中有 30 多位主角人物。显然，HBO 认为该电视剧将成为一部大热门剧，所以在制作协议中，为电视剧的第四季预留了一定的成本。不过到了第三季，情况已经明了，任何宣传或赞誉都无法改善《朽木》的收视情况。如果继续拍摄该电视剧，成本将高涨，但收视率又无法支撑起相应的成本。因此 HBO 从实际出发，决定停播该电视剧。而问题也因此来了。

公司从未公开宣布取消该剧，什么声明都没有。演员们在接受采访时泄露该剧将不会回归的消息，称因为公司从未找过他们签约第四季，所以他们认为 HBO 已经停播了该剧。甚至在公众都已经知道不会再有下一季了，公司仍然三缄其口，似乎就是张不开口说“取消了”。

为什么？有什么大不了的？这有点儿类似于《牛人阿利斯》当初的情况，只是这次事情完全反过来了。在停播《牛人阿利斯》那件事上，公司在坚持播出一档自己和多数观众并不太在乎的节目。HBO 一直宣传自己要做的节目就是突破传统的佳作，而《朽木》正是这种电视节目。HBO 本应该是那种不用如此操心收视率的电视台，现在却像那些没胆量的商业电视台一样，对那些长期收视情况不佳的出色电视节目加以处理，也就是因为糟糕的收视率而停播节目。

坦白来说，HBO 的确努力不去太关心收视率。警匪剧《火线》的收视率低得吓人，但按照比克斯的理论来说，坚持制作该电视剧是有一定意义的。这部电视剧成本相对较低，而且能为电视台创造大量积极的声势（这是相对于其收视率来说的），所以不失为一种好投资。

但《朽木》成本不低，将数百万美元注入一部收视情况如此低迷的电视剧，意味着投入到其他可能做得更好的电视剧上的资金会有所减少。所以从实际角度出发，没有办法继续坚持播出《朽木》。

HBO就是没法去这么说。它说的都是其他方面的原因。公司解释说,《朽木》本来计划最多拍摄4季，就像历史上的戴德伍德镇一样只短暂存在过。大卫·米尔奇早已经转战HBO的其他项目，但电视台会拍摄两部时长2个小时的电影，来为《朽木》的故事画上句号。不过，公司内部没有任何人相信那些电视剧最终会得到制作，而且事实也的确如此。

米尔奇转战的那个项目是《他乡来客》(*John from Cincinnati*)，在《朽木》停播后的第二年上映。该剧是一个关于耶稣的寓言故事，将背景选择在了那个时代南加州的冲浪沙滩。该剧将一些显而易见的东西(耶稣＝从辛辛那提来的约翰。懂了吗？)和一些晦涩难懂的东西掺杂在一起，效果非常糟糕，不管是收视率还是剧评都是场灾难。《朽木》的粉丝虽然数量有限，但对该剧都相当痴迷。在自己最爱的节目被停播后，他们退而求其次，打算改为接着收看《他乡来客》。他们打电话或发邮件给公司质问:“你们就是为了这部剧停播《朽木》？”

HBO在《罗马》(*Rome*，2005—2007年)一剧的公关上也马失前蹄，尽管不是那么明显的大错。《罗马》是电视史上最大制作的电视剧之一，这部剧的第一季共12集，成本就超过了1亿美元。该剧气势磅礴，旨在全面展现罗马古帝国的恢弘气势、金戈铁马和荒淫无度，呈现《暴君焚城录》(*Quo Vadis*，1951年)、《参孙和达莉拉》(*Samson and Delilah*，1949年)或《宾虚》(*Ben-Hur*，1959年)等旧好莱坞作品所不能或未曾展现的宏伟壮观场面。当初，HBO设想的是这部电视剧既有大屏幕上史诗之作的磅礴气势，又有《我，克劳迪乌斯》这种成人电视剧的层层推进。尽管《罗马》从未能让HBO在投入巨大资金后收获到相匹配的收视率，剧评也未能完全达到《黑道家族》的层次，但精美的制作给观众和剧评家们留下了深刻的印象，而古罗马的纸醉金迷也让他们乐在其中。

HBO在投入拍摄《罗马》时将其定义为迷你剧，但该电视剧取得了很好的收视成绩，为此公司建议拍摄第二季。不过就在第二季开播之前，阿尔布雷克特宣布第二季也将是《罗马》的最后一季。

要承受《罗马》高昂的制作成本，HBO唯一的方法就是与海外合作伙伴联合制作该剧，尤其是BBC公司。如果合作各方同意，第二季将继续采用这种联合制作的方式。但第三季没有了这种方案供选择。如果继续单独制作该剧，将会给HBO的原创节目预算带来巨大的冲击。阿尔布雷克特向媒体解释了这种情况，但观众们并没有能完整地接收到这些信息。公司收到的观众电子邮件中不断出现"《罗马》呢？《罗马》出现了什么情况？"的问题。对于许多人来说，这次又像《朽木》一样，HBO再次像那些令人讨厌的无线电视网一样，因为收视率停播了一档出色的节目，尽管公司过去常常宣称它在节目决策上不会采用商业电视台的标准。

到2007年底，公司已经先后制作了一系列订阅用户不喜欢的节目，也做出了一些让他们无法理解的节目决策。其三大剧《欲望都市》《黑道家族》和《六尺之下》都已经播出了大结局。自阿尔布雷克特执掌大权以来，唯一接近于非常成功的就是《大爱》（2006—2011年）。这是一部关于一个一夫多妻家庭的现代剧，剧评家们对该剧的评论有好有坏，但收视率相当稳定，不过还是比不上那三大剧。

此后罢工出现了。

编剧罢工

2007年的大部分时间里，编剧协会（Writer's Guild）要进行罢工的迹象一直都有。而HBO同其他电视台一样，当罢工出现时，就会力争采取退却战略。此前在1988年时，公司也曾经历过一轮编剧协会罢工，不过那次罢工并没有给公司带来太多麻烦。在当时，HBO仍然是一家电影唱主角的电视台。但自那之后，公司一直在高举原创节目的大旗，而且现在同那些更为传统的无线电视网一样，有着许多相同的脆弱之处。罢工不仅仅意味着不管是新节目还是现有节目在罢工期间都无米下锅，同时还会导致电视节目安排要延后数月，在2008—2009年的试播期内尤为如此。

结果显示，HBO的状况要比大多数电视台好。当时HBO早已经准备好一系列的节目，《罗马》《杀戮一代》《约翰·亚当斯》的第二季都已经完成拍摄工作，在任何因为罢工导致的节目空档期内均可以播出，而不是按照原计划在第一季和第二季之间拉开一点时间再播出。可能罢工这件事情也让HBO决定让低成本的《火线》再多拍一季，也是该剧的最后一季。此外，纪录片和体育节目不会受到罢工的影响，其电影节目也是如此。所以，HBO有一系列（尽管数量不多）的原创节目能支撑数月之久，而商业电视台可以采用重播或者播放不受罢工影响的真人秀节目，来填补节目空档。

2007年11月，罢工爆发了，这次罢工一直持续到了2008年2月。一切就如同上文一样发展。尽管《杀戮一代》和《约翰·亚当斯》的收视率较低，但HBO还算顺利地度过了罢工期。然而，这种方式并没有能解决更为严重的内在问题，也就是除了《大爱》这个存在争议的例外之外，HBO电视台再没有任何热门剧了。

正如一位高管曾经告诉我的，部分问题在于HBO成了自身成功的受害者。在谈到《欲望都市》《黑道家族》《六尺之下》时，他说："在播出那三大剧时，大家都不知道我们当时运气有多么好。"这番话不是说HBO能制作出一系列的优秀节目纯属侥幸。节目能获得成功，并不单纯就是一群节目制作人员对着一堆推销的项目进行筛选，感受一下，再运用专业技术进行分析，然后宣布："就是这个了！"

节目要取得成功，必须是合适的人（同时包括幕前和幕后的人员）能够团结起来，竭尽所能去执行该节目的设想。之后，假设所有相关事项都能成功完成，该节目还必须安排在合适日期里的合适时间段播出，并且采用合适的方式来进行宣传，从而吸引到观众。再然后……

还必须有观众来收看。

不是做好了这一切就能锁定观众群。当拿破仑说“给我运气好的将军吧”时，他清楚自己说的是什么意思。因为在电视领域，就算是一切都做得没错，仍然可能失败。历年的节目单中，充满了大量从未能有观众缘的好节目。在大型电视台里，每年秋季推出的新节目中，失败率大概在90%。失败的节目中既有垃圾节目，也有一些相当出色的节目。所以说，你可以把一切都做得很好，但此后仍然需要运气好。

HBO能够在这么短的时间里连续三次运气爆棚，这是相当不同寻常的。那位高管告诉我，这种事情可能不会再次出现，而当它不再出现时，人们就会认为那是一种失败。

这是问题的一个方面。另一个方面在于HBO在2005年前后拍摄了很多失败的作品。人们不认为这是运气问题，更多地认为这是因为HBO的节目选择失策。

我不想假装自己知道母公司时代华纳公司对克里斯·阿尔布雷克特有何看法：他们会让他继续之前的管理方式？希望他最终能够圆满完成任务？一位HBO的节目制作人员曾告诉我：“克里斯针对一些有风险的节目做决策时，可能采取的是掷骰子的方法。但如果反馈的收视率非常糟糕，他会毫不犹豫地停播。”时代华纳公司会让他留任，但会对HBO近期偏爱过于具有挑战性的节目的势头加以遏制？又或者会直接罢黜他？

命运在这里发挥了作用，尽管方式丑陋，但问题得到了解决。2007 年，阿尔布雷克特因为与一位女性朋友在拉斯维加斯发生肢体冲突而被捕。媒体的报道让我们得知这并非是阿尔布雷克特第一次出现此类问题，于是时代华纳公司要求他辞职。

《真爱如血》打开新局面

阿尔布雷克特的离开让 HBO 在公司管理上陷入了两难的局面。公司当时没有合适的可以接任的人选。节目制作部门的人没有谁有出色的业绩，公司也不想从外面找空降兵。因为在 HBO 的历史上，其大老板都是从公司内部提拔上来的，这些人了解 HBO 的文化，感受过公司的发展历史，因而也更懂得公司必须往哪个方向发展。

解决方案就是找三个人来共同管理公司，至少在短期内如此。比尔·纳尔逊（Bill Nelson）于 1984 年加入公司，担任副总裁和助理财务总监。这次，他被升任为执行董事长和首席执行官，负责公司的整体管理。纳尔逊在公司的商业领域内工作了 23 年，一路高升，这些已经充分证明了他的能力。而这一次，他将直接主管公司的商业中心。

埃里克·凯斯勒（Eric Kessler）在公司工作的年限与纳尔逊相当，但他来自市场营销领域。他于 1986 年加入公司，担任公司家用录像部门的市场营销经理。凯斯勒将担任联合总裁，主管公司的市场营销工作。

但最有趣的选择当属让另一位联合总裁理查德·普莱普勒（Richard Plepler）来主管节目制作部门。20 世纪 80 年代末，普莱普勒曾担任 HBO 的顾问，与公司合作提升其在非娱乐圈里的声誉。1992 年，他成了公司的企业传播高级副总裁，主管公司的节目和非节目公关部门。他是个精致的人，博学多才，深谙文化，只是缺少节目制作方面的背景。尽管如此，普莱普勒用事实证明自己懂得哪类节目适合于 HBO，以及这类节目会给电视台带来何种影响。从战术角度来说，后者相当重要。

我记得普莱普勒曾经解释说，公司的复苏计划就是努力摆脱克里斯·阿尔布雷克特的离开所带来的影响。“我们需要一到两个爆款，”他说，“然后还有众多中等的节目。”他对找到那些中等的节目很有信心，而问题自然就在于 HBO 是否能再次找回自己在爆款上的运气。

次年，HBO 凭借《真爱如血》实现了自己在三大剧之后的第一次全垒打。这部剧根据查琳·哈里斯（Charlaine Harris）的南方哥特式吸血鬼系列小说改编，改编者为艾伦·鲍尔，也就是《六尺之下》的幕后创作者。加上重播和点播时的收视数字，《真爱如血》的收视率达到了三大剧的水平。尽管剧评好坏参半，但粉丝们的反响很好。

HBO 有了自己的爆款，现在就轮到第二梯队的节目了，即对观众的吸引力稍微逊色些，但能赢得剧评家们交相称赞的节目。

> 第二梯队的自制剧包括讲述黑帮猖獗时期的黑帮剧《大西洋帝国》（*Boardwalk Empire*，2010 年）、喜剧《醍醐灌顶》（*Enlightened*，2011 年）、古怪的澳洲风格的《弦乐航班》（2007 年）、大卫·米尔奇打造的赛马剧《鸿运赛马》（*Luck*，2011 年）、来自最有文化的电视编剧之一阿伦·索尔金（Aaron Sorkin）的《新闻编辑室》（*The Newsroom*，2012 年），以及目光敏锐的政治剧《副总统》（*Veep*，2012 年）。在《副总统》一剧中，朱莉亚·路易斯–德瑞弗斯（Julia Louis-Dreyfuss）出演笨手笨脚的副总统，并凭借该角色获得了艾美奖。

它们都是杰作吗？《醍醐灌顶》的媒体报道比观众数要多，《鸿运赛马》因为参与拍摄的数匹马死亡之后停播，《弦乐航班》幕后的创作团队在两季后因为筋疲力竭而不干了，尽管这部电视剧已经建立了一定的口碑，形成了一股风潮。HBO 电视台也有自己的败笔之作。《大器晚成》（*Hung*，2009—2011 年）讲述的是一位失业的中学体育教练希望靠自己的胯下巨物来谋生，一共播出了 3 季，但没有被观众们记住。所谓的《美国金梦》（*How to Make It in America*, 2010—2011 年）只坚持了两季。喜剧《凡人烦人》（*Bored to Death*，2009—2011 年）在 3 季之后就像片名一样无聊至死了。丹尼·麦克布莱德（Danny Mc Bride）满口脏话的体育喜剧《体育老师笑传》（*Eastbound & Down*，2009—2013 年）勉强坚持了 4 季，尽管剧集有所删减，但没有得到剧评家们多少肯定，只收获了部分观众的支持。不过，公司正在以一定的方式展示自己在节目制作上的能力，而这是过去近 10 年里都没有过的。即使在那些没有能吸引到太多观众的节目中，我们也能明显地看出公司再次焕发出勃勃生机。

与影视界大腕合作

公司重振雄风的另一个标志就是它开始同电影和电视界的大腕们进行合作。除了《新闻编辑室》的阿伦·索尔金之外，HBO 也同执行制片人马丁·斯科塞斯和马克·沃尔伯格（Mark Wahlberg）合作了《大西洋帝国》（斯科塞斯因为导演该电视剧的试播集而斩获艾美奖）。此外，还有烧脑剧《迷失》（*Lost*）的幕后编剧之一大卫·林德洛夫（David Lindelof），他也是《守望尘世》（*The Leftovers*）的幕后人物之一。同大卫·米尔奇一样，电影制片人迈克尔·曼（Michael Mann）也是《鸿运赛马》的制片人之一。就连《体育老师笑传》也拥有一支骄人的制作队伍，威尔·法瑞尔（Will Ferrell）就是该剧的执行制片人之一。媒体已经从反复唱衰 HBO（“HBO 的好运已经到头了吗？”）改口为：“HBO 回来了！”

此后，公司凭借《衰姐们》和《权力的游戏》创造了名副其实的巨大成功。

《衰姐们》和《权力的游戏》再创巅峰

《衰姐们》由电视剧明星莉娜·杜汉姆（Lena Dunham）自编自导自演。这是一部颇有争议的电视剧，大家对它爱恨分明。该剧讲述了纽约的一群女孩的生活日常故事，有人称它是《欲望都市》的第二代版本。而且同《欲望都市》一样，它在最初几季里也招致了同样的批评的声音，即主人公们是一群被宠坏的、放纵的、以自我为中心的人物，整天就沉迷一些肤浅的东西。但也有人看出该剧一针见血地指出了新世纪一代的焦虑和不安。《衰姐们》的收视率不算非常耀眼，但一直相当稳定，而其对 HBO 的最大贡献就是它让人们开始去谈论 HBO 的节目，去针对节目进行辩论和争吵，这是 HBO 的节目在多年里所没有的。

《权力的游戏》改编自乔治·马丁（George R.R. Martin）的奇幻小说系列《冰与火之歌》（*A Song of Fire and Ice*），就像是针对成人的《指环王》（*Lord of the Rings*）。该剧同时赢得了剧评家的赞誉和观众们的热爱，为 HBO 创造了有史以来最多的观众数，超越了包括前冠军《黑道家族》在内的所有节目。在 2014 年暑期，该剧第四季的平均观众数达到了 1 840 万人次，超过了《黑道家族》在 2002 年巅峰时期的 1 820 万人次。

HBO 在原创节目上的成功最终也延伸至了 Cinmax 频道，这可谓是意外收获。数十年来，公司为这家 HBO 的兄弟频道尝试了各种各样的原创节目形式，包括许多主打导演名气的节目，以及喜剧粉丝剧《城市第二电视台》，但没有任何节目形式吸引到太多的关注。不过最近，这个 HBO 频道的小伙伴似乎终于长大了，推出了紧张刺激的《反击》（*Strike Back*，2011 年首播），以及剧评家广泛好评的、由史蒂文·索德伯格导演的医学题材剧《尼克病院》（*The Knick*，2014 年）。此外，该台还正在筹备更多作品。

新的三大剧定位于新的市场

《真爱如血》《衰姐们》《权力的游戏》的成功标志着HBO有能力调整其方向，同时也表示公司的游戏规则已经发生改变。三大剧是一代人抓住时代潮流的产物，延续的是从《唐人街》（*Chinatown*，1974年）到《好家伙》（*Goodfellas*，1990年）等一系列电影中所展现的那类创作思路。三大剧放到今天是否还会取得出色的成绩？或者如果将《真爱如血》或《权力的游戏》放到20世纪90年代，它们又会有什么样的成绩？这个问题很难回答。

市场上，新一代的消费者正在崛起，他们在成长过程中并不是特别喜欢前面一两代人所喜爱的那些歌颂坚韧不拔和现实主义的内容，反而更倾向于那些异想天开的元素。HBO已经重新调整自己的方向，瞄准新一代的消费者，在仔细研究之后，靠热门剧一击命中。

但是……

就算是取得了这些成功，HBO公司仍然能像其在10～15年前一样，巍然屹立不倒吗？我不完全同意，但不仅仅是因为HBO的失败。公司未来面临的最大的挑战之一是，它不再是森林里唯一的一棵大树。

沉浮于市场：HBO 家庭娱乐部门的亨利·麦基

本次采访是在 21 世纪初期，采访对象是 HBO 家庭录像部门的负责人。在公司工作 34 年后，麦基于 2013 年 1 月份离开了 HBO，来到哈佛商学院担任全职教师。

人们很容易就会对 HBO 家庭娱乐部门的总裁亨利·麦基产生一些错误的印象。他说话轻声细语，为人低调，着装得体，丝毫没有娱乐行业“创意人员”的那种高调和招摇。他不会滔滔不绝地谈论电影历史冷知识，也不会去突然热情推荐最新的、被人们所忽视的艺术电影瑰宝。在当时，他也不会着迷于最新大片的周末票房数字。他有着哈佛大学商学院的背景，身处高管的位置，举止含蓄矜持，所以人们会下意识地认为他是所谓的“西装革履之人”，即行业高级行政管理人员，也是编剧、导演、演员、影评家和电影迷们身为电影爱好者时常常嘲笑的对象。可如果真的对他有这些印象，那就是大错特错了。

麦基是个精明的商人，这点毫无疑问。他在 1979 年加入 HBO，1983 年进入 HBO 家庭娱乐部门（和其各种前身），1995 年升任录像分公司的总裁，并且发挥了重要的作用，将该品牌打造成了最为成功的、不隶属于电影公司的家用录像发行商之一，甚至在 21 世纪初扩张进入了海外发行市场。就这个竞争激烈而且变化不断的市场而言，这番成就的确相当了不起。

在不断变化的国内市场里，麦基引领 HBO 家庭娱乐部门这艘大船安然驶过种种浅滩。与此同时，他也担任了阿尔文·艾利舞蹈剧场基金会（Alvin Ailey Dance Theater Foundation）的主席，并且是圣丹斯协会（Sundance Institute）和林肯中心电影协会（Film Society of Lincoln Center）①的理事。他同时也是黑人导演基金会（Black Filmmaker Foundation）执行委员会的成员。

录像店货架上的电影对于麦基而言并不仅仅只是“产品”，他充分认识到并非只有高质量才能推动市场发展、满足市场需求。在麦基看来，要了解家庭娱乐业务，只要去一趟小区录像店就行了。“如果你想要知道哪些电影好租，进到录像店后第一眼看到的东西就是了，”他说，“最好租的电影都会被放在你一进录像店就能看到的‘赛道’上。”而那些年代较久的电影，也就是属于“经典”、“浪漫”和“动作”等类型的影片，则会放在靠里一点儿的地方。麦基打了个比方：“这就像是一家书店。是的，老一点儿的书籍可以帮你赚钱，但畅销书都会放在你一进门就能看到的桌子上。你到任何一家百事达去看，情况也是一样的。正是那些新的大片在带动整个生意。”

而这个生意对电影公司而言至关重要。“院线发行的票房收入仅仅只是挖掘了电影赚钱能力的 20%，”麦基说，“其余的收入来源于国内家用录像，出售给付费和免费电视、基本有线电视，以及海外销售。著名的恐怖片、动作片可能总收入中 50% ~ 60% 来自海外销售。”

在过去 20 多年里，家用录像市场的发展动力已经发生了巨大的变化。而听麦基谈录像行业和有线电视行业早期的情况就像是在听加州淘金热的故事：创业者们纷纷进入一个尚未开发的行业，却因为快速变化的环境而被卷入漩涡中。

麦基告诉我们，在家用录像行业的早期，电影业主要还是采用单屏幕影院。“家

① 林肯中心电影协会是纽约电影节的举办方。

用录像让大家更容易看到电影。录像店过去和现在都像是多路复用频道，只是说你有的不是 10 ~ 15 种选择，而是可以从 1.2 万部影片中去选择。”20 世纪 80 年代初，该行业开始起步，录像发行商像雨后春笋一样纷纷冒出，发行的录像带摆满了货架。录像公司有索恩 EMI 录像公司、维斯特隆录像公司（Vestron）、传媒家庭娱乐公司（Media Home Entertainment），等等。

索恩 EMI 录像公司为付费电视台 HBO 进军家用录像行业开启了大门。20 世纪 80 年代初，HBO 开始投资院线电影制作，借此来获得影片的付费电视独家播映权，同时也对电影的制作有一定的发言权。HBO 的院线投资包括了预购（提前投资电影的制作，以换取付费电视台的播映权）、与 CBS 和哥伦比亚影业公司合作成立大型制作公司三星影业公司（CBS 后来先行退出，然后 HBO 退出，哥伦比亚影业公司将该公司纳入自己旗下）和参股银幕合伙公司（一家小型的合伙公司，为院线电影提供融资服务）。索恩 EMI 录像公司是银幕合伙公司的参与者之一。此后不久，索恩 EMI 录像公司认为与人合作要比单打独斗强，发展潜力更大，于是找到 HBO，提出合资成立家用录像公司。于是也就有了索恩 EMI/HBO 录像公司。

HBO 之所以有兴趣进军家用录像市场，是基于一些合理的猜测。这种做法在最初让一些人感觉是自相矛盾，就像是自己和自己打擂台。但他们分析了家用录像市场正在给电影娱乐业带来哪些变化，而且未来还会有什么变化。“过去，在院线电影下映后，我们（HBO）会是第一个能看到那部新片的地方。”麦基说。在家可以收看到没有任何删减的电影，中间不会被任何东西打断，这种新事物推动了 HBO 早期的发展。“但家用录像改变了这些。”麦基表示，公司很快注意到家用录像市场切断了自己快速增长的收入流，并且发现可以进军那个仍在发展中的市场，通过多元化来为付费电视公司创造利润。

尽管新公司并不隶属于任何一家大型电影公司，但该公司很快就成了最大的、不隶属于任何电影公司的录像发行商之一。这主要是得益于几次大型的购买案。例如，奥利安影业公司当时刚刚成立，创立者是联美制片厂的管理团队。这个团队曾经成功管理联美制片厂多年，但在公司被泛美公司（Trans America）收购后集体离职。索恩 EMI/HBO 录像公司购买了奥利安影业公司的影片录像权，让这家羽翼未丰的电影公司有了一定的经济实力，同时也让索恩 EMI/HBO 录像公司的录像品牌下有了一些大片，例如斩获多项奥斯卡奖项的《汉娜姐妹》（*Hannah and Her Sisters*，1986 年）、《谍海军魂》（*No Way Out*，1987 年）和《神秘约会》（*Desperately Seeking Susan*，1985 年）。此外，索恩 EMI 录像公司还获得了 AIP 影片库（AIP，奥利安影业公司已经买下该影片库）的老片。索恩 EMI 录像公司同时也获得了三星影业公司许多影片的录像权，并且同海德尔电影公司签订协议，争取到该公司两部热门影片，分别是奥利弗·斯通导演的奥斯卡获奖影片《野战排》（1986 年）和鼓舞人心的《篮坛怪杰》（1986 年）。

最终，索恩 EMI 录像公司退出了电影市场，将其电影和家用录像业务出售给了康隆影业公司，而那家家用录像公司则成了 HBO/ 康隆录像公司。后来，康隆公司自身的业务也遇到了挫折，于是 HBO 收购了他们持有的股份。麦基开玩笑说："我们有一段时间似乎每年都要更换信头，把前面的办公用品都废弃掉。先是从索恩 EMI/HBO 录像公司到 HBO/ 康隆录像公司，再到 HBO 家用录像公司！"

等到 HBO 完全拥有该公司时，家用录像市场已经发生了翻天覆地的变化。在家用录像诞生的初期，大型电影公司将他们的产品许可给第三方的发行商。但随着录像发行业务充分证实其赚钱潜力之后，大型电影公司将家用录像权收到了自己手中，成立了自己的录像部门。这导致不隶属于任何电影公司的、独立的录像发行商只能去争夺小型电影公司的院线电影和电影库中的电影，例如 HBO、维斯特隆录像公司和传媒家庭娱乐公司。HBO 与米拉麦克斯电影公司（Miramax）和塞缪尔戈尔德温影业公司（Samuel Goldwyn）等电影公司签署了发行协议。与塞缪尔戈尔德温影业公司的合作也让 HBO 得到了其电影库，里面有《黄金时代》（*The Best Years of Our Lives*，1946 年）和芭芭拉·斯坦威克（Barbara Stanwyck）出演的催泪弹《慈母心》（*Stella Dallas*，1937）等经典老片。

这段时期催生了众多独立电影制片公司。"在家用录像之前，如果你不能同大型电影公司签订发行协议，那电影根本就不可能发行，"麦基说，"家用录像改变了这种状况。有些电影就是靠家用录像的钱才得以拍摄。"其中有些影片的质量可能相当低劣，但也有一些影片是在艺术方面进行冒险的尝试，例如将粉丝们钟爱的小说家保罗·奥斯特（Paul Auster）的《机遇乐章》（*The Music of Chance*，1993年）改编后搬上大银幕，或者是现代新黑色电影《致命赌局》（*The Grifters*，1990年）。家用录像市场和其他二级市场的贡献也为大预算的制作提供了支持，例如卡洛克娱乐公司（Carolco Entertainment）的大制作影片。该公司专长于大规模的动作片，例如《第一滴血2》（*Rambo: First Blood, PartII*，1985年）、《第一滴血3》（*Rambo 3*，1988）和《红色警探》（*Red Heat*，1988年）。

独立的录像发行公司需要有源源不断的产品流，而录像店长长的货架上也需要摆上产品。但是，一个月内发行的大片只有那么多部，由此也带来了其他的战略。对维斯特隆录像公司来说，其方法就是参与院线电影的制作。尽管在这个方面也取得了一些不错的成就，例如1987年的《辣身舞》（*Dirty Dancing*），但该公司无法常常取得成功，其在院线电影上的失败不仅导致维斯特隆录像公司退出了院线电影的制作，并且最终导致该公司倒闭。

更普遍的做法就是直接针对录像市场拍摄电影。麦基表示，很大程度上，这种直接面向录像市场的电影都是一些惊悚片，融冒险、打斗、悬念和恐怖于一身。“大众观众都纷纷喜欢上了惊悚片，”他说，“这种影片的拍摄并不太费事。”他补充说：“而且这些影片的销售挺不错，特别是在有线电视和海外市场等二级市场。”

麦基还记得，HBO当初购买了一部为录像市场拍摄的电影，这部电影可以说是典型的录像电影。《美国战鹰》（*Soldier Boyz*，1995年）的预算几乎达到了100万～200万这个区间的高限，而多数有销路的录像电影预算基本上都在这个区间之内。出演该片的是常常在家用录像中担任主演的迈克尔·杜迪考夫（Michael Dudikoff），配角们都是一些无名之辈。这部电影效仿《十二金刚》，讲述的是一位前海军陆战队成员带领一群由年轻罪犯们组成的打击力量前往越南，去解救一位被革命军当作人质的联合国工作人员。

在进入20世纪90年代中期时，录像电影市场依然相当火爆。当时，就连大型电影公司都开始利用起这种形式，而且现在仍然这样在做，迪士尼公司在其中起到了带头作用。迪士尼公司常常拍摄直接面向录像市场的续集和热门电影的衍生剧，例如为《玩具总动员》（*ToyStory*，1995年）拍摄的衍生剧《巴斯光年》（*Buzz Lightyear of Star Command: The Adventure Begins*，2000 年）、《神探加吉特》（*Inspector Gadget*，1999 年）和《神探加吉特 2》（*Inspector Gadget 2*，2003 年）。环球影视也紧跟其后，成了录像电影的多产者，例如为动画片《小脚板走天涯》（*The Land Before Time*，1988 年）拍摄了 8 部续集，此外还有《搭车人 2》（*The Hitcher II*，2003）。后者是一部迟到的录像电影续集，正片是一部血腥的恐怖片，拍摄于 1996 年。华纳公司针对录像电影市场成立了华纳首映公司（Warner Premiere），优先为该电影公司的热门院线电影拍摄录像电影续集，即《正义前锋 2》（*The Dukes of Hazzard: The Beginning*，2007 年）。

还有一个巨大的变化也颠覆了整个家用录像市场。独立电影制片公司为独立录像发行商提供了大量的院线电影，但其中众多重要的独立电影制片公司要么倒闭了，如奥利安影业公司；要么是被大型电影公司所收购，如米拉麦克斯电影公司被迪士尼收购，塞缪尔戈尔德温影业公司被米高梅电影制片公司收购。因此，在 20 世纪 90 年代，独立的家用录像发行公司普遍倒闭。到 2004 年，只有一家具有一定规模的独立发行商依然健在，那就是手艺人录像公司。

在这个时代，零售层面也出现了大型的合并。在家用录像市场如日中天的早期，电影迷们曾经希望能够像当初现代有线电视时代的发展一样，家用录像能够让他们轻松地大啖电影美食，例如经典老片、少见的艺术电影、粉丝片，以及在美国院线极少发行的海外进口片。但是，能够提供这般丰富多彩的电影的独立录像商店相当稀少，并且通常被百事达和好莱坞影视公司（Hollywood Video）这类全美连锁录像店所包围。现在，好莱坞影视公司已经不复存在，但在连锁录像店的巅峰时期内，他们控制了一半全美录像零售市场。尽管他们有大量旧电影，但帮助他们赚钱的主要是最近发行的主流影片。

面对新环境，HBO 录像部门大幅调整自己的方向，并且幸运地同母公司 HBO 的节目制作模式的变化方向保持了一致。家用录像破坏了院线电影对付费电视的价值，促使 HBO 加大了对原创节目的投入。在 20 世纪结束时，HBO 凭借出色的制作能力创造了一些人气火爆且广受赞誉的电视剧，比如《黑道家族》《欲望都市》《六尺之下》，以及《从地球到月球》与《兄弟连》等迷你剧。“我们当时很少购买电影了，”

麦基解释说，“我们主要是提供 HBO 的产品。”当时还是有一些院线电影，例如《我盛大的希腊婚礼》(*My Big Fat Greek Wedding*，2002 年)。

麦基表示，尽管 HBO 家庭娱乐部门选择了这种方向，但家用录像市场主要还是仰仗电影，而且是新发行的电影，并且该市场内有非常明确的观众群划分。“30 岁以上的人可能不会去租《月光光心慌慌》(*Halloween*，1978 年)，而 30 岁以下的人也不会去租《金色池塘》。”但他解释说，通常而言，家庭娱乐的观众群要比院线电影的观众群范围更广。院线电影的观众主要倾向于年轻的男性，而女性对家庭娱乐选择的影响力要大大超过她们对电影票房的影响。“但那并不是问题，”他说，“出租率最高的电影类型是动作 / 惊悚片这类影片，接下来是喜剧片，而剧情片排在第三，远远地落在了后面。”

尽管票房收入现在在电影总收入中所占比例较小，但麦基表示，院线发行仍然是二级市场的推动力来源。“最终在二级市场的吸引力靠的就是院线发行的成功。”但在电影院受挫后在家用娱乐市场获得成功的情况也相当常见。“也许是他们选择了一个不合适的周末时间发行，也许是多路复用频道在电影开播收视不佳后就立马替换掉了该部影片。或者也许是 DVD 观众非常熟悉某位明星，从而推动了其影片的销售。不管是哪种情况，最终结果就是那样。”

在展望未来时，麦基认为有两股力量将会推动影片加速进入二级市场：“高制作成本和对盗版的担忧。”随着大型惊悚片的预算不断增加，电影公司非常担心盗版造成影片收入流失，这种担心程度是前所未有的。麦基说：“这促使电影开始越来越大范围地进行发行。”影片不再是先进行美国国内发行后再进军海外市场。“现在，你可以看到全球同步发行，从而电影公司能够打败市场上的盗版行为。”这种情况也引发了好莱坞就预览版 (screener) 的分发进行讨论。预览版是指电影公司寄给美国电影学院 (Motion Picture Academy) 的成员供他们评选奥斯卡奖项的电影版本，大型电影公司认为这些预览版是盗版的源头。

与此同时，院线电影推出家用录像的速度大幅提高。“你常常会看到票房收入一周跌幅达到 50%，所以电影公司不想等太久再去发行 DVD 版本。”现在，电影在院线上映 3 个月后就可能会在家庭娱乐市场发行，而不是像之前那样等待 6 个月的时间。

之前等待 6 个月再发行 DVD 曾经是该行业多年来的标准做法。

在展望该行业的未来发展时，麦基说："一些理论学家认为到某个时候，电影将会在多个渠道同时发行，只要支付不同的价格就能选择不同的形式。请注意，我在此强调是一些理论学家，并非全部。你或许支付 7 美元就能看录像，或者是花 5 美元通过点播服务收看，或者是花 15 美元到电影院观看。"一些艺术片早已经就同步发行进行过众多的实验。

麦基同时也很好奇，蓝光光碟将会给家庭娱乐带来哪些长期的影响。要知道，DVD 也就是在短短数年之前开始影响这个市场的。

有了 DVD，家庭娱乐市场几乎在一夜之间从以租赁为主变成以购买为主，消费者更愿意到沃尔玛或塔吉特（Target）购买影片 DVD，而不是到录像店去购买。也正是因为如此，导致了百事达事实上的灭亡。

另一个变化就是在录像带时代摆满录像店货架的老影片并没有被转录为 DVD。麦基表示，电影公司会查看哪些影片流动性差，或者是根本没有流动性，然后就放弃对这些影片进行积极的发行。有了 DVD，家用录像变成了多样性不如从前的一种娱乐方式。

麦基表示，同老书一样，好莱坞的老片和经典影片，以及粉丝片都会"停止印刷，踪迹难觅"。

内容与渠道的融合，打造下一个爆款

对于未来，我们唯一所知的就是它将与现在不一样。

——彼得·德鲁克（Peter Drucker）

在西部电影中，怀亚特·厄普警长（Wyatt Earp）在OK牧场决战中躲过了许多发子弹。而HBO躲过的子弹数甚至要超过于他。1975年的上星让HBO从一家地方电视台发展成了覆盖全美的、成功的电视台；此后在20世纪80年代，公司在发展中撞墙，又遭遇到家用录像的冲击；再后来，20世纪90年代，公司调整了自身的发展方向，成了原创自制剧之王；接下来就是在克里斯·阿尔布雷克特掌权的那些年，公司发展举步维艰，还遭遇了编剧协会的罢工。

但正如影评家斯蒂芬·惠蒂所说的，未来就如跨栏，栏上牢牢附着障碍物，障碍物之上还有挑战。他说：

> 我认为所有内容提供者（现在我讨厌这个词语）都面对同样的完美风暴：消费者现在有太多东西可以选择，但他们的关注力是有限的，而且他们切实地希望不要掏任何钱。不管提供何种

娱乐内容，都必须足够新颖，能够将他们从网络游戏和社交媒体处拉过来；同时还要足够吸引人，能够让他们坚持观看；此外，还要能成为他们生活中足够重要的一部分内容，让他们乐于长期持续为之掏钱。

我觉得人们现在已经变得厌倦，也浮躁了。要打动他们需要花更多的工夫，而他们失去兴趣的速度也变得更快了。专业人士们在这方面应该具有优势，因为创造娱乐就是他们的工作，是他们的事业，也是他们的使命，而不仅仅是因为他们讨厌坐办公室。这项工作让他们在过去创造了那些成绩，成了一个受人信赖的品牌。或者可以按照现在的情况套用一句老口号：它不是博客、图像文件、Instagram或喵星人视频，它就是HBO。

惠蒂相信HBO有能力在风暴中屹立不倒，这并非无稽之谈。现在，HBO有了爆款《权力的游戏》，也有其第二梯队的话题剧《副总统》和《衰姐们》。医疗情节喜剧《继续下去》（*Getting On*）、《寻》（*Looking*），探讨存在主义的黑色题材剧《真探》，话题十足的脱口秀节目《约翰·奥利弗上周今夜秀》（*Last Week Tonight*，约翰·奥利弗 [John Oliver] 曾参与《司徒囧每日秀》），以及非常冷酷的《守望尘世》。这些剧都充分显示，HBO依然敢于冒险挑战煽动性主题，并没有变得畏缩不前，一点儿都没有。

HBO的方法取得了成功。HBO的节目现在已经覆盖全球许多地方，而在美国国内市场，该公司的订阅量超过了Showtime频道和Starz频道的总和，而且订阅量的增长速度也是多年来从没见过的。

但电视领域的成功可能会转瞬即逝。在我撰写本书时，《真爱如血》、《新闻编辑室》、《忧愁河上桥》（*Treme*）和《大西洋帝国》都已经上演了大结局，《继续下去》和《寻》都还有待证明自己的人气。《真探》最终成了剧评和收视率两方面的大赢家，但第二季的演员阵容和故事都换了，究竟是否能复制上一季的成功尚不得而知。如果HBO能够填补自身节目阵容中的这些空缺，那么媒体将会发出感叹，惊呼这家一流的付费电视公司拥有出色的恢复力。如果 HBO 做不到，媒体报道就会再次出现铺天盖地的“HBO 的好运已经到头了吗？”

内容市场竞争空前激烈

无论是从近期还是长期来看，除了自身的挑战之外，HBO 还面临着电视市场的巨大变化。10 年前，HBO 的三大剧之所以能取得那么耀眼的成绩，原因就在于没有电视台能够向市场推出可与之媲美的东西。HBO 常常垄断了特定的艾美奖奖项，是因为无线电视网无法同一家不用操心如何取悦大众、广告商和联邦通信委员会的电视台去竞争，而有线电视频道不能或不会花钱去制作 HBO 这种水准的节目。但现在，这场游戏中已经有了很多势均力敌的玩家。

AMC 已经推出了三部巨作，分别是《广告狂人》（*Mad Men*）、《行尸走肉》（*The Walking Dead*）和《绝命毒师》。其中，《绝命毒师》凭借精彩的最后一季收获了这个行业自《黑道家族》之后所未曾见过的惊呼和喝彩。《广告狂人》是《黑道家族》编剧马修·韦纳（Matthew Weiner）的作品。此前，《广告狂人》和《绝命毒师》这两个项目都曾经向 HBO 进行过推销，但均被否决。《行尸走肉》2014 年那一季的第一集成了有线电视历史上收视率最高的非体育类节目，其观众数可匹敌无线电视台的年度收视率十佳。

FX 频道的热门剧包括《美国恐怖故事》（*American Horror Story*）、《冰血暴》（*Fargo*）、《混乱之子》（*Sons of Anarchy*）、《美国谍梦》（*The Americans*）、《边桥谜案》（*The Bridge*）、疯疯癫癫的《费城永远阳光灿烂》（*It's Always Sunny in Philadelphia*）、来自死亡主题大师吉尔莫·德尔·托罗（Guillermodel Toro）的《血族》（*The Strain*）和剧评家普遍好评的《路易不容易》（*Louie*，FX 能够在路易斯身上发现她在电视屏幕上的闪光点，而 HBO 没有做到）。

美国电视网也制作了一系列有趣的节目，例如《火线警告》（*Burn Notice*）、《灵异妙探》（*Psych*）和《金装律师》（*Suits*）。其古怪离奇的警匪剧《神探阿蒙》在2009年播放了大结局，创造了有线电视历史上有剧本电视剧的最高收视率，该纪录最终被《行尸走肉》打破。

Starz频道则推出了《斯巴达克斯》（*Spartacus*）和迈克尔·贝（Michael Bay）制作的华丽的海盗剧《黑帆》（*Black Sails*）。

Showtime频道的得意之作为《嗜血法医》《护士当家》《单身毒妈》《都铎王朝》和《加州靡情》（*Californication*），而且拥有真正的卖座大片《国土安全》（*Homeland*）、《性爱大师》（*Masters of Sex*），以及《清道夫》（*Ray Donovan*）和《戏里戏外》（*Episodes*）。

IFC频道制作了《波特兰迪亚》（*Portlandia*）和《马龙笑传》（*Maron*）。圣丹斯频道（Sundance）的热门剧则有《谜湖之巅》（*Top of the Lake*）、《昭雪》（*Rectify*）、引进的德国僵尸剧《魂归故里》（*The Returned*）和《荣耀之女》（*An Honorable Woman*）。喜剧中心频道拍摄了滑稽喜剧《基和皮尔》（*Key & Peele*）和《艾米·舒默的内心世界》（*Inside Amy Schumer*）。

TNT频道则同电影和电视界的大腕级人物合作，例如和史蒂文·斯皮尔伯格合作拍摄外星人入侵的故事《陨落星辰》（*Fallen Skies*），以及同迈克尔·贝合作拍摄后世界末日恐怖片《末日孤舰》（*The Last Ship*）。就连MTV频道都凭借《囧女珍娜》（*Awkward*）和《少狼》（*Teen Wolf*）为自己的有剧本原创节目添上了厚重的几笔。

还有更多的剧集正在筹划和拍摄中。此前几乎全部仰仗真人秀节目的电视台现在也都纷纷转战有剧本的原创节目。到本书交付印刷的时候，Bravo频道、WEtv频道和E!频道都将会有原创剧播出。甚至连动物星球频道都将借助《僵尸来袭》（*The Other Dead*）一试身手。该剧改编自漫画小说，讲述的是——坐稳了——动物僵尸来袭。

HBO 不再能横扫艾美奖各大奖项，这不是因为其节目的质量下滑，而是因为它现在有了大量势均力敌的竞争对手，其中部分对手有一定的优势，能够覆盖 2 ~ 3 倍的观众数，而且还不收取任何费用。

在 HBO 面临有线电视领域的众多挑战之时，无线电视网也正在用行动证明他们并没有拱手让出自己的地盘。面对有线电视台大胆的表现，他们在进行选择时胆子也大了起来，更加愿意突破那些久经考验的节目形式，或者是进一步提升那些既有的节目形式，比如 NBC 的《办公室》和 ABC 的《摩登家庭》（*Modern Family*）这类仿纪录片形式的节目。还有 CBS 的情景喜剧《极品老妈》，将目光对准了中下阶层家庭一代又一代的行为失常和酗酒问题，相当幽默诙谐。CBS 的《傲骨贤妻》（*The Good Wife*）和《国务卿女士》（*Madam Secretary*）每集有一个小时，主人公都极为聪明睿智。NBC 的《废柴联盟》（*Community*）用荒唐的方式展现了流行文化。ABC 的《丑闻》（*Scandal*）是部黄金时间段播出的肥皂剧，其收视率达到了黄金时段肥皂剧所能达到的最好成绩，充分证明只要有精美的制作，就算是最古老的节目形式也能重焕活力。ABC 的《逍遥法外》同样赤裸裸地展现了法庭上的不道德行为和男同性恋的性生活。就连 PBS 也设法凭借英国人气剧《唐顿庄园》和《神探夏洛克》在群雄逐鹿的电视世界里成功地抢得一席之地。

值得注意的是，就算是无线电视网每一季都会冒出这些新颖的、尝试性的节目，但每周收视率榜单上唱主角的不是那些非典型性节目，而是一些大家熟知的节目类型，例如情景喜剧（《生活大爆炸》跻身收视前十）和警匪剧（《海军罪案调查处》[*NCIS*]，另一部长期占据收视前十的电视剧），以及美国全国橄榄球联盟橄榄球赛（秋季时的收视率之王）这类大型的体育赛事。从观众数量来说，那些经过事实证实的节目形式仍在继续证明它们自己的地位。

除了无线电视网之外，还有其他机构也涉足了原创自制剧领域，例如奈飞公司、亚马逊公司（Amazon）和美国在线（AOL）。奈飞公司的原创剧有《纸牌屋》（*House of Cards*）、《女子监狱》（*Orange Is the New Black*），以及 2016 年播出的一档切尔西·韩德勒（Chelsea Handler）的脱口秀节目。亚马逊公司的原创剧有《阿尔法屋》（*Alpha House*）、极为大胆的跨性别情感喜剧《透明家庭》（*Transparent*），以及一部根据畅销犯罪小说作家迈克尔·康奈利（Michael Connelly）的洛杉矶警探哈里·博世（Harry Bosch）系列小说改编的电视剧。美国在线则推出了《和詹姆斯·弗兰科一起拍短片》（*Making a Scene with James Franco*）。

2014 年 11 月，《娱乐周刊》发表文章称，在有线电视基本频道上，电视剧节目正在逐渐升温。文中，Bravo 频道节目开发副总裁劳拉·斯波茨（Lara Spotts）证实了这点："作为电视台，我们认为现在是电视历史上最像'饥饿游戏'的时期。"

奈飞，不可阻挡的竞争者

其他电视台现在也在制作大量精彩出色的电视节目，但 HBO 即将面临的挑战并非只有这个相对简单（在此要强调是"相对的"）的难题。电视台的概念也正在发生改变。

HBO 的订阅量或许超出了其他两家付费电视台的订阅量之和，但 2013 年里，订购流服务媒体奈飞公司的订阅量超出了 HBO。奈飞公司的电影库比 HBO 大无数倍（尽管 HBO 在原创节目方面拥有巨大的优势），其每月的订购费用相比也低很多，而且所提供的完全是应需点播服务，即你可以随时收看你想看的节目，次数不限。奈飞公司也涉足了原创节目领域，给大家留下了深刻的印象。其原创节目清单中就包括了《女子监狱》，以及获得了艾美奖的政治剧《纸牌屋》。

2014 年 2 月的《综艺》杂志（*Variety*）发表文章称，HBO 公司 2013 年创收近 50 亿美元，竞争并未给公司带来太大的影响。但在 2013 年的第四季度，奈飞公司的营收仅比 HBO 少一亿美元，而且增速超过了付费电视频道。其他机构，例如亚马逊公司，自然也正觊觎奈飞公司的流媒体领域，希望能凭借自己的原创节目打下一番天地。亚马逊公司拥有由加里·特鲁多担任编剧的政治喜剧《阿尔法屋》，主角队伍中就有约翰·古德曼（John Goodman）。在撰写本书时，雅虎公司宣布将重拾 NBC 的《废柴联盟》，制作新的剧集，并且正在同《伴娘》（*Bridesmaids*）的导演保罗·费格（Paul Feig）商讨拍摄一部喜剧的事宜。

但正如我此前所说的，电视领域的成功可能会转瞬即逝。《绝命毒师》已经结束，在撰写本书时，AMC 的《广告狂人》也正在走向大结局，这些让它们也逐渐进入 HBO 当年在三大剧告终时的处境。奈飞公司已经加入原创节目竞争并取得了一定的成功。但奈飞公司的节目模式助长了收视狂潮，该公司是否能持续提供足够多《纸牌屋》和《绝命毒师》水准的节目，让顾客在一年里都能以较低费用收看到感兴趣的节目，这点尚不得而知。据说，《纸牌屋》的头两季创收约一亿美元，而奈飞公司的月订购费只有 HBO 每月普通订购费用的一半。还记得我们之前提到，奈飞公司拥有较高的增长率吗？HBO 已经成立了 40 余年，奈飞公司拥有任何新成功企业所拥有的增长空间，但到一定的时间，它也必然将迈进自己的稳定期。

不过重点在于，人们从有线电视向更灵活、更便宜的媒体转移，用各种各样的流媒体服务来替代订购有线电视。在撰写本书时，同时订购奈飞公司、亚马逊会员服务（Amazon Prime）和 Hulu Plus 服务的费用只略高于订购康卡斯特公司（Comcast）的基本有线电视服务费用的一半。前者为 24 美元，后者为 45 美元，目前订购基本有线电视扩展包的平均费用为 64 美元。卫星电视的费用也没有低多少：每月收看 DirecTV 公司的基本频道需要付费 50 美元，迪视网络公司（Dish

Network）每月收费 55 美元。益博睿公司（Experian Marketing Services）估计，2010 年，有 510 万有线和卫星电视订阅用户从订购电视节目改为订购流媒体服务。2013 年，当年“退订”的数字增长到了 760 万人。各家营销公司的数据显示，45% 的美国人现在每月至少会观看一次流媒体电视内容。非有线的流媒体服务使用者每月会收看 100 个小时的视频节目。奈飞公司的订阅用户每天会收看约 100 分钟的流媒体内容。

HBO 进军在线流媒体

HBO 非常精明，看到付费电视行业即将被洗牌，于是调整自己来适应这种情况。2010 年，HBO 推出了 HBO Go 服务。这是一种在线流媒体服务，其覆盖范围走出了订阅家庭，扩展到 iPad、iPhone、安卓设备、Kindle Fire、Xbox 360 和其他移动设备上。通过 HBO Go，用户可以不受限制地通过移动设备接入 HBO 的原创节目库和当前许可拥有的电影库。换而言之，如果你喜欢HBO的电视品牌，就不一定只能在客厅里收看。

HBO Go 最初并不是单独的服务内容，而是与传统的有线或卫星电视订购捆绑在一起的。也就是说，只有成为无线或家用卫星电视订阅用户才能够享受到 HBO Go 服务。但 2014 年 10 月份，HBO 宣布它将往前迈出一步，自 2015 年起 HBO Go 将成为独立的流媒体服务项目。HBO 的理查德·普莱普勒在公司的独立声明中表示，有线电视未来的发展不明朗，而没有订购 HBO 的 8 000 万户美国家庭是个仍有待开发的市场，“这是一个巨大的机遇，一个发展中的机遇，不应该再被忽视了。现在是时候为那些希望收看 HBO 的人清除所有障碍物了”。

尽管移动接入扩大了 HBO 的覆盖率，但是否能推动节目的发展尚不得而知。早在 1992 年，布鲁斯·斯普林斯汀（Bruce Springsteen）曾发行歌曲《57 个频道却什么节目都没得看》（*57 Channels [And Nothin'On]*）。我还记得早年负责处理投诉时，那首歌所讲述的正是有线电视订阅用户们常见的投诉。现在的频道数要远远超过当年的 57 个台，而且现在也有了移动手机应用和在线流媒体服务，所有这些都能满足消费者对内容的无限要求。娱乐世界的扩大已经让庞大的观众群分裂为成千上万个小群体，竞争环境的重构是否会让内容提供者提供大量引人入胜的内容，让用户拥有丰富的幻想世界？这点尚不得而知。

在 HBO 宣布会单独提供其流媒体服务之后不久，CBS 宣布将推出自己的流媒体服务，而且西班牙语的 Univision 频道和 ESPN 最近也正在开发单独的在线节目交付系统。随着越来越多的频道进军这个单独的市场，有预言称，一些吸引力不大的有线电视频道会逐渐消失，比如探索频道、动物星球频道和国家地理频道等。它们此前在用户订购有线电视服务时与著名电视台打包在一起，因而得到一定的支撑。一位分析师预测，频道数可能最终会缩减到 20 个。在 2014 年为《娱乐周刊》撰文探讨有线电视退订现象时，金融服务公司杰尼蒙哥马利斯哥特公司（Janney Montgomery Scott）的分析师托尼·威布尔（Tony Wible）说："你每月付 100 美元的有线电视费用并不是为了收看 200 个频道，而是为了收看其中 5 个频道，然后其余的频道（实际上）都是免费的。"在其他国家可以自主选择电视台，这也具有一定的参考性，即美国有线电视订阅用户目前承受着高昂的有线电视账单，这张账单可以被一系列数额较小的、针对单一的电视台的有线电视账单来替代，这些小账单的总费用会超过过去的有线电视打包价，而这就像是卫星电视业务刚开始时的情形，事情在循环出现。

我此前不是说过三大流媒体服务的订购总费用都比有线电视订购费用低吗？是的，但是……请记住，这些流媒体服务的大量节目内容来自其他无线电视网。但如果那些无线电视网也建立了自己独立的流媒体服务，他们只会把自己的内容牢牢抓在手里，而不是卖给其他竞争对手。

现在我们来计算一下，以便大家好好分析。CBS 的流媒体服务的订购费用是每月 5.99 美元。假设其他两家全国性的无线电视网也是类似的价格。再假设除了这三家大型的无线电视网之外，你还想收看 HBO（目前每月的平均费用为 15 美元。但为了好分析，假设他们像当初面对卫星电视接收器市场时一样，以较低的价格来销售自己的流媒体服务，比如是 12.99 美元）。那么，现在你每个月的支出就超过 30 美元，而你仅仅只能收看到 4 家流媒体频道。如果你超级喜欢收看电视节目，又或者家里每个人喜欢看的节目不同，那么总费用可能像有线电视订购费用一样高，可是收看到的节目相比之下却要少一些。

行业重构的影响可谓翻天覆地。2014 年，《华尔街日报》就有线电视用户退订发表文章。文中，银行和投资公司尼达姆公司（Needham & Co.）分析师劳拉·马丁（Laura Martin）预测，观众群的进一步分裂将意味着特定频道的受众覆盖率降低，由此广告收益将下降。而且据她估计，电视产业 1.4 亿美元的广告收入将会因此蒸发近半。没了这笔收入，节目制作成本将会强加给流媒体服务的订购者。比如就在该文中，金融分析机构 SNL Kagan 公司预计，ESPN 频道如果不捆绑销售，其订购价格会从当前每月 6 美元增长至约 30 美元。

所以……

现在，有线电视订阅用户花得多，得到的也多。在未来可以根据自身需求选择要订购的电视台时，很有可能就会花得多，得到的少。在这种群雄逐鹿的环境中，HBO 将会表现如何？我不知道。

新的观众，新的消费习惯

鲍勃·齐特是 HBO 主管硬件的高管之一。1994 年 12 月，在中国香港有线电视和卫星电视峰会（Cableand Satellite Summit）上，他曾发表演说，对未来的发展进行展望并发出警告：

> 尽管现在，大家对科技发展给予了大量的关注，但我们还必须牢记，消费者购买的不是科技。消费者寻找和购买的是娱乐和信息……（所有这些新科技）能够带来新节目吗？大家常常认为这些科技变革将会增加小众频道的数量……我认为许多频道采用的是“循环播出”的节目……因为要制作能吸引观众收看、激发观众兴趣的有趣节目就必须投入大量的资金，而当交易收入是唯一的收入源时，就算是制作了吸引人的节目，其交易收入仍然是不确定的，那么公司就不太可能冒险投入数百万美元来制作节目。

事实上，齐特的预言并不全对。**有一点他说的没错，所有这些新的内容提供者，例如奈飞公司和亚马逊等，已经意识到他们的业务驱动力就是内容，而消费者根本不想要另一个只有重复播放过无数次的电影和电视节目的平台。**但有一点他说错了，即这些公司不会冒险投资数百万美元来制作新的原创内容。正如齐特所说的，他们的业务靠的就是原创内容。

问题在于，他们将广大观众分裂成了一个一个小群体。每个小群体都希望获得高质量的内容，但高质量的内容就会需要大笔资金的投入。如果某个观众小群体希望获得高质量的内容，但他们又没有足够的金钱来支付这些高质量的内容，那你要怎么办呢？

我们早已经经历过这种情况。

在我开始撰写本书前不久，杰·雷诺（Jay Leno）告别了已经播出 22 年的《今夜秀》（*The Tonight Show*）节目，取而代之的是吉米·法隆（Jimmy Fallon）。这是杰·雷诺第二次离开该节目，或许也是最后一次。在我还是小孩子的时候，约翰尼·卡森（Johnny Carson）是午夜脱口秀节目的代名词，也就只有他一人。斯科特·柯林斯（Scott Collins）就雷诺离开《今夜秀》一事在《洛杉矶时报》发表文章称："无线电视台和有线电视台现在共推出了20多档午夜脱口秀节目，其中包括柯南·奥布莱恩（Conan O'Brien）在TBS上的脱口秀节目，喜剧中心频道的《科尔伯特报告》（*The Colbert Report*）和E!频道的《切尔西夜话》（*Chelsea Lately*）。"

这就是电视台所称的"混乱"，观众有太多的选择，而支持《绝命毒师》和《权力的游戏》这类水准的节目的观众群数量又太小，为了能突破这种混乱求得生存，很多电视台选择了不正派的做法，即剥削利用、走低俗的路线、添加一些耸人听闻的或色情的元素，或者是居高临下去嘲弄他人。比如说《泽西海滩》（*Jersey Shore*）、《与卡戴珊一家同行》（*Keeping Up with the Kardashians*）、《甜心波波来啦》（*Here Comes Honey Boo Boo*）、《小妈咪》（*Teen Mom*）、《裸体约会》（*Dating Naked*）和《XX娇妻》（*The Real Wives of [fill in blank]*）。面对数量较少的各种细分观众群，这类节目制作成本低廉，能吸引一定数量的观众，让他们成为该节目所属有线电视网的订阅用户。但是，这种趋势明显在恶化。如果我们从《泽西海滩》开始，往后追溯到其在MTV频道的"曾祖母级"节目《真实世界》（*The Real World*，1992年开播），就可以清楚地看出节目的质量已经在下滑。

看吧，电视同其他任何娱乐媒介一样，始终是垃圾产品多于好产品。HBO的成功开启了水闸，带来了更多的电视台，而更多的电视台就意味着有了更多的好产品，不过整体而言，还是垃圾更多。

这类节目的成功也体现了观众品位的变化，尤其是年轻观众的喜好在发生变化。请记住，《泽西海滩》在巅峰期的观众数要比许多无线电视网的黄金档节目还要高。HBO和其他电视台正在希望等那些年轻的男孩和女孩长大后，他们能将这些观众留住。我觉得对HBO和其竞争对手（基本频道和付费频道）而言，主要担心的问题应该是新一代的观众可能并不会特别喜欢电视、流媒体或其他媒介。

我还记得 HBO 的节目排期负责人戴夫·鲍德温早在 20 世纪 80 年代曾经解释过一种新的收视现象，这种现象被戏称为“巡视”（cruising）。就是有一类观众（通常是年轻人）在观看电视时会不断地从一个台换到另一个台。节目排期人员进行了一些研究，希望能弄明白这些“巡视员”在寻找什么，借此来调整自己的节目排期模式，并且希望能够在他们换到 HBO 频道时能留住几个观众。

事实证明，他们什么都没在找。他们会收看一个频道，等到感觉没意思时就快速在各个有线电视频道间不断更换，直到有什么内容抓住了他们的眼球，然后停下来看一会儿，接着又觉得无聊，又开始换台。“巡视”不是搜寻，而是一种观看电视的新方式，一种正在逐渐形成的新收视喜好。这些观众习惯了互联网和 YouTube 上那种碎片化的观看模式。

在我授课的每个课堂，不管是什么科目，每个学期一开始都会组织一场非正式的投票，了解学生们最喜欢从哪些渠道获取信息、他们是否喜欢阅读，以及他们会花多少时间捣鼓自己的各种科技产品。我出生于婴儿潮时期，伴随着电视机长大。当我问学生们“你们中有多少人会每天至少看一个小时的电视”时，他们的答案总是让我吃惊不已。

在这些 20 来岁的学生中，只有 10% ~ 20% 的人会每天至少看一个小时的电视。但当我问他们花在网络、短信、推特、视频游戏上的时间时，60% ~ 80% 的人承认每天会花 3 ~ 4 个小时，有些人花的时间甚至更长。

这些都是题外话，但这些研究也充分体现了新一代观众收看电视的习惯和喜欢收看的内容的重大转变。是的，他们仍然会看大量的电视，只是不再通过电视机收看。相比于传统的“定时”收看而言，他们更喜欢根据自身需求来收看。他们更喜欢随处可以收看的便捷性，而不是守着家里的那台电视机。而且，正如大量的盗版音乐和盗版视频所反映出来的，他们并不太愿意为自己的娱乐内容花太多钱……或者说是为之花钱。

在他们成长的世界里，可以通过奈飞公司和Hulu视频网站等渠道收看数百个频道，选择自己想看的电视娱乐节目。下一代观众是否能像前面几代传统观众一样，可以识别出不同的电视网品牌？或者他们是否会倾向于特定的电视网或电视台？在我成长的过程中，ABC、CBS和NBC这三大电视网仍然是无线电视领域的三巨头。到HBO诞生，它属于与众不同的“另一种东西”。但千禧一代在成长过程中是一只手抓着鼠标，一只手拿着手机，有数百个有线电视台可供他们选择。NBC和HBO这种品牌对他们而言，与尼克罗迪恩儿童电视频道和喜剧中心频道并无两样。

这一点重要吗？

如果你是一家无线电视台，或者是有线电视基本频道，完全或者是部分靠广告收入来维持，那么那点非常重要。没有了品牌认知度，没有了电视网的忠诚度，那么也就没有了收视率。当应需收看超过了定时收看，电视台对广告商还有什么吸引力呢？“最终会有很多人收看到你的广告”就没有“在周二晚上8:30的时间段里将有1 300万的观众收看到你的广告”那么动听了。

对HBO和Showtime这些付费电视台而言，品牌认知度可能会更为重要。付费电视台在20年前就认识到了这点。也正是因为如此，他们开始在节目中打上自身的标识（画面下角的小图标），这样人们才知道他们在收看自己花钱购买到的节目。观众们通过各种各样的渠道享受着海量的节目，上班途中通过手机收看节目，度假时通过kindle收看节目。他们会将节目与电视网络联系在一起，让自己觉得每月付出的费用值得吗？

2012年，我为Soundon Sight网站撰写了一篇文章，回应福布斯网站上专栏作家保罗·塔西（Paul Tassi）所写的一篇文章。保罗·塔西在文章中提出了一个观点，认为如果内容提供者不收那么多的钱，年轻的观众们也就不会去盗用那么多的内容。从那篇文章的字里行间我得出一个结论，即在内容提供者可承受的范围内，不管定成多少钱都会被人认为收费过高。就在我看到塔西这篇文章的同时，我也看到了美联社的一篇文章。该文章引用了哥伦比亚大学的一份调查，称 18 ~ 29 岁的人群中，有 70% 的人会使用非法获得的视频和音乐内容。如果将这两篇文章放在一起，又有什么结论呢？

从广义上说，这一代年轻人并不愿意支付内容提供者想要收取的费用。想想看，这些年轻的消费者们会愿意花上几个小时观看猫咪跳舞的视频，或者是在推特上发文晒一下自己刚刚晚餐吃的东西。因此在我看来，HBO 这种付费频道如果想要继续吸引大量新用户每月支付不低的订购费，让自己能保证收支平衡，那么所面临的挑战在未来数年里将会变得越来越艰巨。HBO 的灵活性和恢复力可能在电视台中数一数二，但其在电视节目领域的主导地位并非是永恒不变的。40 年前，无线电视网拥有超过 90% 的电视收视率，而现在，很多晚上他们甚至连一半都拿不到。而一部关于 20 来岁的年轻人在沙滩别墅里喝得烂醉如泥的廉价真人秀节目，每集却可以赚到 200 万 ~ 300 万美元。

时代在发生着改变。

还有一点。这一点并不是特别针对 HBO，不过正是他们带领电视产业发展成现在的样子。

既然电视这么有人气，让我们回到 50 年前看看。那时有剧评家、有公共道德的守卫者、有社会学家、有精神领袖，还有爸爸妈妈，他们天天花式抱怨电视就是一种精神方面的垃圾食品，对我们不好。电视让人们懒得用脑，孩子们不做家庭作业，也不去户外玩耍，而是泡在电视机前；电视让丈夫们在体育赛事季里抱着电视不放；妻子们则是天天守着肥皂剧。

但是……

但当时只有三大无线电视网络，而且三者之间仍然有一定的一致性。尽管电视有垃圾食品的特点，但至少能时不时地成为一种流行文化的黏合剂，将我们聚在一起。在我撰写本书时，正值披头士乐队进入美国市场50周年庆。每个人都和自己的父母、兄弟姐妹们通过《埃德·沙利文秀》收看他们在美国的首场演出，就像数个月前，他们也都聚在一起，为《朱门恩怨》中狙击手枪杀约翰·肯尼迪的一幕而伤心。我们都曾收看过越战的新闻报道，看到水门事件的听证会最终导致理查德·尼克松下台；我们都曾看过《浩劫后》，认为在当时美国最大的噩梦就是核毁灭。

那时只有三家无线电视网。我们甚至都了解那些自己没有看过的节目。我们都追赶同样的流行文化，说着同样的笑话或流行词汇。在我们生活的地方，大家在社会或文化上会有一定的一致性。我们通常也会有差不多的电视体验。

随着越来越多的选择出现，大家所共有的体验也就变得越来越少。不管是在电视还是在互联网上，所有那些多样的选择让我们开始分离开来。人们会发现能让自己认同的新闻，更喜欢那些消遣类的东西而不是相互交谈，而且能够根据自己的特定品位和需求量身定制一个媒体空间。

让我用更实际的例子来说明吧。过去，我们可能认为对政治竞选的报道相当枯燥乏味，但当时只有三大无线电视网，而且这类报道会占据黄金时间段，所以我们不得不去了解当时的竞选进展。

在最近一轮总统初选期间，我曾经想和两位公共管理专业的学生讨论共和党“超级星期二”总统初选日的竞争情况。我当时任教的是所在州最大的高校之一，他们两人来自我所执教的班级。我问他们觉得谁在“超级星期二”的成绩会更好。他们不仅不知道这件事情，更不知道有“超级星期二”的存在，不知道“超级星期二”是什么，也不知道共和党的竞选人有哪些。而这两位年轻人最终有可能到政府部门任职。

HBO 的迈克尔·富克斯曾经带领公司开启了现代的有线电视时代。早在 1993 年，在参加哈佛大学约翰·肯尼迪政府学院（John F. Kennedy School of Government）举办的“电视的未来发展”的大会上，迈克尔·富克斯曾就电视的未来发展发表比较悲观的观点。他说：“我们冒着科技使电视失去人性的风险，让科技跑在了内容的前面……我感觉观众们的智商在慢慢降低，大家的注意力持久度也在缩短。”

这种情况并不仅仅是美国独有。法国人喜欢《朱门恩怨》，日本人喜欢滑稽喜剧。放眼全球的付费电视，我们发现，截至目前，尽管观众们对新闻有一定的兴趣，但他们无一例外地喜欢音乐视频、体育和充斥美国电影的电影频道。

这种同质化也许会让一些人感到安慰，认为这证明了我们是同一个太阳下的兄弟姐妹，虽然有不同，但更多的是相似之处。可每天的头条新闻却证明了事实并非如此。是的，也许我们都一样，会在电视上收看同样空洞的节目，但你不必是哈佛大学国际关系研究专业的毕业生，翻阅任何报纸，就能明白这个世界并没有变得更加友好或者说更加和平。不管是美国还是海外的观众从电视上了解到什么，他们所了解的并非是如何友好相处。而且，因为有了多种多样的选择，他们甚至不用收看同样的节目。

但关于未来，有一点是非常确定的，那就是未来是变化不定的。你永远无法知晓未来是什么样，直到你自己走到了未来。所以，敬请拭目以待……

致谢

特别感谢HBO的詹姆士－约翰·克里根（James-John Kerigan）和杰里·武林吉电影物品商店（Jerry Ohlinger's）的多莉·班纳（Dollie Banner），谢谢他们的专业和热情，尤其要谢谢他们的耐心。同时也要谢谢AMC影院公司的克里斯蒂娜·布拉根（Christine Bragan）和安德烈亚·格兰茨（Andrea Glanz）、索尼影视公司（SPT）的埃德·齐默尔曼（Ed Zimmerman），以及百老汇视频娱乐公司（Broadway Video）的奥斯汀·布雷斯洛（Austin Breslow），正是他们的帮助让这本书变成了现实。

未来，属于终身学习者

我这辈子遇到的聪明人（来自各行各业的聪明人）没有不每天阅读的——没有，一个都没有。巴菲特读书之多，我读书之多，可能会让你感到吃惊。孩子们都笑话我。他们觉得我是一本长了两条腿的书。

——查理·芒格

互联网改变了信息连接的方式；指数型技术在迅速颠覆着现有的商业世界；人工智能已经开始抢占人类的工作岗位……

未来，到底需要什么样的人才？

改变命运唯一的策略是你要变成终身学习者。未来世界将不再需要单一的技能型人才，而是需要具备完善的知识结构、极强逻辑思考力和高感知力的复合型人才。优秀的人往往通过阅读建立足够强大的抽象思维能力，获得异于众人的思考和整合能力。未来，将属于终身学习者！而阅读必定和终身学习形影不离。

很多人读书，追求的是干货，寻求的是立刻行之有效的解决方案。其实这是一种留在舒适区的阅读方法。在这个充满不确定性的年代，答案不会简单地出现在书里，因为生活根本就没有标准确切的答案，你也不能期望过去的经验能解决未来的问题。

湛庐阅读APP：与最聪明的人共同进化

有人常常把成本支出的焦点放在书价上，把读完一本书当作阅读的终结。其实不然。

时间是读者付出的最大阅读成本

怎么读是读者面临的最大阅读障碍

“读书破万卷”不仅仅在“万”，更重要的是在“破”！

现在，我们构建了全新的“湛庐阅读”APP。它将成为你“破万卷”的新居所。在这里：

- 不用考虑读什么，你可以便捷找到纸书、有声书和各种声音产品；
- 你可以学会怎么读，你将发现集泛读、通读、精读于一体的阅读解决方案；
- 你会与作者、译者、专家、推荐人和阅读教练相遇，他们是优质思想的发源地；
- 你会与优秀的读者和终身学习者为伍，他们对阅读和学习有着持久的热情和源源不绝的内驱力。

从单一到复合，从知道到精通，从理解到创造，湛庐希望建立一个“与最聪明的人共同进化”的社区，成为人类先进思想交汇的聚集地，与你共同迎接未来。

与此同时，我们希望能够重新定义你的学习场景，让你随时随地收获有内容、有价值的思想，通过阅读实现终身学习。这是我们的使命和价值。

湛庐阅读APP玩转指南

湛庐阅读APP结构图：

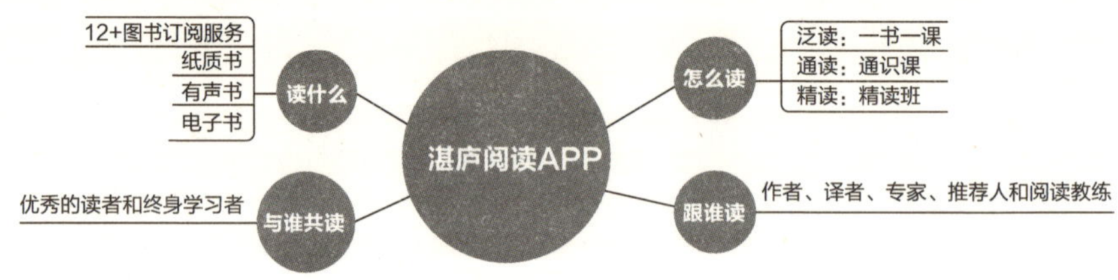

三步玩转湛庐阅读APP：

APP获取方式：

安卓用户前往各大应用市场、苹果用户前往APP Store直接下载“湛庐阅读”APP，与最聪明的人共同进化！

使用APP扫一扫功能，遇见书里书外更大的世界！

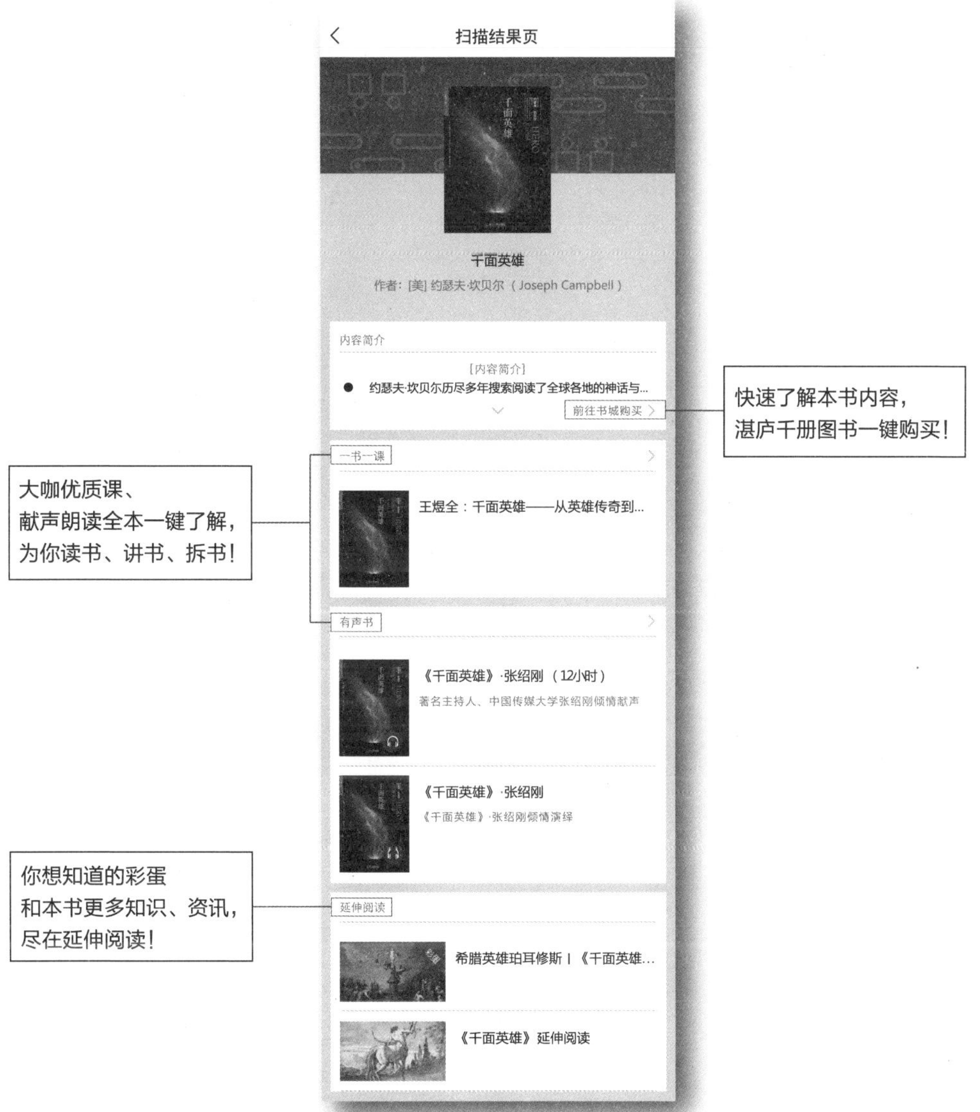

延伸阅读

《黑石的选择》

◎“股神”巴菲特盛赞，全球私募之王黑石集团创始人彼得·彼得森亲笔写作，坦诚公开横跨商界、政界、非政府组织的传奇一生。

◎ 中国银行业协会首席经济学家巴曙松、高毅资产董事长邱国鹭重磅推荐！

《鞋狗》

◎《纽约时报》畅销书，比尔·盖茨特别推荐，“股神”巴菲特读过最好的书之一！

◎ 耐克创始人菲尔·奈特写心力作，优客工场创始人毛大庆倾情翻译。

◎ 还原耐克“从 0 到 1”的创业史话，巨献创业和管理的标杆！

《漫威宇宙》

◎ 聚焦泛娱乐帝国的崛起史，揭秘蜘蛛侠、钢铁侠、美国队长、绿巨人、奇异博士等数超级 IP 的诞生过程。

◎ 一场波澜壮阔的创业历程回溯，一部宏大翔实的漫威百科全书，一次充满经验教训的 IP 实践反思。

《奈飞文化手册》

◎ 一本对奈飞文化进行深入解读的力作，系统介绍奈飞文化准则，全面颠覆 20 世纪的管人理念。一个各类企业打造自己的“奈飞文化”的行动指南。

◎ 奈飞前 CHO 帕蒂·麦考德颠覆之作，对下载超过 1 500 万次的“硅谷重要文件”进行的深度解读。

Inside the Rise of HBO: A Personal History of the Company That Transformed Television by Bill Mesce, Jr.

Copyright © 2015 Bill Mesce, Jr.

Published by special arrangement with McFarland & Company, Inc., Publishers, Jefferson, North Carolina, USA

All rights reserved.

本书中文简体字版由 McFarland & Company, Inc. 授权在中华人民共和国境内独家出版发行。未经出版者书面许可，不得以任何方式抄袭、复制或节录本书中的任何部分。

版权所有，侵权必究。

图书在版编目（CIP）数据

HBO的内容战略 /（美）小比尔·梅西著；粟志敏译 .
— 杭州：浙江人民出版社，2019.1
书名原文：Inside the Rise of HBO
ISBN 978-7-213-09191-9

Ⅰ .① H… Ⅱ .①小… ②粟… Ⅲ .①有线电视－经济管理－研究－美国 Ⅳ .① G229.712

中国版本图书馆 CIP 数据核字（2019）第 014195 号

浙江省版权局
著作权合同登记章
图字：11–2018–402 号

上架指导：经营管理 / 企业史

版权所有，侵权必究
本书法律顾问 北京市盈科律师事务所 崔爽律师
张雅琴律师

HBO的内容战略

[美] 小比尔·梅西 著
粟志敏 译

出版发行：浙江人民出版社（杭州体育场路 347 号 邮编 310006）
市场部电话：（0571）85061682 85176516
集团网址：浙江出版联合集团 http://www.zjcb.com
责任编辑：尚 婧
责任校对：戴文英 朱 妍
印 刷：石家庄继文印刷有限公司
开 本：720mm × 965mm 1/16 印 张：22.25
字 数：307 千字 插 页：1
版 次：2019 年 1 月第 1 版 印 次：2019 年 1 月第 1 次印刷
书 号：ISBN 978-7-213-09191-9
定 价：79.90 元

如发现印装质量问题，影响阅读，请与市场部联系调换。